TITUS SCHLAGOWSKY
HAUKE BURGARTH

DER KNEIPEN PASTOR

Wie Gott mein Versagen gebrauchte, um Herzen zu verändern

SCM
Hänssler

SCM

Stiftung Christliche Medien

SCM Hänssler ist ein Imprint der SCM Verlagsgruppe, die zur Stiftung Christliche Medien gehört, einer gemeinnützigen Stiftung, die sich für die Förderung und Verbreitung christlicher Bücher, Zeitschriften, Filme und Musik einsetzt.

In diesem Buch erzähle ich meine Geschichte, so wie sie sich tatsächlich zugetragen hat. Natürlich geschieht das aus meiner persönlichen Perspektive und muss nicht unbedingt die Ansichten, Erinnerungen und Empfindungen Dritter widerspiegeln. Aus Gründen der Sicherheit und des Persönlichkeitsschutzes wurden deshalb einige Namen und Details geändert.

MIX
Papier aus verantwortungsvollen Quellen
FSC® C014496
FSC www.fsc.org

Max-Eyth-Straße 41 · 71088 Holzgerlingen
Internet: www.scm-haenssler.de; E-Mail: info@scm-haenssler.de

Die Bibelverse sind, wenn nicht anders angegeben, folgender Ausgabe entnommen:
Lutherbibel, revidiert 2017, © 2016 Deutsche Bibelgesellschaft, Stuttgart

Autorenfotos: © Ralf Völzke, © Claudia Dewald
Lektorat: Christiane Kathmann, www.lektorat-kathmann.de
Umschlaggestaltung: Grafikbüro Sonnhüter, www.grafikbuero-sonnhueter.de
Coverfoto: ©2021 Tom Pingel Fotografie www.tompingel.de
Bildteil: © Titus Schlagowski
Satz: typoscript GmbH, Walddorfhäslach
Druck und Bindung: GGP Media GmbH, Pößneck
Gedruckt in Deutschland
ISBN 978-3-7751-6055-1
Bestell-Nr. 396.055

Ich widme dieses Buch meinem Herrn Jesus Christus.
Ihm, meiner Familie und den Menschen, die mich trotz Knast
und Betrug bis hin zu Mord nicht verurteilt haben.

INHALT

Prolog 7
Klosterkindheit 9
Einstecken und Zurückschlagen 17
Alles Stasi, oder was? 29
Ausgelernt und eingearbeitet 40
Die große Reise 47
Beinahe geflohen 62
Als Ossi im Westen 68
Von Anfang an Beschiss 80
Zwischen Größenwahn und Mord 90
Ich will hier raus 104
Eine neue Familie 110
Im Visier der Fahnder 124
Hinter Gittern 136
Völlig am Ende 156
Frei im Knast 164
Verlegt 176
Die Sache mit den Unterhosen 189

Der Zaun wird niedriger ... 197

Nächstenliebe, die zu weit geht ... 207

Seelsorge ist dran ... 219

Diakonie heißt Dienen ... 229

Nein, es ist nicht alles gut ... 243

Danke ... 249

PROLOG

Samstagabend in Nastätten. Direkt neben dem Café »Schöne Aussicht« ist eine kleine Kneipe. Das Licht scheint gemütlich auf die Straße; von drinnen hört man Musik und Stimmengewirr. Der Laden ist voll. Beim Türöffnen kann man einzelne Stimmen unterscheiden:

»Null ouvert.«

»Na dann: Hosen runter.«

»Die Borussen werden …«

»Also mein Chef kann mich mal …«

Im Raum sind hauptsächlich die, die immer hier sind. Paul, Frank und Dieter kloppen ihren Skat, Sabine trinkt mit ihrem Freund ein Feierabendbier, am Stammtisch unterhält sich eine fröhliche Runde. Am Tresen sitzt Holger und fachsimpelt mit Titus, dem Wirt, über sein Motorrad. Als der auf die Uhr schaut, fragt Holger: »Biste morgen wieder dran?«

»Ja, klar. Wenn du noch in der Kiste liegst, fahr ich nach Scheuern und halte da Gottesdienst.«

»Das ist doch diese Klapse …«

»Ja, und die Leute da haben genauso ein Rad ab wie du und ich. Aber entschuldige mich mal eben. Ich geh kurz in den Keller und übe die Predigt.«

»Kannste doch auch hier machen …«

Titus grinst. »Natürlich. Hier. Mitten in der Kneipe. Ich glaub nicht, dass die anderen das hören wollen.«

Holger grinst zurück: »Wetten, dass?«

Er klingelt mit zwei Gläsern, bis auch die Letzten im Raum still geworden sind. Dann ruft er: »Leute, Titus muss seine Predigt für morgen noch mal üben. Ich hab ihm gesagt, dass er das hier machen kann. Dann haben wir sogar Live-Programm. Okay?«

Ein kurzes Zögern liegt im Raum. Dann werfen die Ersten ihre Karten vor sich, andere setzen sich zurecht. Weil Titus immer noch nicht anfängt, skandieren einige: »Predigt – Predigt – Predigt!«

»Alles klar«, meint Titus und lächelt, »aber dass mir hinterher keiner sagt, er wäre dazu gezwungen worden. Und einer von euch übernimmt den Bibeltext.« Holger nimmt die hochgehaltene Bibel und liest den entsprechenden Abschnitt laut vor, dann zieht Titus sein Konzept aus der Tasche und legt los.

Die Sprache ist einfach. Die Botschaft von Jesus und seiner Liebe kommt an. Und ein gutes Dutzend Kneipengäste hört gebannt zu. Tatsache ist, dass praktisch niemand von ihnen freiwillig eine Kirche betreten würde, aber das hier ist anders. Hier sind sie unter sich. Hier ist niemand, der meint, er wäre etwas Besseres. Schon gar nicht Titus. Denn Titus Schlagowsky hat seine eigene Geschichte. Der Schreiner aus dem Osten kommt zwar aus einer frommen Familie, doch auf der Kanzel steht er erst seit Kurzem. Und in der Kneipe ist er erst wieder aktiv geworden, als er aus dem Knast entlassen wurde.

Das ist seine Geschichte.

KLOSTERKINDHEIT

»Aber wenn die Glocken läuten, bist du wieder zu Hause«, mahnte meine Mutter.

»Klar«, antwortete ich und spazierte ins Grüne. Ich konnte zwar die Uhr noch nicht lesen, aber ich hörte das Abendgeläut. Dann war es höchste Zeit, heimzugehen.

Ich wurde im Mai 1969 in Crimmitschau in Sachsen geboren und bin in einem Kloster aufgewachsen. Unsere Familie lebte in Frankenhausen, einem kleinen Vorort von Crimmitschau, der »Stadt mit den hundert Schornsteinen«. Wir hatten unsere Wohnung am Ortsrand in einem ehemaligen Kloster. Wer jetzt an eine prächtige Klosteranlage mit riesigen Gebäuden und wunderschönen Gärten denkt, der trifft die Sache nicht ganz. Die Anlage war zwar alt und ist auch heute noch eine Sehenswürdigkeit im Dorf, aber neben der Kirche und dem Priorhaus standen nur noch ein Stall und das heruntergekommene, aus Feldsteinen gemauerte Nonnenhaus. Dort wohnten wir. Es war ziemlich feucht – also nass.

Eigentlich bin ich aber nicht dort groß geworden, sondern auf den Wiesen und Feldern rundherum. Direkt hinter unserem Haus hörte der Ort auf, und in Sichtweite floss die Pleiße. In die andere Richtung ging es am Mühlgraben und seinen Bäumen entlang zum Hofteich – der war fast schon ein See. Das war mein Reich.

Hier war ich unterwegs, sobald ich laufen konnte. Zwei Jahre nach mir kam meine Schwester Amri zur Welt, noch einmal zwei Jahre später mein Bruder André. Wir drei erfüllten unser Kinderzimmer mit Leben.

Hatte ich schon erwähnt, dass die Wohnung ziemlich feucht war? An manchen Herbsttagen konnte ich morgens beim Aufstehen meine Hand an die Tapete legen und sie war nass. Im Winter waren Eisblumen an der Fensterscheibe und die ganze Wand glitzerte gefroren. Mit gehörigem Abstand hört sich das vielleicht romantisch an, mich ließ es jedoch krank werden.

Erste Erinnerungen

So gehört es zu meinen frühesten Erinnerungen, dass ich verschickt werden sollte. Um meinen Husten loszuwerden, der gar nicht mehr aufhören wollte, bekam ich eine Lungenkur verordnet. Ziel war Graal-Müritz an der Ostsee. Dort wohnte auch ein Großvater von mir, und ich verbinde viele schöne Erinnerungen mit dem Ort, allerdings nicht mit diesem Kuraufenthalt. Denn den sollte ich vierhundert Kilometer von meinen Eltern entfernt verbringen, und ich war erst vier Jahre alt.

Mein Vater brachte mich im Auto hin. Er war liebevoll, aber in erster Linie preußisch-korrekt. Morgens um fünf stand er auf, um Viertel vor sechs ging er aus dem Haus. Pünktlich um halb vier war er zurück und erwartete einen gedeckten Kaffeetisch. Danach ging er seine Hasen füttern und in den Garten. Um sieben gab es Abendessen und um acht die Tagesschau – Westfernsehen konnten wir bei uns empfangen. Man sieht: So korrekt wie mein Vater war, linientreu war er nicht.

Über die Fahrt in die Kur weiß ich nur noch eins: Ich wollte auf keinen Fall weinen. Später meinte mein Vater einmal: »Wenn du irgendetwas gesagt hättest, Titus – ich wäre direkt mit dir umgekehrt.«

Ich sagte nichts. Ich litt. Und ich blieb, etwa zwölf lange Wochen. Als die Kur zu Ende war, wurde ich an der Ostsee mit vielen anderen in einen Bus nach Chemnitz gesetzt. Mindestens zwölf Stunden waren wir unterwegs. Ich werde diese Busfahrt nie vergessen, so lang war sie. Zweimal ging der Bus kaputt, aber irgendwann waren wir wieder in der Heimat, und als meine Eltern auftauchten, flossen die lang zurückgehaltenen Tränen.

Mein Vater arbeitete in einer unabhängigen Tankstelle – ja, so etwas gab es auch in der DDR. Er hatte zwar Maschinenbau studiert, doch sein Vater war Pfarrer und da blieben ihm die besseren Jobs verwehrt. Er konnte froh sein, wenigstens diese Arbeit zu haben. Meine Mutter war Schneiderin, blieb jedoch erst einmal bei uns Kindern zu Hause. Sie war diejenige, die daheim für den Glauben zuständig war. Sie sang mit uns, sie betete, und sie stellte uns Abend für Abend unter Gottes Segen.

Die Mitbewohner im Haus waren sehr nett. Ich erinnere mich vor allem an die Witwe des Kantors, die über uns wohnte. Ihr Wohnzimmer war unser zweites Zuhause und wir gingen dort ein und aus. Allerdings war ich auch als kleines Kind schon gern für mich allein, draußen in den Wiesen, zum Schmetterlinge-Jagen oder zum Träumen.

Einmal hatte ich mir in den Kopf gesetzt: »Ich besuch mal eben die Tante.« Die Gute wohnte allerdings in Thonhausen – und das war acht Kilometer entfernt. Für einen Fünfjährigen ist das schon eine gehörige Strecke, aber ich marschierte tapfer los. Ich lief und lief, durch die Felder ins benachbarte Gösau und kam schließlich mit schmerzenden Füßen in Heyersdorf an. Den Weg kannte ich, aber zu Fuß kam er mir endlos vor.

Am Ortseingang lag die Dorfkirche auf einem kleinen Hügel, dort machte ich eine Pause. Das Gefühl, das ich empfand, als ich fix und fertig von draußen in die kühle, etwas modrig riechende Kirche kam, um mich auszuruhen, begleitet mich bis heute. Es erzeugt eine Grundgeborgenheit bei mir. Anschließend nahm ich die zweite Hälfte meines Weges unter die Füße – und ich kam an. Das »Wo kommst du denn her?« meiner Tante ist mir immer noch im Ohr.

Natürlich hatten wir Nachbarkinder, und je älter meine Geschwister wurden, desto mehr habe ich auch mit ihnen gespielt, doch der Ausflug zu meiner Tante war schon typisch für mich: Ich war gern allein.

Unser »Klosterleben« war irgendwie sinnbildlich für unser Dasein als Familie. So richtig bewusst wurde mir das, als ich in unserer kleinen Dorfschule eingeschult wurde. Ich lebte in einer ziemlich heilen Welt und fühlte mich wohl, aber ich war anders als die anderen. Alle waren bei den Jungpionieren, der kommunistischen Kinderorganisation der DDR. Mutter erklärte jedoch bestimmt: »Titus, da gehst du nicht hin.« Ich wollte auch ein blaues Halstuch tragen und mit meinen Freunden zusammen sein, aber es war klar: »Auf keinen Fall. Wir identifizieren uns nicht mit diesem Staat.«

Im Laufe der Zeit bekam ich mit, dass meine normale Familie für DDR-Verhältnisse gar nicht so normal war: Der eine Opa (mütterlicherseits) war in der Kriegsgefangenschaft zum Glauben gekommen. Er war zwar extrem streng, aber er lebte seinen Glauben laut und herzlich. Der andere Opa war sogar Pfarrer. Er hatte mit dem bekannten Theologen und Widerstandskämpfer Dietrich Bonhoeffer in Finsterwalde studiert. Und er war ein Freund des Bibelübersetzers Hans Bruns, der Taufpate meines Vaters wurde.

All das war mir damals nicht bewusst. Ich merkte nur eines: Ich bin anders.

Lausbubenstreiche

Jetzt soll allerdings nicht der Eindruck entstehen, dass ich als Kind ständig allein war und voll mit religiösem Ballast aufgewachsen bin. Ganz und gar nicht. Schon bald war das Fahrrad mein ständiger Begleiter. Damit fuhr ich regelmäßig zu Henri, der so alt war wie ich und auf einem Aussiedlerhof wohnte. Seine Familie war zwar stark kommunistisch geprägt, aber wir kamen trotzdem prächtig miteinander aus. Wir spielten zusammen, fuhren Radrennen, bauten Baumhäuser und kämpften gegen eine andere Bande. Wenn die Jungs aus Gösau kamen, mussten wir unser Territorium verteidigen.

Problematisch wurde es nur, als wir beinah einen Waldbrand verursachten. Dabei hatte es ganz harmlos angefangen: Wir organisierten ein paar Würstchen und wollten sie ihrer Bestimmung zuführen. Bei uns hatte ein Grill allerdings keinen deutschen Nachnamen, und er war auch nicht kugelförmig. Also sammelten wir am Waldrand trockene Ästchen von einer Dornenhecke, zückten unsere Streichhölzer, und schnell knisterte ein kleines Feuer. Wir legten ein paar Äste nach und steckten die Würste auf Stöcke. Nun hätte es losgehen können, doch der Wind blies stärker als gedacht.

»Du«, sagte Henri, »das Feuer brennt ganz schön heftig.«

»Macht nichts, dann sind die Würstchen schneller gut«, meinte ich, nur um direkt danach zu schreien: »Mist, die Hecke brennt.«

Tatsächlich hatten wir das Feuer zu nah an den trockenen Dornbüschen gemacht, der Wind hatte die Flammen dorthin getrieben und ihre Zweige brannten wie Zunder. Erst dachten wir noch darüber nach, zu löschen – aber wie, ohne Wasser?

Wir bekamen richtig Schiss und rannten weg, direkt zu Henri nach Hause. Dort wollte ich mich auf mein Rad setzen und heimfahren, aber …

»Halt! Ihr Burschen bleibt hier«, rief Henris Großvater, der uns gesehen hatte. Unsere Hektik und der Rauch vom Waldrand her sprachen Bände. »Ihr wartet jetzt so lange, bis die Feuerwehr kommt.«

Gott sei Dank brannte nur der trockene Dornbusch ab, und das Feuer ging bald von selbst aus. Die Wiese und der Wald daneben waren wohl zu grün, um zu brennen. Mann, war ich erleichtert!

Aber nicht nur Feuer stand bei uns Jungs hoch im Kurs: Wasser war auch unser Element. Ganz in der Nähe gab es ein paar Karpfenteiche, die von einer Fischereigenossenschaft betrieben wurden. Das waren nicht solche eingerahmten Rechtecke direkt neben einer Straße, sondern ziemlich natürliche Teiche mitten in der Landschaft. Oft waren Henri und ich mit unseren Angeln dort. Angeln? Na ja, wir hatten uns einen Stock geschnitten, ein Stück dünnen Faden daran gebunden und uns aus einem kleinen Nägelchen selbst einen Haken gebogen. So ausgerüstet saßen wir regelmäßig am Ufer. Und genauso regelmäßig kam der Verwalter der Genossenschaft vorbei, nahm uns die mühsam gebogenen Haken ab und jagte uns zum Teufel. Das hinderte uns natürlich nicht daran, schon am nächsten Tag wieder unser Glück zu versuchen. Wir fingen nie auch nur einen einzigen Fisch, aber wir fühlten uns schon wie die Könige, wenn ein Karpfen nur in die Nähe unserer Angeln kam.

Einmal kamen wir wieder zu den Teichen, als unser »Freund« schon dort war. Er stand mittendrin mit seinen Stiefelhosen. Dort war ein gemauerter Kasten als Ablauf. Es war Freitagnachmittag, und er hatte den Schieber bereits gezogen, damit das Wasser abfließen konnte. Am nächsten Morgen sollte die Truppe der Fischereigenossenschaft anrücken und die Karpfen einsammeln, die dann fast auf dem Trockenen liegen würden.

Heute war es nichts mit Angeln, das war uns sofort klar. Doch kurz bevor wir den Rückweg antraten, rutschte der Mann in ein Schlammloch. Er kämpfte eine Weile, aber seine Füße waren wie festbetoniert. Als er uns sah, rief er: »Hilfe! Helft mir hier raus! Ich stecke fest. Los, Jungs, geht in den Ort und holt Hilfe!«

Henri und ich schauten uns an. Wir hörten seine eher wütenden als bittenden Rufe. Wir sahen, dass das Wasser ablief und er nicht in Gefahr war. Dann dachten wir an unzählige Angelhaken, die genau dieser Mann von uns einkassiert hatte, und machten uns gemütlich auf den Weg – aber nicht ins Dorf. Es war Freitagabend, es war Sommer und das Wetter war in Ordnung. Schon am nächsten Morgen würden die Helfer sowieso zum Abfischen zu den Karpfenteichen kommen und ihn entdecken.

Wir gingen mit einem Lächeln, und wir schliefen gut in dieser Nacht. Er sicherlich nicht. Der Verwalter verbrachte die Nacht tatsächlich in seinen Stiefeln stehend und wurde erst am nächsten Morgen gerettet – zu seinem Glück sind Sachsen Frühaufsteher! Der einzige Nachteil für Henri und mich war, dass wir nie wieder zu diesen Teichen gehen konnten.

Zwischen Kirche und Kneipe

Was ich in richtig guter Erinnerung habe, ist die Christenlehre. Einmal in der Woche kam dazu Herr Schober vorbei. Wir waren so fünf bis sieben Kinder aus Frankenhausen – all diejenigen mit frommen Eltern. Ich hatte den kürzesten Weg und musste nur einmal den Flur hinuntergehen, denn der kleine Versammlungsraum war bei uns im Kloster.

Herr Schober erzählte uns die ganzen Geschichten aus der Bibel: von Noah und der Arche, von David und Goliat, vom sinkenden Petrus und natürlich von Jesus. Auch wenn ich gern bei den Jungpionieren mitgemacht hätte, die Bibelgeschichten hätte ich nicht eintauschen wollen. Sie haben mich stark geprägt und eine Grundlage geschaffen, die selbst dann nicht ins Wanken kam, als ich für etliche Jahre meine eigenen Wege ging.

Doch das war damals noch nicht in Sicht. So wuchs ich behütet und friedlich in einer beinahe heilen Welt auf, zwischen Teichen und Feuerstellen, mal mit Freunden, mal allein.

Ab und zu gingen meine Eltern am Wochenende tanzen. Genau gegenüber dem Kloster lag ein Gasthof, in dem ein Tanztee veranstaltet wurde. Als Ältester war ich an diesen Abenden für die beiden Kleinen verantwortlich. Falls sie einmal aufwachten, schrien und sich nicht beruhigen ließen, war der Gasthof ja nicht weit entfernt. Ich kletterte dann schnell aus dem Fenster und lief in Schlappen und Schlafanzug über die Straße. Zur Erheiterung der anderen Gäste ging ich zu meinen Eltern und verkündete: »Ihr müsst mal heimkommen, Amri und André schreien …«

Irgendwie war wohl vorgezeichnet, dass Kirche und Kneipe bei mir ganz nah beieinanderliegen. Aber bis daraus eine enge Verbindung wurde, sollten noch etliche Jahre vergehen.

Mit drei Kindern war die Wohnung im Kloster ziemlich eng. Und weil sie auch noch nass war, suchten meine Eltern nach einer anderen Bleibe. Als wir etwas fanden, war ich zuerst begeistert. Ich wusste noch nicht, dass damit der schöne Teil meiner Kindheit vorbei sein sollte.

EINSTECKEN UND ZURÜCKSCHLAGEN

»Ich schaff das! Das sind doch nur ein paar Steine. Und sie müssen ja bloß in den zweiten Stock.« Immer wieder sagte ich mir das. Die »paar Backsteine« wogen allerdings locker mehr als eine Tonne. Und ich buckelte sie mit meinen sechs Jahren allein die Treppe hinauf, damit wir den Schornstein im neuen Haus wieder aufmauern konnten. Ich musste das nicht tun, aber ich wollte es unbedingt, wollte ein Großer sein und Stärke zeigen. Als mein Vater an diesem Abend nach Hause kam, lagen alle Steine bereits oben. Ich lag auch. Im Bett. Alles tat mir weh, aber ich hatte meinem Vater unbedingt beweisen wollen, was ich konnte.

Endlich waren wir in unsere neue Wohnung gezogen. Hier waren die Wände nicht nass, aber es gab jede Menge Arbeit. Wir hatten das Haus von einer verstorbenen Tante geerbt. Hausbesitz war in der DDR allerdings nichts Erstrebenswertes: Der Zustand von Immobilien war in der Regel bescheiden und an Material zum Renovieren kam man genauso wenig heran wie an Handwerker. Zum Glück konnte mein Vater das meiste selbst erledigen und seine Arbeit an der Tankstelle machte sich jetzt bezahlt: Er kannte jeden und jeder kannte ihn – so bekamen wir durch Vitamin B vieles an Baumaterial, was wir sonst nie erhalten hätten.

Mit dem Umzug musste ich leider die Schule wechseln – und damit begann meine persönliche Katastrophe. Ich hatte keinen guten Start und es wurde im Laufe der Zeit nicht besser. Heute wird man als Neuer ja oft in die Klasse hineinbegleitet, vorgestellt und begrüßt. Ich musste von Anfang an allein klarkommen. Die ganzen anderen Zweitklässler kannten sich schon ein Jahr, Freundschaften und Cliquen standen bereits und niemand hatte auf mich gewartet. Daraus entwickelte sich in kürzester Zeit etwas, das man heute Mobbing nennen würde – damals fehlten mir die Worte dafür, aber es fühlte sich übel an.

Es ging damit los, dass ich schnell einen Spitznamen weghatte. Mein Kopf war nicht besonders klein, deshalb rief irgendwann ein Mitschüler: »Du hast ja einen Kopf wie eine Melone, Titus.« »Melone, Melone …«, sangen die anderen und machten sich immer wieder über mich lustig.

Doch damit nicht genug. Ich weiß nicht, wie oft es Milchanschläge auf mich gab. Was Osten und Westen zu dieser Zeit verband, war die Schulmilch. Bei uns war sie Teil der Schulspeisung, während es in der Bundesrepublik hieß: »Milch macht müde Männer munter.«

Jeden Tag vor dem Unterricht gingen zwei aus der Klasse, die gerade Milchdienst hatten, beim Hausmeister vorbei und holten die bestellten Milchflaschen ab. Für fünfzig Pfennige pro Woche gab es täglich eine Flasche Milch, Kakao oder Erdbeermilch. So stand bis zur ersten großen Pause auf fast jedem Tisch eine Glasflasche mit Zellophandeckel. Meine Milch trank ich regelmäßig aus und fast genauso regelmäßig fand ich eine weitere Flasche in meinem Ranzen – mit durchstochenem Deckel, kopfunter und ausgeleert. Es war jedes Mal eine Mordssauerei. Und ich schämte mich, weil ich schon wieder neue Hefte brauchte oder sie über der Heizung trocknen musste, wobei die ganze Umgebung nach Käse stank.

Meine lieben Klassenkameraden achteten allerdings peinlich genau darauf, die Milch immer nur ins vordere Fach meines Ranzens auszuleeren. Im hinteren befanden sich nämlich die Bücher, und wenn die etwas abbekommen hätten, wäre das Beschädigung von Staatseigentum gewesen. Ich weiß gar nicht, wie viel Geld ich in neue Schulhefte investiert habe. Jedes Mal, wenn ich in den Laden gegenüber der Schule kam, fragte die Verkäuferin: »Na, brauchst du wieder ein paar Hefte?«

Es sagt sich so leicht: Kinder können grausam sein. Aber es fühlt sich nicht gut an, wenn sie es sind. Und wenn man selbst das Opfer ist. Fast mein ganzer Schultag bestand aus Hänseleien, Prügeln, Milchattacken und so lustigen Streichen, wie in der Schultoilette aufs Pissoir gesetzt zu werden. Nein, die Schule machte mir keinen Spaß. Viele Jahre lang nicht.

Schulappell und fromme Lehrer

In der DDR an einer Schule zu sein, hieß durchaus, praxisorientierten Unterricht zu bekommen. Wir waren draußen in der Natur oder im Schulgarten, probierten Sauerampfer und sammelten Kartoffelkäfer. Wir rechneten und forschten. Aber wir mussten auch zu Schulappellen antreten. Die Sahnschule in Crimmitschau bot sich hierzu besonders an, denn hinter dem L-förmigen Gebäude war ein riesiger Platz.

Praktisch jeden Samstag bei gutem Wetter mussten wir uns dort als Schüler versammeln – und gutes Wetter bedeutete schon, dass es nicht schüttete. Vorne wurde ein Pult mit Mikrofon aufgebaut und der Direktor las irgendwelche Statuten der SED-Regierung vor.

Dabei mussten wir klassenweise antreten und stillstehen. Jedenfalls die anderen, denn ich war ja nicht bei den Jungpionieren. Wie ein Aussätziger musste ich mit den wenigen anderen, die nicht in der kommunistischen Jugendarbeit organisiert waren, vorne neben dem Pult stehen. Wir fühlten uns wie Freiwild und waren verletzt – und genau das sollte diese Extrabehandlung erreichen, ebenso wie die seltsame Regelung, dass diejenigen, die nicht bei den Pionieren waren, nie aufs Klassenfoto durften. Es war ein Signal für mich: Offiziell gehöre ich gar nicht dazu.

Nun gab es an unserer Schule Lehrer, die waren geradeaus und in Ordnung, und andere, die waren einfach übel. Leider waren diejenigen, die sonntags bei uns in der Kirche im Chor sangen, nicht unbedingt die besseren Lehrer – im Gegenteil. Die Sahnschule hatte ihren Eingang auf der einen Seite. Beim Hineingehen war nicht nur Zeit, die Schulmilch abzuholen, sondern auch, um den Hausmeister zu begrüßen. Wenn die Schule zu Ende war, wurde die Ausgangstür auf der anderen Seite des Gebäudes geöffnet. Und wieder ging es am Hausmeister vorbei und an dem Lehrer, der gerade Schließdienst hatte. Man kann sich das etwa so vorstellen wie in der »Feuerzangenbowle«, dem Filmklassiker mit Heinz Rühmann.

Einmal – es war ein Samstag im Winter und ich hatte schon den Appell überlebt – ließ ich dummerweise meine Mütze am Haken vor dem Klassenzimmer hängen. Am Ausgang rannte ich los, um dem Trupp Klassenkameraden zu entkommen, die gern an der nächsten Ecke auf mich warteten, um mich zu verdreschen. Das passierte besonders samstags, denn da hatten wir keine Hausaufgaben auf und sie hatten Zeit. Ich sprintete also aus dem Schultor, wollte mir die Mütze aufsetzen und merkte, dass ich sie vergessen hatte. Schnell drehte ich mich um. Am Tor stand der Hausmeister neben Herrn Heiliger – der trug nicht nur einen frommen Namen, sondern war auch im Kirchenvorstand der Lutherkirche.

»Entschuldigung, ich habe meine Mütze vergessen. Ich müsste nur mal eben kurz...«, begann ich, doch Heiliger blaffte mich an: »Ist das vielleicht der Eingang?«

»Aber wie soll ich denn meine Mütze holen?«

»Stell dich gefälligst an die Eingangstür und warte, bis wir dir öffnen.«

Wie ein geprügelter Hund schlich ich mich ums Schulgebäude herum und wartete, bis der Letzte gegangen war und die beiden den Ausgang abgeschlossen hatten. Dann kamen sie zu mir, ließen mich noch einmal hinein und zeigten mir deutlich, was sie davon hielten, dass ich ihr wertvolles Wochenende verkürzte. Schnell fand ich meine Mütze, ging natürlich durch den Ausgang hinaus und verfluchte in Gedanken Heiliger, der sonntags immer besonders fromm lächelte und mich jetzt meinen Klassenkameraden ausgeliefert hatte. Die warteten natürlich schon auf mich und verpassten mir eine gehörige Abreibung.

»Dann wehr dich doch ...«

Das Verprügeltwerden hörte einfach nicht auf. Nur ein einziges Mal ergriff jemand für mich Partei. Als ich schon am Boden lag, trat Manuela aus meiner Klasse vor mich und funkelte die Jungs an, die mich bearbeiteten: »Jetzt lasst ihn doch endlich mal in Ruhe.« Ich bewundere sie heute noch für ihren Mut.

Tatsächlich war es meine Mutter, die dann für Abhilfe sorgte. Ich war inzwischen in der siebten Klasse und sie seufzte nur noch, wenn ich wieder mit einem blauen Auge oder zerrissener Hose nach Hause kam. Jahrelang hatte sie gepredigt: »Denk daran, Titus, vielleicht hast du ja auch etwas gemacht, was sie geärgert hat. Außerdem hält man immer die andere Wange hin...« Doch eines Tages schaute sie mich an und sagte: »Weißt du was, mir reicht das jetzt. Du bist groß und kräftig – dann wehr dich doch einmal.«

Schon am nächsten Samstag war ich wieder auf der Flucht. Die Schule war vorbei, und die übliche Meute verfolgte mich auf dem Weg nach Hause. Ich rannte den Schulberg hinunter und sagte mir dabei: »Ich will nicht mehr wegrennen. Nie mehr.« Also feuerte ich meinen Ranzen den Berg hinunter und drehte mich um. Da waren sie schon. »Na, kannst du nicht mehr?«, ätzte einer von ihnen und kam auf mich zu. Er wusste die anderen hinter sich und fühlte sich stark. Außerdem hatte ich mich ja noch nie gewehrt.

»Lasst mich endlich in Ruhe«, schrie ich ihn an.

Er war etwas verunsichert, doch dann stichelte er weiter: »Und wenn nicht? Weinst du dann?«

In diesem Moment schlug ich zu. Einmal nur, aber das war genug. Er ging sofort zu Boden. Dann lief ich zum Nächsten. Auch er ging direkt in die Knie. Die anderen wollten nicht warten, bis sie an der Reihe waren. Diesmal rannten sie und nicht ich. Und dabei blieb es.

Ich weiß im Rückblick nicht, was ich hätte anders machen sollen. Aber was an jenem Tag mit mir passierte, war nicht gut für mich. Es war, als wäre ein Schalter umgelegt worden. Zwar legte sich ab diesem Moment so schnell keiner mehr mit mir an, doch ich wurde richtig herzlos.

Feuerzangenbowlen-Flair in der DDR

Wie gesagt erinnert mich vieles an der Sahnschule an die »Feuerzangenbowle«. Wir hatten einige Originale als Lehrer. Da war zum Beispiel Herr Sander, ein Erzkommunist, gut zwei Meter groß und hager wie ein Laternenpfahl. Wenn es Winter war, machte er sich immer ein besonderes Vergnügen daraus, die Schneemänner der

Grundschüler kaputt zu fahren. Der beste Platz zum Bauen war neben den Lehrerparkplätzen. Wenn Sander in der Nähe war, war das allerdings keine gute Idee. Er fuhr mit seinem Trabbi grundsätzlich jeden Schneemann platt. So lange, bis ein paar Zehntklässler eine Idee hatten.

Am Rand des Parkplatzes stand ein Hydrant für die Feuerwehr – und der ließ sich fantastisch mit Schnee verkleiden. Alle machten mit. Man sah praktisch keinen Unterschied zu einem normalen Schneemann. Auch Sander nicht. Mit seinem zynischen Lächeln und Vollgas fuhr er hinein, doch ein stählerner Hydrant ist stabiler als ein Auto aus Vollkunststoff. Durch die niedrigen Temperaturen splitterte das Plastik seines Trabants einfach weg. Er verlor nie ein Wort darüber, aber seitdem blieben die Schneemänner am Leben.

Bei genau diesem Sander hatte ich einmal ein Referat zu halten, Thema »Umwelt«. Dazu hatte ich kurz vorher einen Diavortrag in der Kirche gesehen. Ich fragte also den Referenten: »Kannst du mir deine Dias leihen? Ich weiß allerdings nicht, ob ich sie dir zurückgeben kann. Vielleicht werden sie mir abgenommen.« Ich bekam die Dias und mein Vortrag wurde richtig multimedial.

Auf Tonkassette hatte ich »Air« von Bach als Endlosschleife laufen und die Bilder zeigten die Landschaft um Crimmitschau, wie sie wirklich war: Schrebergärten, wo Abfall entsorgt wurde, die Mülldeponie auf dem Weg ins nahe Zwickau und die Pleiße in ihren vielen Farben. Durch die Textilindustrie war der Fluss montags blau, dienstags gelb und mittwochs grün. Nur übers Wochenende konnte sich das Wasser kurz erholen. All das zeigte und erzählte ich in meinem Referat. Jede Minute rechnete ich damit, dass das Licht angehen und Sander meine Rede beenden würde, systemkritisch genug war sie. Doch nichts passierte. Ich schloss mein Referat ab und der Lehrer ging an die Fenster. Dort ließ er ohne ein Wort eine Jalousie nach der anderen nach oben schießen – was natürlich streng verboten war. Dann schaute er mich durchdringend an und meinte: »Eins. Setzen.«

Es war fast typisch, dass gerade die Lehrer, die eigentlich gegen mich hätten sein müssen, es nicht waren. So wie Witzel, ein geradliniger Kommunist, der Staatsbürgerkunde unterrichtete. Wenn es bei uns im real existierenden Sozialismus mal wieder keine Butter gab, aß er eben Margarine. Wenn das Bier in der Flasche nur eine trübe Brühe war, dann trank er es trotzdem. Aber er konnte damit umgehen, dass ich in der Kirche war. Er akzeptierte sogar, dass ich immer wieder kritisch nachfragte und seinen Unterricht regelmäßig schmiss. Dieser Mann hatte das »Bonbon« an der Anzugjacke, also das Parteiabzeichen der SED, der Sozialistischen Einheitspartei Deutschlands. Doch als ich später die Schule mit einem mittelmäßigen Abschluss verließ, war er der Einzige, der mir eine Eins gab. Überall hatte ich Zweier, Dreier und Vierer, aber ausgerechnet in Staatsbürgerkunde eine Eins!

Käse aus dem Paradies

Auch wenn ich inzwischen nicht mehr verprügelt wurde, hatte ich doch kaum Freunde – außer einem, und der war besonders treu. Unser Hund Larry war eine Promenadenmischung mit Rückgrat. Wenn er wollte, war er den ganzen Nachmittag über an meiner Seite, und wenn nicht, dann sagte er kurz Tschüss und war weg. Heute denke ich manchmal, dass mich dieses Tier gerettet hat.

Immer noch zog es mich in die Einsamkeit, zum Beispiel in die Tongruben neben der Stadt. Sie waren längst stillgelegt, aber für mich waren sie ein wichtiger Rückzugsort. Oft radelte ich nach der Schule dorthin, stieg auf ein Floß, das ich mir aus ein paar Brettern und Balken selbst zusammengebaut hatte, und fuhr mit Larry über die vollgelaufene Tongrube auf »meine« Insel. Da war ich zu Hause. Im Sommer schwamm ich im See, im Winter schmolz ich mir Schnee im Topf, warf einen Brühwürfel hinein und aß meine selbst gekochte Suppe. Ich wusste, wann und wo die Himmelsschlüssel oder die Maiglöckchen blühten, und ich kannte die besten Pilzstellen. Die Gegend war mein Paradies – übrigens im wahrsten Sinn des Wortes, denn dort floss der Paradiesbach und die ganze Gegend drum herum hieß »Paradies«.

Einmal war ich dort wieder unterwegs, als es von der A4, die oberhalb des Waldes verlief und Polen mit dem Westen verband, einen gewaltigen Schlag tat. Kurz danach purzelten Pakete den Abhang herunter. Oben auf der Autobahn war ein Lkw umgekippt, der Käse in den Westen liefern sollte, doch daraus wurde nun nichts mehr.

Als ich sah, wie viel Käse im Wald verstreut lag, schnappte ich mir mein Fahrrad und fuhr schnell nach Hause. Dort holte ich den Fahrradanhänger aus dem Schuppen und ab ging's zurück ins Paradies. Ich sammelte die Käseblöcke ein, packte sie auf den Hänger, bis er voll war, und versteckte sie in einer leeren Scheune. Kurz darauf brauste ich wieder los. Am Ende hatte ich ein paar hundert Kilo Käse auf die Seite gebracht. Oben auf der Autobahn waren die Sirenen von Polizeiwagen zu hören, doch niemand störte mich, denn das Gelände war ziemlich unzugänglich.

Als ich mit dem ersten vollen Fahrradhänger nach Hause kam, gab es große Diskussionen.

»Wo hast du denn den Käse her?«, fragte meine Mutter.

»Gefunden.«

»Gefunden? Einen ganzen Hänger voll Käse?«

»Ja.«

»Das gibt's doch nicht. Den hast du bestimmt irgendwo weggenommen.«

»Nein. Ich hab ihn wirklich gefunden – und es gibt noch viel mehr davon.«

Irgendwann glaubte mir meine Mutter und sie war praktisch genug, die unverhoffte Lieferung anzunehmen.

Wenn wir in den nächsten Monaten von irgendetwas genug zur Verfügung hatten, dann war es Käse. Wir haben ihn verschenkt, eingetauscht und selbst gegessen. Die Aktion wurde sogar vertont. Zu meiner Konfirmation gab es ein Lied, in dem es hieß: »Titus mit dem Rade fand allerfeinste Käsquadrate«.

Spießrutenlauf zur Gemeinde

Während dieser Zeit besuchte ich in der Lutherkirche in Crimmitschau erst die Jungschar, dann den Konfirmandenunterricht und schließlich die Junge Gemeinde. Vieles davon fand im Turmzimmer der Kirche statt. Eine enge Spindeltreppe führte hinauf, aber oben war Platz für eine tolle Gruppe. Es gab sogar Tischtennisplatten – ich habe keine Ahnung, wie die dort hinaufgekommen waren.

Der Pastor und der Kantor, die uns unterrichteten, machten ihre Sache wirklich gut. Der Weg in die Kirche war jedoch sportlich – und zurück genauso, denn wenn wir uns treffen wollten, saßen unten auf dem Platz vor der Kirche immer »zufällig« ein paar junge Leute, die uns anhielten. Sie fragten: »Was hast du dabei?«, und nahmen uns unser Geld ab. Auch in die Scheiben der Kirche flogen regelmäßig Steine. Man hätte das anzeigen können, doch wen hätte es interessiert? Im Nachhinein denke ich, dass viele dieser Schikanen gewollt, gesteuert oder zumindest geduldet waren. Für mich bedeutete es Woche für Woche Spießrutenlaufen. Es war anstrengend, aber das war es mir wert.

Wir hatten als junge Leute eine gute Zeit miteinander, wir fuhren auf Freizeiten und Rüstzeiten und bekamen immer wieder Besuch von hochkarätigen Sprechern wie dem bekannten Evangelisten Theo Lehmann. Das geistliche Programm war richtig gut, aber auch sonst machten wir unsere Erfahrungen. Nach einem Treffen mit der Jungschar an Silvester war ich zum ersten Mal besoffen. Ich trank ein paar Bier und einige Gläser Wein – »Lindenblatt« stand auf dem Etikett. Ich war dreizehn oder vierzehn, und als ich mich nachts auf den Heimweg durch den Schnee machte, merkte ich schon, dass etwas anders war. Ich kämpfte mich nach Hause und bekam irgendwann meinen Schlüssel ins Schloss.

Im Treppenhaus verschwanden die Treppen immer wieder und kamen dann zurück und die Stufen waren viel steiler als sonst. Erst nahm ich Anlauf, dann krabbelte ich sicherheitshalber auf allen vieren weiter, doch irgendwann kam ich einfach nicht mehr voran. Es dauerte eine Weile, bis ich kapierte, dass ich gegen das Schienbein meines Vaters gestoßen war und es deshalb nicht weiterging.

»Das war's dann wohl«, meinte er. »Mit solchen Aktionen kannst du warten, bis du achtzehn bist.«

In dem Moment musste ich kotzen. Mein Vater musterte mich und sagte: »Du weißt, was das heißt: Hausordnung.«

So putzte, bohnerte und polierte ich die Treppe bis in die frühen Morgenstunden. Mein erster Rausch hat definitiv keinen Spaß gemacht.

Eine Weile später befreundete ich mich im Urlaub mit einer Pastorentochter. Wir verstanden uns gut und schrieben uns fast täglich Briefe. Aber irgendwann sagte sie einfach: »Das passt nicht«, und trennte sich von mir.

Das war sicherlich nicht der entscheidende Grund, aber ich habe mich Stück für Stück von der Kirche entfernt. Ich dachte an die

Enttäuschungen durch diverse Gemeindeglieder und Lehrer und schließlich meine Freundin. Ich wollte da raus. Ich wollte Abstand. Und den nahm ich mir.

ALLES STASI, ODER WAS?

Meinen Glauben hatte ich zwar weitestgehend an den Nagel gehängt, aber mit meiner christlichen Vergangenheit war die Berufswahl in der DDR trotzdem eingeschränkter als für Normalsterbliche. Ein Studium und die »besseren« Berufe waren damals Parteimitgliedern vorbehalten oder denen, die wenigstens als linientreu galten. Viele Möglichkeiten blieben mir nach der Schule nicht, unterm Strich eigentlich nur eine: die Ausbildung zum Schreiner.

Es hätte schlimmer kommen können. Die Arbeit in meinem Betrieb war ganz okay. Und nun war ich unterwegs zum ersten Blockunterricht in der Berufsschule in Plauen. Weil die Schüler aus der ganzen Region kamen, waren wir in einem Internat untergebracht. Es lag ein bisschen außerhalb, ein Plattenbau vom Feinsten mit einem echten Portal.

»Wer bist du und wohin willst du?«, war die knappe Begrüßung an der Pforte. »Schlagowsky, Titus, ich lerne Schreiner …«

»Ach, einer von den Neuen. Dann mal hereinspaziert.«

Drinnen war es so ähnlich wie beim Militär: lange Gänge, kleine Stuben und ab und zu ein Bad mit Toilette für zwölf bis vierzehn Leute. Ich hatte Glück: Wir waren nur zu zweit im Zimmer. Volkmar Gutsche war in Ordnung. Er kam aus einer kleinen, privat geführten Gärtnerei in Werdau – also fast aus meiner Nachbarschaft – und war ein echter Headbanger. Musik musste für ihn hart und laut sein und er hatte sogar eine AWO, ein Viertakter-Moped mit 15 PS, das über hundert Sachen fuhr. Wir waren zwar nicht in allem auf einer Wellenlänge, aber vom Typ her – groß, blond, bullig, renitent – waren wir uns schon recht ähnlich.

Die Nacht im Internat war morgens um sechs zu Ende. Waschen, Schulsachen packen und Zimmer räumen stand an. Und wehe, die Bettlaken waren nicht akkurat glatt gezogen, dann war Hofdienst vorprogrammiert. Wir rückten zum Essen in den Speisesaal aus, wo es jeden Tag dasselbe gab: eine undefinierbare bräunliche Flüssigkeit, angeblich Kaffee, eine Scheibe Brot, Sternchenmargarine und Erdbeermarmelade aus dem Eimer, die so widerlich war, dass ich bis heute keine mehr essen kann.

Zur Berufsschule mussten wir entweder mit öffentlichen Verkehrsmitteln fahren oder – wenn das Geld knapp war – laufen. Meistens war es knapp. Das Militärische ließ uns auch hier nicht los. Das begann bei den Lehrern, von denen etliche Soldaten waren, und ging weiter beim Gebäude, das im Dritten Reich ein Wehrersatzamt gewesen war. In den größeren Räumen wurde unterrichtet, im Luftschutzkeller gab es das Mittagessen, das ebenfalls widerlich schmeckte. So war es normal, dass wir uns nach einem Blick ins Portemonnaie zusammentaten. »Holen wir was?« »Klar.« »Und was?« »Wie viel haste denn noch?« Meist wurde es Sauerkraut, ein bisschen Speck und ein Pfundbrot vom Bäcker. Nach der Schule ging es zurück ins Internat zum Lernen und Abendessen. Dann gab es Ausgang – von sieben bis neun Uhr, und wehe, du warst nicht rechtzeitig zurück!

Manöver mit Hindernissen

Die Unterrichtsblöcke in der Berufsschule dauerten jeweils vierzehn Tage. Es war eine harte Zeit, denn von den 105 Mark Lehrlingsgehalt musste ich alles bestreiten, auch die Heimfahrt nach Crimmitschau an den Wochenenden. Im Internat ließ der Leiter keinen Zweifel daran, dass er früher Aufseher im Gefängnis in Bautzen gewesen war, dem berüchtigtsten Knast der DDR. Die Haftbedingungen dort waren legendär schlecht. Viele Häftlinge saßen ohne jeden Prozess über Jahre ein und etliche verschwanden. Und was meinte unser Internatsleiter? »Einen echten Unterschied zwischen meiner Arbeit in Bautzen und hier sehe ich nicht.« Sehr tröstlich!

Die einzige Abwechslung war die wöchentliche Disco. Da lief zwar Musik, aber dann trafen fünfzig Mädchen auf dreihundertfünfzig Kerle – mehr muss man dazu wohl nicht sagen … So war Alkohol auf den Stuben zwar verboten, aber er war das, was mir und vielen anderen die Situation erträglich machte, denn ein erheblicher Teil unserer angeblichen Berufsausbildung war in Wirklichkeit Wehrkunde. Ein eventueller Angriff durch den Westen schien während des Kalten Krieges jederzeit möglich, deshalb bereiteten wir uns schon mal darauf vor – bis in den Unterricht hinein. So lernten wir im tiefsten Vogtland weniger über Holz und seine Bearbeitung als über Gasmasken und den Klassenfeind, und wir übten den Einsatz von Waffen.

Typisch dafür war das Abschlussmanöver unseres Jahrgangs. Ich war zwar weder linientreu noch Pionier oder in der FDJ gewesen und auch im Internat nicht durch besonderen Gehorsam aufgefallen, aber offensichtlich wurden hier einfach Kerle gebraucht, die groß und stark waren und vorangehen konnten. Da waren sie bei mir gerade richtig. Und so wurde ich Gruppenführer. Wir bekamen einen Plan, nach dem wir laufen, und Aufgaben, die wir unterwegs erledigen sollten.

An einem Stahlseil hangelten wir uns über den nächstgelegenen Bach und marschierten auf unser Ziel zu. Dabei kamen wir oberhalb von Jößnitz vorbei. »Halt!«, rief ich als Gruppenführer. Acht Mann hielten an. »Wie viel Geld haben wir?« Die anderen grinsten, denn sie ahnten, was ich vorhatte. Zehn Mark kamen zusammen. Mit dieser Barschaft schickte ich zwei aus der Gruppe in den »Konsum«, das Geschäft am Ort: »Schnaps fassen.« Für zwei Flaschen reichte es. Wir trafen uns dann hinter Jößnitz auf dem freien Feld wieder – zu einer kleinen Trinkpause.

Die letzten Aufgaben litten allerdings etwas unter dem Alkoholpegel. Als wir an einer Station Übungshandgranaten werfen sollten, wurde dies sehr deutlich. Zwanzig Meter sollte jeder schaffen. Unser bester Werfer begann. Alle Augen waren nach vorne gerichtet, dahin, wo die Granate landen sollte. Nur, sie flog nicht. Sie rollte ihm aus der Hand und blieb direkt neben seinem Fuß liegen. Gut, dass sie nicht scharf war.

Die nächste Aufgabe war wesentlich leichter. Auf einem freien Feld stand ein einzelner Baum. »Wie weit ist er entfernt?«, wurden wir gefragt. Heute würde ich sagen, dass er etwa anderthalb Kilometer weg war, doch unsere Augen waren etwas getrübt. So hörte der Posten am Feldrand alles zwischen »fünf Meter« und »achtzig Kilometer«.

Natürlich hatte das ein Nachspiel. Wieder zurück im Internat wurden wir in voller Montur unter die kalten Duschen gestellt. Zwei Stunden lang. Anschließend mussten wir einmal über die benachbarte Mülldeponie robben und danach noch 10 000 Meter »ums Objekt« laufen.

Danach waren wir nüchtern – und fix und fertig.

Der lange Arm der Stasi

Ich war in dieser Zeit nicht prinzipiell auf Krawall gebürstet, tat aber schon einiges, was verboten war. Zum Beispiel unternahm ich mit einem guten Freund etliches gegen Kommunisten. Das war für uns so eine Art Rache des kleinen Mannes. So drangen wir bei Nacht und Nebel in die Schrebergärten von tausendprozentigen Parteimenschen ein und sägten ihre Apfelbäume um.

Doch genau dieser Kumpel war dann eines Tages weg. Einfach so. Als er wieder auftauchte, trafen wir uns mit ein paar Leuten und einem Kasten Bier an der Hohen Warte bei einem Baum, wo wir unter uns waren. Mein Freund wurde sehr direkt: »Wir treffen uns hier zum letzten Mal. Ich will mit euch nichts mehr zu tun haben. Ich bin jetzt bei der Staatssicherheit.«

»Sag mal, hast du 'ne Meise? Willst du uns verpfeifen oder was soll der Mist?«

Da packte er aus: »Ich hab Scheiß gebaut.«

Als seine Eltern im Urlaub waren, hatte er ihren Wagen aus der Garage geholt. Jeder von uns war schon ohne Führerschein gefahren, doch das war hier das kleinste Problem. Er hatte einen Unfall gebaut und jemanden totgefahren. Das bedeutete Bautzen oder sogar Sibirien. Sein Leben schien am Ende zu sein. Jedenfalls so lange, bis die Staatssicherheit bei ihm auf der Matte stand und der Beamte erklärte: »Ich habe da ein Angebot für Sie ...«

Er hatte angenommen, aber die Beziehung zu uns war ihm so wichtig, dass er niemanden verpfeifen wollte. Deshalb brach er den Kontakt zu mir und etlichen anderen völlig ab.

Insgesamt spielte die Stasi während meiner Ausbildung keine große Rolle. Die meisten Lehrer – angefangen mit Müller, unserem Klassenlehrer – waren eher »gerade« Typen. Sie hatten zwar durchaus ihre Macken, aber es waren Menschen, bei denen sich nicht alles um die Partei drehte. Doch wir hatten eben auch Staatsbürgerkunde und Wehrunterricht, also eine militärische Grundausbildung für Fünfzehn- bis Sechzehnjährige.

Einer unserer Lehrer, Peter Hofmeier, war uns als Klasse ziemlich zugetan. Eigentlich war er schwer in Ordnung, doch als Lehrer für Staatsbürgerkunde stand er für das gesamte System dahinter. Genau dieser Mann kam eines Tages nach dem Unterricht und sagte zu uns: »Gutsche und Schlagowsky, euch beide würde ich gern mal zu mir nach Hause zu einem Gespräch einladen.« Nun war das nicht einfach eine Einladung, es war eher eine Anordnung. Unsere Antwort konnte eigentlich nur Ja lauten. Trotzdem lehnten wir zunächst ab: »Leider haben wir keine Zeit.«

Natürlich steckten wir danach sofort die Köpfe zusammen und beratschlagten. Uns war klar: »Die wollen uns für die Stasi werben. Hundertprozentig.« Wir hatten Schiss, denn wir wussten, welche Macht die Staatssicherheit in der DDR hatte und was sie uns alles verbauen konnten, wenn wir nicht mitspielten. Als die zweite Aufforderung kam, sagten wir nicht noch einmal ab.

Hofmeier gab uns seine Adresse und direkt nach dem Unterricht liefen wir los. Es waren bestimmt drei Kilometer zu Fuß, Schnee fiel und der Weg wurde immer länger. Oben im Vogtland ist es Anfang Dezember schon richtig winterlich, und wenn es schneit, dann schneit es richtig. Die ganze Zeit überlegten wir, wie wir das Ganze doch noch verhindern könnten.

»Wie wäre es, wenn wir morgen sagen, dass wir das Haus nicht gefunden haben«, überlegte ich gerade, als wir schon fast davorstanden. In diesem Moment ging die Tür auf, Hofmeier hatte uns offensichtlich bereits erwartet: »Schön, dass ihr da seid.« Auch seine Frau begrüßte uns und bat uns herein.

Wir zogen unsere Jacken und Schuhe aus und gingen ins Esszimmer. Dort setzten wir uns zusammen an den großen Tisch und Hofmeier fragte uns aus: nach unserem Zuhause, den Eltern und allem Möglichen. Vorab hatten Volkmar und ich vereinbart, dass wir uns einen Tritt geben würden, bevor wir etwas Verfängliches erzählten. Das Problem war nur: Wir saßen an den beiden Kopfseiten des Tisches, mit viel Fläche zwischen uns inklusive der Beine von Ehepaar Hofmeier.

Doch nach den anfänglichen Fragen wollte unser Lehrer weniger von uns wissen als selbst reden. Dabei sagte er etwas, das ich bis heute nicht vergessen habe: »Ich musste fünfundzwanzig Jahre bei der Armee sein, um zu begreifen, wie bescheuert ich bin.«

Das konnte ich nicht einsortieren. Hier war ein Offizier der Armee, der die maximale Zeit gedient hatte. Er war unser Lehrer in Staatsbürgerkunde. Und er sagte so etwas? Was sollten wir davon halten? Volkmar und ich warfen uns einen Blick zu. Es schien klar: »Das ist ein Test. Darauf fallen wir nicht herein.« Also sagten wir erst einmal gar nichts.

Dann nahm das Gespräch eine noch seltsamere Wendung, als er persönlich wurde und vieles von sich erzählte, zum Beispiel, dass seine Frau und er leider keine eigenen Kinder bekommen konnten.

»Wir essen jetzt zu Abend. Möchtet ihr mitessen?«, fragte Frau Hofmeier. Höflich lehnten wir ab: »Wir kommen gerade vom Essen.« Doch das interessierte sie wenig. Sie deckte den Tisch für vier Personen und wir aßen mit. Kurz vor sieben wurde unser Lehrer leicht nervös, stand auf, ging zum Fernseher und schaltete die Heute-Nachrichten ein. Uns war klar, dass wir nur wenige Kilometer von Hof und dem Sender auf dem Ochsenkopf entfernt waren. Westfernsehen konnte man hier mit einem nassen Handtuch empfangen, da war fast keine Antenne nötig. Aber das hier war unser Staatsbürgerkundelehrer. Ohne ein Wort saßen wir da und schauten die Heute-Sendung.

Anschließend sprang Hofmeier auf und meinte: »So, jetzt haben wir gespeist, nun trinken wir einen Schluck.« Natürlich wusste er, dass wir nicht alkoholisiert ins Internat durften, aber er stellte eine Flasche französischen Cognac auf den Tisch, öffnete sie und goss uns allen ein. Wir hatten Wassergläser vor uns und wussten nicht, was wir sagen sollten. Jedes Mal, wenn uns die Worte fehlten, nahmen wir einen Schluck. Und jedes Mal, wenn das Glas leer war, goss Frau Hofmeier nach. Erst erzählte unser Lehrer so einiges aus seiner Armeezeit und schließlich wurden wir ebenfalls gesprächiger. Die Themen gingen immer mehr in eine Richtung, die man nur als gefährlich bezeichnen konnte.

Um acht Uhr sprang Hofmeier wieder auf: »Zeit für die Tagesschau.« Mittlerweile hatten wir uns fast schon daran gewöhnt. Anschließend gingen wir zurück an den Tisch, plauderten und unser Lehrer köpfte eine zweite Flasche Cognac.

Inzwischen war unser Gespräch wirklich persönlich, doch wir unterhielten uns gut. Und die Angst, an diesem Abend für die Stasi geworben zu werden, wurde immer geringer. Uns gegenüber saß einfach ein älteres Ehepaar, das keine Kinder hatte, zu viel Zeit im Staatsdienst verschwendet hatte und reden wollte. Wir redeten. Und wir tranken Cognac.

Gegen elf Uhr meinten wir: »Es gibt bestimmt einen Riesenärger, wenn wir jetzt nicht ins Internat zurückgehen.«

Hofmeier nickte und antwortete: »Ja, wir sollten den Abend beschließen. Ich bin sowieso betrunken.«

Seine Frau und er verabschiedeten uns freundlich an der Haustür, und wir machten uns auf den Rückweg. Der Cognac hatte seine Wirkung nicht verfehlt. So zog ich meine Schuhe an der Haustür an und merkte gar nicht, dass ich beim Ankommen Messer und Gabel hineingelegt hatte, die ich immer bei mir trug. Doch die Gabel lag wohl richtig herum, sodass ich sie auf dem Heimweg kaum spürte.

Wir kämpften uns durch die Nacht und den Schnee, und irgendwann nach ein Uhr morgens kamen wir im Internat an. Um neun hätten wir spätestens da sein sollen. Hereinschleichen war nicht möglich: Wir mussten den Pförtner herausklingeln und an ihm vorbei. Sein Blick sprach Bände. »Dass das Ihre Entlassung bedeutet, ist wohl klar, meine Herren«, schimpfte er. »Und betrunken sind Sie auch noch!«

Entlassen. Oder doch nicht?

In dieser Nacht konnte ich keinen klaren Gedanken mehr fassen, ich fiel nur noch ins Bett. Direkt am nächsten Morgen mussten wir uns bei der Internatsleitung melden und bekamen einen Zettel in die Hand gedrückt, der die sofortige Auflösung unseres Lehrverhältnisses zum Inhalt hatte. »Heute Mittag packen Sie Ihre Siebensachen und verschwinden. Bis dahin können Sie noch ein letztes Mal die Schule besuchen.« Volkmar Gutsche und ich gingen nicht, wir schlichen uns mit unserem Brummschädel in den Unterricht. So hatten wir uns unseren Abgang nicht vorgestellt.

Gott sei Dank hatten wir an diesem Tag auch Staatsbürgerkunde bei Peter Hofmeier. Als wir mit gesenkten Köpfen dasaßen, fragte er: »Und, meine Herren? Kopfweh?«

Weil wir nicht antworteten, fragte er nach: »Was ist los?«

»Wir haben unsere Entlassung bekommen.«

Er schaute uns kurz an und sagte bestimmt: »Erst einmal geht ihr ins Internat – und morgen früh haben wir einen Termin beim Direktor. Ach übrigens: Wenn man euch nicht ins Internat lässt, dann kommt bitte zurück, dann kläre ich das.«

Nach der Schule liefen wir ins Internat, wo er inzwischen angerufen hatte. Niemand hielt uns auf, und wir gingen direkt in unser Zimmer. Am nächsten Morgen machten wir uns auf den Weg ins Büro. Dort saß unser Direktor hinter seinem Schreibtisch, und der Internatsleiter machte uns zur Schnecke. »Meine Herren Schlagowsky und Gutsche. Das war's für Sie.« Er sprang auf und schrie eine Weile herum.

Wir saßen da wie die geprügelten Hunde und überlegten, wie wir das unseren Eltern beibringen sollten, als die Tür aufging und Hofmeier hereinkam.

»Herr Kollege«, sagte er sehr ruhig, »ich verstehe dieses ganze Gespräch hier nicht.«

»Sie machen sich offensichtlich stark für die beiden jungen Männer? Warum?«

Da wurde Hofmeier auf einen Schlag laut: »Ich soll mich nicht aufregen, wenn durch Sie all meine Bemühungen am Arsch sind? Ich versuche vorgestern den ganzen Abend über, die beiden Herren für die Staatssicherheit zu gewinnen, und Sie versauen mir die Nummer! Kein Wunder, dass wir keinen Nachwuchs bekommen.«

Es war totenstill.

»Die beiden waren gestern bei mir zu stundenlangen Gesprächen. Es ging um unseren Staat und unsere Sicherheit – und Sie wollen sie heute entlassen.«

An dieser Stelle wurden wir vor die Tür geschickt. Kurz danach lief der Internatsleiter ohne ein Wort an uns vorbei. Der Direktor rief uns zurück und erklärte, das Ganze sei ein fürchterliches Missverständnis gewesen, selbstverständlich könnten wir unsere Ausbildung wie geplant fortsetzen. »Und, meine Herren: Ich möchte nichts mehr von dieser Angelegenheit hören!«

So war es auch. Wir hörten nichts mehr davon. Bis im nächsten Staatsbürgerkundeunterricht Hofmeier in unsere Richtung schaute und lächelte. »Geht doch!« Wir verstanden uns. Er wusste genau, dass wir nichts erzählen würden. Und ich hatte jemanden kennengelernt, der mit dem System gegen das System vorgegangen war.

Es gab keine Wiederauflage der Einladung zu Hofmeiers, aber ich musste immer wieder daran denken, was unser Lehrer uns anvertraut hatte: dass er fünfundzwanzig Jahre bei der Armee sein musste, um zu begreifen, wie bescheuert er war.

AUSGELERNT UND EINGEARBEITET

Meine Lehre als Schreiner hatte nicht nur einen theoretischen, sondern auch einen praktischen Teil. Dazu war ich in der Schreinerei Seifert, einem kleinen Laden, wo ich wirklich viel gelernt habe, allerdings nicht nur schreinern. So lernte ich, im Winter morgens den Ofen anzufeuern, die eingefrorene Heizung wieder aufzutauen und immer wieder zu lügen: Wir waren da mit zehn, elf Mann beschäftigt, aber es fehlte an allem. Und so mussten wir die Kunden immer wieder mit Ausreden hinhalten.

Gut war, dass ich mich mit meinem frommen Hintergrund nicht verstecken musste. Seifert war ein guter Schreiner und ein seltsamer Kauz, aber er war – trotz DDR – Privatunternehmer, und dass ich bei Kirchens unterwegs war, war ihm herzlich egal.

Problematisch waren die Gesellen im Betrieb: Die waren als Säufer und Schläger bekannt und machten meine Lehrzeit ziemlich unangenehm. Wer im Ort sagte, dass er bei Seifert arbeitete, der steckte schnell in genau dieser Schublade, denn die Firma war berühmt-berüchtigt für ihre Saufgelage.

Zu Beginn konnte ich dem mit einer Notlüge entkommen. Schon ganz am Anfang bekam ich eine Flasche in die Hand gedrückt: »Prost. Das gehört hier bei uns dazu.« Doch ich antwortete: »Würde ich ja gerne, aber ich hab 'nen Leberschaden. Das würde mir den Rest geben.« Damit war ich zwar etwas an den Rand gerutscht, aber das war mir nur recht. Allerdings hielt ich meinen Vorsatz, nicht mitzutrinken, nicht die gesamte Lehrzeit durch.

Ein Fall für die Polizei

Ich weiß noch genau, wie wir an einem Wintertag in Gösau eine Schrankwand montierten. Das war mehr als nur ein Aufbau, denn die Bauernfamilie, die sie bestellt hatte, hatte zwei bis drei Jahre darauf gewartet. So war es klar, dass das so richtig gefeiert wurde. Bei Bauern gab es fast nie Trinkgeld, dafür aber immer extrem viel zu essen. Und zum Abschluss der Arbeiten kamen so viele wie möglich mit, inklusive Chef, denn dann gab es reichlich zu trinken. Als die Schrankwand spätabends stand und keine Schublade mehr klemmte, konnten meine Kollegen schon fast nicht mehr stehen, geschweige denn fahren, aber wir mussten ja noch zurück nach Hause. So klemmten wir uns alle zusammen in den Wartburg-Kombi des Chefs und ich musste ans Steuer. Ich war zwar erst fünfzehn, aber ich war als Einziger nüchtern.

Inzwischen hatte es begonnen, zu schneien. Ich konzentrierte mich, so gut das mit einem Auto voll grölender Kollegen ging, und rutschte in Richtung Heimat. Doch in einer Kurve mitten im nächsten Ort wollte der Wagen nicht mehr so wie ich und fuhr einfach geradeaus. Wir durchbrachen einen Zaun und kamen genau im Vorgarten eines Volkspolizisten zum Stehen.

»Ach, du Scheiße!«, entfuhr es einem meiner Kollegen, denn wenn irgendjemand linientreu war, dann die Vopos.

Aber Seifert meinte nur: »Ich glaub, den kenn ich.«

Die Lichter im Haus gingen an und kurz darauf dröhnte es von der Haustür: »Was ist denn hier los?« Es folgte ein langer Blick in unsere Richtung. »Bist du das, Hartmut? Dann kommt mal rein.«

Wir stiegen mit sieben Mann aus dem Auto und folgten dem Polizisten in die Küche. Der war fast genauso betrunken wie meine Kollegen, was ihn aber nicht hinderte, erst einmal eine Runde Bier auf den Tisch zu stellen. Mein Chef erklärte ihm: »Mein Seckel (Lehrling) ist zu blöd zum Autofahren und ist in deinen Gartenzaun gerutscht.«

Der Polizist schaute mich an und fragte: »Darf der überhaupt schon Auto fahren?«

»Ja, heute musste er. Wir sind doch voll.«

»Stimmt. Dann sorg einfach dafür, dass du den Zaun bei Gelegenheit reparierst.«

Das war nicht meine letzte Begegnung mit diesem Polizisten, der alles andere als linientreu war. In der DDR gab es nicht wie im Westen Punkte in Flensburg, sondern jeder Fahrer hatte eine gelbe Stempelkarte. Wurde man beim Verstoß gegen die Verkehrsordnung erwischt, bekam man einen oder mehrere Stempel, und wenn die Stempelkarte voll war, dann wurde der Führerschein eingezogen.

Für ein paar Bier war der Polizist jedoch zu mancher Gefälligkeit bereit und dank ihm war ich gut mit autorisierten Stempelkarten versorgt. Das wurde mir nur einmal fast zum Verhängnis, als ich einem Polizisten meine leere Karte zeigte, der mir kurz vorher selbst drei Stempel in eine andere gedrückt hatte. Aber ich konnte mich irgendwie herausreden.

Keine Herrenjahre

Den Spruch, dass Lehrjahre keine Herrenjahre sind, erlebte ich sehr konkret. Ich war immer derjenige, der einstecken musste, der Letzte in der Reihe. Ganz praktisch wurde das nach der Mittagspause, denn es gab genau eine Toilette für die gesamte Belegschaft: ein Plumpsklo im Hof. Das durften wir nicht nach Dringlichkeit aufsuchen, sondern nach unserem »Rang« – ich war also immer am Schluss dran.

Mein Chef hatte einen Bernhardiner, der jedes Mal bellend zum Tor rannte, wenn ein Kunde kam. Als ich eines Tages endlich aufs Plumpsklo durfte, hatten die Gesellen vorher die Türangeln demontiert und verketteten den Hund mit der Toilettentür. Kurz darauf klingelte es am Tor. Da sprang der Bernhardiner auf und riss meine Tür mit sich. Und während alle im Hof in meine Richtung schauten, saß ich mit rotem Kopf und heruntergelassenen Hosen auf dem Donnerbalken.

Aber auch mein Chef hatte seine peinlichen Momente. Er war ein Typ wie Bud Spencer: groß, dick und bärtig. Von seinem Schreibtisch aus konnte er den gesamten Eingangsbereich übersehen. Manchmal kam ein Kunde, dem er auf keinen Fall begegnen wollte, nicht weil er ihn nicht mochte, sondern weil mein Chef es in der DDR-Mangelwirtschaft leid war, Hinz und Kunz zu erklären, dass der Auftrag immer noch nicht erledigt war, weil kein Material zu bekommen war. Wenn ihm die Ausreden ausgingen, rief er daher seinem Vorarbeiter zu: »Seibold, Fenster auf!«, um durch dieses zu verschwinden.

Einmal sah mein Chef wieder solch einen Kunden auf sich zukommen und rief wie gewohnt: »Seibold, Fenster auf!« Doch weil er sich vorher mit ihm gestritten hatte, stellte der Vorarbeiter zwar ein Stühlchen unter, öffnete das Fenster aber nicht. Seifert schoss wie eine Kugel durch die Werkstatt, sprang vom Stuhl durchs geschlossene Fenster – und landete mitten im Hühnerstall. Da ihm der Schwung fehlte, war er anders als sonst nicht über den Stall hinweggesprungen, sondern durch das Dach mitten hineingebrochen.

»Herr Seifert, was machen Sie denn da?«, fragte der amüsierte Kunde durch das zerbrochene Fenster.

»Das sieht man doch: Hühner füttern«, war die Antwort.

Während meiner Lehrzeit habe ich total viel gelernt, nicht zuletzt selbstständiges Arbeiten. Trotzdem wurde es zum Abschluss höchste Zeit, den Betrieb zu wechseln: Es wurde definitiv zu viel getrunken.

Autogeschichten

Mit dem Abschluss in der Tasche wechselte ich zu meinem Vater in die Tankstelle. Da arbeitete ich nicht nur, sondern ich machte von dort aus mit dem eigenen Auto die ganze Republik unsicher. So fuhr ich zum Beispiel mit Freunden fürs Wochenende mal eben nach Graal-Müritz an die Ostsee.

Einmal schlief ich auf dem Rückweg am Steuer ein. Leitplanken gab es nicht, also fuhr der Wagen den Hügel neben der Straße hoch, bis die ersten Büsche an der Windschutzscheibe zerbrachen. Ich wachte auf und bekam einen Riesenschreck.

Mir wurde plötzlich sehr bewusst, dass mein Leben in Gottes Hand lag. Auch wenn ich damals kaum nach Gott fragte, ließ er mich doch nie los. Und es kam immer wieder zu Momenten wie diesem, in denen mir klar wurde: Gott ist da.

Gleichzeitig erlebte ich etliches, was mich an Gott und seinen Leuten zweifeln ließ. Zum Beispiel kam unser Pfarrer zur Tankstelle und bestellte: »Einmal volltanken, bitte!« Das hieß bei einem Trabant, sechsundzwanzig Liter vorne in den Motorraum einzufüllen. Nun war der Pfarrer etwas etepetete, und mir passierte etwas, was einem eigentlich nicht passieren sollte: Ich füllte das Benzin zu schnell ein, und es schäumte heraus. Daraufhin taufte mich der fromme Mann auf sämtliche Namen, die ich hören und nicht hören wollte. Ich war sehr verletzt: Solche Äußerungen von einem Pfarrer!

Als ich einmal auf der Landstraße unterwegs Richtung Hermsdorf war, sah ich einen West-Mercedes mit Warnblinkanlage am Straßenrand stehen. Was tun? Dem Klassenfeind beizustehen, war definitiv verboten, aber ich hielt an. Der bayerische Fahrer war sehr nervös. Er hatte nur ein Transitvisum, durfte also nur auf dem schnellsten Weg durch die DDR nach Berlin, aber er hatte die Fahrt für einen kurzen Verwandtenbesuch in Gera genutzt – und dabei war seine Lichtmaschine verreckt. Er gab mir einen Fünfzig-D-Mark-Schein, und ich schleppte ihn in Richtung Autobahn. Das wertvolle Westgeld versteckte ich vorher wohlweislich im Fahrzeugholm.

Mit meinem Trabi konnte ich ihn maximal im zweiten Gang abschleppen, denn der Mercedes war viel zu schwer. So dauerte es nicht lange, bis die Polizei kam. Den Bayern sah ich nicht wieder, und ich wanderte das erste Mal ins Gefängnis, in Untersuchungshaft. Als klar war, dass ich mich nicht mit dem Mann verabredet hatte, wurde ich freigelassen. Mein Wagen war bis auf die Polster durchsucht worden, doch das Geld im Holm hatten sie nicht gefunden.

Bei aller Schikane waren die Beamten der Staatssicherheit relativ berechenbar: Abseits von irgendwelchen persönlichen Rachefeldzügen taten sie einfach, was sie tun »mussten«. Da habe ich später im Westen etliche Angriffe erlebt, die persönlicher waren und mit denen ich nicht so gut umgehen konnte. Tatsächlich erzählen mir viele Bekannte in den Neuen Bundesländern, dass sie nie solche

Probleme wie ich mit dem Staat hatten. Sie waren eben nie auffällig geworden.

Trotz aller Einschränkungen und so mancher Punkte, an denen ich aneckte, verdiente ich richtig gut. In der Tankstelle meines Vaters wusch ich nachts Autos und kassierte dafür Extrageld. Außerdem fuhr ich schwarz Taxi – stellte mich also mit dem Auto vor Diskotheken und brachte die jungen Leute heim. Wer sich auf diese Weise mit dem System arrangiert hatte, dem konnte es ziemlich gut gehen.

Doch das war nur die eine Seite. Ich hatte mich schon immer über die tausendprozentigen Kommunisten und Parteimitglieder geärgert, denen ich begegnete. Und wenn so einer bei uns in die Tankstelle kam und »Ölwechsel!« forderte, dann füllte ich minderwertiges Öl in seinen Wagen ein. Irgendwann kam das natürlich raus. Mein Vater konnte die Folgen noch etwas abmildern, doch er musste mich entlassen. Alles andere hätte auch nicht zu seiner preußisch-korrekten Art gepasst.

Erst viel später konnte ich einen Blick hinter die Kulissen tun: Mein Vater wurde die ganze Zeit von einem Mitarbeiter ausspioniert, der für die Staatssicherheit arbeitete. Ich habe keine Ahnung, ob er das gewusst oder geahnt hat. Gleichzeitig machte er selbst, der nach außen immer korrekt war, mit zugeteilten Benzinmengen Extrageschäfte. Es war also vieles nicht so, wie es für mich aussah.

DIE GROSSE REISE

Ich wohnte zwar noch zu Hause, aber bei meinem Vater konnte ich nun nicht mehr arbeiten. Relativ schnell fand ich Arbeit in einer Polsterei. Im Betrieb von Peter Pascher lernte ich viel Nützliches, aber auch etliches, was heute keine Rolle mehr spielt, zum Beispiel Stühle aufzupolstern.

In dieser Zeit lernte ich auch Anja, meine erste richtige Freundin, kennen. Und ich verbrachte viel Zeit mit Pascher, der perfekt Russisch und Englisch sprach, unwahrscheinlich intelligent war und gleichzeitig kaum lebensfähig. Wenn er nicht so grottenfaul gewesen wäre und so viel getrunken hätte, hätte er Karriere machen können. Unzählige Male musste ich spätabends raus und ihn mitsamt seinem Wartburg aus seiner engen Hofeinfahrt herausholen, in der er sich völlig verkeilt hatte.

»Das ist aber auch eng hier«, beschwerte er sich jedes Mal.

Bei Pascher lernte ich außerdem ganz praktisch, wie das korrupte System der DDR funktionierte. Wir fuhren zu Herstellern, um sie zu bestechen, und bekamen dann Stoffe oder Schaumstoffe, um selbst etwas produzieren zu können. Neben all der Arbeit begannen wir, einen gemeinsamen Traum zu entwickeln: Wir wollten zusammen Urlaub machen, aber nicht nur ein bisschen, sondern richtig. Bis Bulgarien wollten wir fahren.

Bulgarien war damals das Italien des Ostens. Ein Urlaub dort war schon immer mein Traum gewesen, und meinen Chef konnte ich leicht überzeugen mitzukommen. Allein hätte er die Traute nicht gehabt. Natürlich mussten wir mit zwei Autos fahren, denn es konnte zu Ostzeiten immer sein, dass ein Wagen derart die Flügel streicht, dass man ein zweites Auto braucht, um weiterzukommen.

»Wie viel kostet das?!«, fragte ich entsetzt nach, als es an die konkrete Planung ging. »5 000 Mark?«

Pascher nickte. Für die Kröten würde ich nur den Hotelaufenthalt in Bulgarien für mich selbst bekommen. Für Anja kostete er noch einmal dasselbe. Die Fahrt dorthin: mein Problem. Die Fahrt zurück: ebenfalls. Und ich bekam nur einen Gesellenlohn von fünfhundertfünfzig Mark im Monat! Das hieß auf gut Deutsch, dass ich in den nächsten Monaten eigentlich erst anfing zu arbeiten, wenn ich Feierabend hatte. Abend für Abend und Nacht für Nacht arbeitete ich schwarz und verdiente mir so meine Reise zusammen.

Ich fuhr zu dieser Zeit einen 408er Moskwitsch, den »bestkarosserierten Serienwagen aller sozialistischen Länder«. Doch mit seinen nicht einmal sechzig PS und seinem gewaltigen Gewicht war er wie ein Indianer auf dem Kriegspfad: nicht so leise, aber so langsam. In diesen Wagen hatte ich mir einen zusätzlichen Tank hinter den Sitz eingebaut. Dort gingen noch einmal hundertzwanzig Liter Benzin hinein für den Fall, dass wir im Ausland keine Tankstelle finden sollten. Mein Chef legte sich hinten in seinen Wartburg Kombi einige Zwanzig-Liter-Kanister. Man sieht schon: Diese Urlaubsfahrt benötigte jede Menge Vorplanung. Ein Dreivierteljahr planten, arbeiteten, sparten und bastelten wir. Das Hotel buchten wir über ein »Interflug«-Reisebüro.

Um das Ganze zu dokumentieren, kaufte ich mir extra einen Fotoapparat, eine Praktika. Leider wusste ich nicht, dass die guten

Modelle fast alle exportiert wurden und die Fehlerexemplare bei uns im Osten blieben. So waren die meisten Bilder von unserer »Weltreise« hinterher unbrauchbar. Vergessen kann ich diesen Urlaub trotzdem nicht.

Endlich war es so weit. Im September 1988 waren wir startklar. Wir hatten vier bis sechs Wochen eingeplant, um zwei Wochen in Bulgarien zu verbringen. Die Autos waren vorbereitet und durchgecheckt. Da machte die Freundin meines Chefs überraschend Schluss mit ihm. Sollte ich mit meiner inzwischen Verlobten und ihm allein fahren? Das ging gar nicht. Also musste schnell eine andere Frau her.

Da Pascher damit völlig überfordert war, fragte ich in meinem Bekanntenkreis herum. Und tatsächlich war da ein nettes Mädel, das spontan Zeit hatte, mit einem unbekannten Typen für sechs Wochen in Urlaub zu fahren. Das war natürlich eine brisante Mischung, denn wir hockten ganz schön eng aufeinander. Aber schließlich konnten wir los.

Fehlstart

Wir hatten uns für drei Uhr morgens verabredet. Das Auto stand gepackt vor der Haustür. Doch Titus hatte natürlich verschlafen! Meine Freundin und ich wurden um kurz vor vier davon wach, dass Pascher auf der Straße den Aufstand probte. Er war pünktlich gewesen und wartete schon eine ganze Weile auf uns.

Als wir zu ihm herunterkamen, erklärte er: »Es gibt da ein kleines Problem. Mein Kühlwasser kocht.«

»Na, Halleluja«, antwortete ich mit einem Blick auf die weißen Qualmwolken, »du hast ja auch schon vier Kilometer hinter dir, und es sind nur noch 6000.«

Vom Lärm geweckt steckte mein Vater die Nase zum Fenster heraus. Mit einem Blick erfasste er, was los war, und meinte: »So wollt ihr nach Bulgarien? Ihr kommt ja nicht mal aus der Stadt raus.«

Natürlich fuhren wir trotzdem. Ich ging in den Keller und holte einen großen Kanister voll Wasser. Dann fuhr ich vorneweg und Pascher hinterher. Ich hatte meine Augen mehr im Rückspiegel als auf der Straße, denn alle paar Meter signalisierte mein Chef per Lichthupe: Pause. Wir mussten Wasser nachfüllen. Besonders schlimm wurde es über die Höhenzüge des Erzgebirges. Mir war längst klar, dass wir so nie und nimmer bis Bulgarien kommen würden. Ich hatte zwar Werkzeug mit, sogar eine Zylinderkopfdichtung, aber ich wollte nicht fünfzig Kilometer von daheim am Straßenrand anhalten und den Motor auseinandernehmen. Also füllten wir Wasser nach und fuhren weiter. Endlich waren wir an der tschechischen Grenze. Eigentlich waren wir gerade erst aufgebrochen, doch unsere Nerven lagen schon blank. Mit einer stehenden Qualmwolke warteten wir vor dem Schlagbaum, wurden abgefertigt und konnten passieren. Es fühlte sich noch nicht so an, aber unser Urlaub hatte begonnen.

Die zweihundert Kilometer nach Prag waren eine einzige Qual. Wir standen mehr, als dass wir fuhren. Anja hatte während der Fahrt unser »Navi« auf dem Schoß, einen Atlas der sozialistischen Staaten inklusive Kuba. Die karibische Insel brachte uns nicht viel und der Kartenmaßstab war so schlecht, dass Großstädte wie Prag oder Budapest nur erbsengroß dargestellt wurden. Doch irgendwann erreichten wir tatsächlich die nächste »Erbse«: Prag.

Wir sahen die Karlsbrücke und den Wenzelsplatz. Und wir kauften ein wie gestört, denn Prag war mit seinem Angebot viel westlicher orientiert als die DDR. Da bekamst du Sachen, die gab es bei uns zu Hause gar nicht!

Aber da war ja beim Wartburg immer noch das Problem mit dem Kühlwasser … Mir reichte es inzwischen. Ich riss das Thermostat aus dem Ausgleichsbehälter des Kühlwassers, und von da an lief die Karre. Das Problem war ein verstopftes Überdruckventil gewesen. So konnte kein Druck entweichen und die Temperatur stieg. Aber das war jetzt Geschichte. Ich war so glücklich! Tatsächlich fuhren wir an diesem Tag noch fast dreihundert Kilometer weiter bis Bratislava.

Mehr Westen im Osten

Da das meiste von unserem Geld für den Hotelaufenthalt in Bulgarien eingeplant war, mussten wir unterwegs so günstig wie möglich klarkommen. Deshalb hatten wir Zelte dabei. Wir fuhren von der Beinahe-Autobahn ab und suchten uns einen schönen Platz am Waldrand. Den fanden wir auf einem Hügel oberhalb der Stadt. Es war schon dunkel, als wir dort ankamen, aber im Licht der Autoscheinwerfer bauten wir noch schnell die Zelte auf. Und dann feierten wir unser Vorankommen, die Kühlerreparatur und den Urlaub mit einem Kasten Bier, den wir aus Prag mitgenommen hatten.

Als die erste Flasche leer war, beförderten wir sie mit Schwung den Berg hinunter. Es klang gut, als sie irgendwo im Nirgendwo zerschellte. Eine nach der anderen folgte ihr. Irgendwann war der Kasten leer und wir zogen uns in die Zelte zurück.

»Rauskommen!«, ertönte es am nächsten Morgen auf Tschechisch. Wir brauchten keine besonderen Sprachkenntnisse, um den Befehl zu verstehen. Die Soldaten vor unseren Zelten wirkten nicht besonders freundlich. Bei Tageslicht bemerkten wir schnell, worauf sie hinauswollten. So einsam wie gedacht war unser Campingplatz gar nicht. Wir hatten unsere Zelte genau oberhalb ihrer Kaserne aufgestellt. Richtig! Alle Bierflaschen des vergangenen Abends waren in den Kasernenhof geflogen.

Wir bauten auf ihre Anweisung hin rasch die Zelte ab und begleiteten die Soldaten zur Kaserne. Erst kehrten wir den Hof, dann wurden wir stundenlang befragt. Relativ schnell war klar, dass dies kein Anschlag auf eine sozialistische Armee war, trotzdem kam für uns am Ende eine Strafe heraus, die uns fast die gesamte tschechische Urlaubskasse kostete: neunhundert Kronen pro Person. Wie damals üblich hatten wir unser Geld in den verschiedenen Währungen bar dabei. Unsere Kronen waren wir jetzt los. Auf dem Rückweg durfte in der Tschechoslowakei also nichts passieren, selbst tanken sollten wir tunlichst vorher. Aber immerhin konnten wir weiterfahren.

Die nächste Etappe auf unserer Reise war Ungarn. Als wir es erreichten, gab es gerade eine Art Streik der ungarischen Grenzer – etwas, das wir in der DDR nicht kannten. Als Folge mussten die Lkw irre lang warten, Pkw konnten jedoch einfach durchfahren und bekamen den benötigten Stempel im Vorbeifahren.

Plötzlich war das Leben schön – es fühlte sich an wie im Westen. Die Straßen waren allererste Sahne, die Häuser sahen gut aus, selbst die Temperaturen hatten sich geändert. Für uns war Ungarn teuer, aber immerhin hatte es in vielem einen fast westlichen Standard.

Wir wollten unbedingt nach Budapest – und das lag sowieso auf dem Weg. Irgendwie verloren wir uns dort jedoch aus den Augen. Nun war Budapest mit seinen gut zwei Millionen Einwohnern eine absolute Großstadt, und die Verkehrsführung mit den Stadtteilen auf beiden Seiten der Donau und den vielen Brücken war sowieso herausfordernd. Handys gab es noch nicht, und wir hatten nicht einmal abgesprochen, was wir tun wollten, falls wir uns verloren – zum Beispiel »Zurückfahren zum letzten Rastplatz«. Außerdem hatte ich die einzige Landkarte.

Wir fuhren weiter und hofften auf ein Wunder. Genau das geschah, denn zwei Stunden später begegneten wir uns auf irgendeiner Brücke über die Donau plötzlich wieder. Mitten im Großstadtverkehr machten wir eine Vollbremsung.

Nun verabredeten wir, dass wir auf jeden Fall zusammenbleiben würden. Ich fuhr immer noch vorneweg, aber im Zweifelsfall bremste ich lieber, als über eine gelbe Ampel zu fahren. Und es geschah, was geschehen musste: Eine Ampel wurde gelb. Ich bremste, um Pascher nicht abzuhängen, und er gab Gas, um mich nicht zu verlieren. Als er mit seinem Wartburg auf meine Anhängerkupplung rauschte, war mein erster Gedanke: Gott, lass den Motor unbeschädigt sein!

Scheinbar war alles in Ordnung. Ich legte seine Stoßstange auf meinen Rücksitz und wir fuhren weiter. Die Front des Wartburg war so demoliert, dass wir die Stoßstange nicht mehr montieren konnten. Wir steckten sie in die nächste Mülltonne. Aber die Fahrt konnte weitergehen.

In der Gegend von Szeged, aus der das Szegediner Gulasch kommt, hielten wir am Abend an. Wohlweislich suchten wir uns einen Campingplatz weit entfernt von jedem Militärstützpunkt. Wir stellten die Zelte auf, grillten und zogen uns irgendwann zurück. Nachts wurde es laut. Es raschelte und klapperte so deutlich, dass wir alle wach wurden.

Erst einmal riefen wir zwischen den Zelten hin und her: »Seid doch mal leise, wir können nicht schlafen.«

»Wieso, ich denke, ihr macht den Lärm.«

Ich ging mit der Taschenlampe nach draußen und sah nach. Um uns herum leuchteten unzählige Augen im Dunkeln. Direkt nebenan war eine Mülldeponie und Millionen von Ratten liefen dort herum. Damit hatten wir mitten in der Puszta nicht gerechnet!

Natürlich hätten wir bleiben können, aber das Ganze war uns so unheimlich, dass wir uns schleunigst vom Acker machten. Wir brachen so schnell auf, dass ein Satz Heringe von uns wohl heute noch dort im Boden steckt.

Schreckliche Zustände

Wir hatten wieder etliche Kilometer geschafft und waren in Rumänien angekommen, aber wir standen vor zwei Problemen: Einerseits fuhr sich mein Auto heiß, andererseits waren wir gewarnt worden: »Ihr könnt in Rumänien nirgendwo übernachten, sonst habt ihr morgens nichts mehr.«

Genau deshalb hatten wir über meinen Onkel einen kirchlichen Kontakt in Sibiu aktiviert, im ehemaligen Hermannstadt. Das Einzige, was diese Leute wussten, war, dass wir irgendwann kommen würden. Uns war klar: Familie Hirsch müssen wir erreichen, das ist das A und O.

Begleitet von ununterbrochenem Regen fuhren wir in die Republik Ceausescus hinein. Nach dem westlich geprägten Ungarn war dies ein echter Absturz. Aus der DDR hatten wir im Kopf, dass wir relativ hintendran waren, aber in Rumänien wurde uns bewusst, dass es uns noch richtig gut ging. So ein geprügeltes und gebeuteltes Land hatte ich noch nie gesehen. An den Straßen standen Lehmhäuser mit Strohdächern und zerlumpten, barfüßigen Kindern davor, die darauf warteten, dass Autos vorbeifuhren. Man hatte uns geraten, billige Bonbons auf die Mittelkonsole zu stellen, um sie ihnen zuzuwerfen, falls wir einmal anhalten mussten.

Wir fuhren also mit vielleicht sechzig Stundenkilometern über die einzige, schlammige Transitstrecke. Solange ich Wischwasser in meiner Anlage hatte, fuhr ich vorneweg, dann löste mein Chef mich ab. Als dann Kinder auf uns zusprangen, warf mein Chef wie wild Bonbons aus dem Fenster – genau zwischen unsere Autos. Er fuhr wieder los, doch ich hatte Kinder vor mir auf der Straße, an meinen Rückspiegeln und auf der Motorhaube. Es war gar nicht leicht, sie wieder loszuwerden.

Erst später bekamen wir die rettende Information, wie wir damit zurechtkommen konnten: durch Essen. Sobald man anhielt, wurde man belagert. Doch es gab eine Art ungeschriebene Vereinbarung: Wer aß, der wurde in Ruhe gelassen. Auf dem Hinweg hatten wir davon keine Ahnung und kämpften. Der Rückweg durch Rumänien war dagegen sehr entspannt.

Irgendwann war das Wischwasser bei uns beiden leer und Pascher fuhr bei der nächsten Gelegenheit rechts ran, um es aufzufüllen. Er schickte seine Begleiterin zur Quelle, damit er den Wagen nicht alleinlassen musste, aber er warf die Tür zu. Die Freundin war weg, der Schlüssel war drin, die Weiterfahrt war erst einmal unmöglich.

Ein Rumäne, der auch auf dem Parkplatz hielt, bot uns seine Hilfe an. Er holte Werkzeug aus seinem Auto, das sehr professionell aussah. Das war definitiv nicht das erste Auto, das er öffnete! Innerhalb weniger Sekunden war die Tür auf und ich fragte mich: »Wieso schließe ich eigentlich meinen Wagen ab?«

Pascher und seine Freundin gingen danach gemeinsam Richtung Quelle, um Wasser zu holen, während meine Verlobte und ich auf die Autos aufpassten. Zehn Sekunden später waren sie wieder da und verkündeten: »Da sind Wölfe. Wir gehen nie wieder dahin. Lieber sterben wir.«

Also machte ich mich auf den Weg, nicht ohne den anderen einzuschärfen, dass sie auf unsere Autos aufpassen sollten. Der nette Rumäne mit dem großen Werkzeugkasten war nämlich noch nicht weitergefahren.

Tatsächlich sprangen in der Nähe der Wasserstelle ein paar dürre Hunde herum. Ich verscheuchte sie mit einem deutlichen »Buh« und holte Wasser. Wir konnten weiterfahren.

Irgendwann spätabends kamen wir bei Familie Hirsch an – und die freuten sich wie Bolle. Wer sonst ist schon begeistert, wenn unverhofft vier Gäste kommen und Betten brauchen? Hirschs waren es. Und sie haben mein Bild von Christen damit stark beeinflusst. Diese Leute waren bettelarm, doch bei ihnen habe ich einen Glauben kennengelernt, der trägt. Sie lebten wie im 19. Jahrhundert, die einzige Wasserversorgung war ein Bach, der durch ihr karpatisches Dorf floss. Es war, als wäre dort die Zeit stehengeblieben. In diesem Dorf war es für rumänische Verhältnisse extrem sauber. In der ganzen Region Siebenbürgen konnten wir uns auf der Straße bewegen, ohne angebettelt zu werden. Das war schon etwas Besonderes.

Bei Hirschs gab es einen riesigen Küchentisch in der überheizten Küche. Die Decke war so niedrig, dass ich permanent mit dem Kopf dagegen stieß. Das Feuer im Küchenherd brannte immer, und es waren acht bis zehn Kinder da. Als Besucher bekamen wir die Ehrenplätze. Natürlich betete der Hausherr vor dem Essen – so ein Gebet, nach dem die Suppe schon fast kalt ist. Aber ich merkte, dass das keine fromme Pflichterfüllung war, die Familie war echt. Das Essen war zwar sehr ärmlich, jedes kleine Stückchen Fleisch war ein Highlight, aber sie teilten von Herzen gern.

Bei Familie Hirsch waren wir drei oder vier Tage und sie zeigten uns ihre Heimat mit vielen schönen Aussichtspunkten. Wir sahen dort sogar Bären und Luchse. Aber wir konnten auch in Krankenhäuser und Kinderheime hineinschauen, die unter Ceausescu katastrophal ausgestattet waren. Ich bin nicht nah am Wasser gebaut, aber hier hatte ich oftmals Tränen in den Augen. Wenn da drei Kinder in einem Bett lagen und einem die Arme entgegenstreckten, um wenigstens etwas Nähe und Wärme zu bekommen, dann war das mehr, als ich verkraften konnte. Der ganze Dreck und die Armut waren wirklich übel.

An einem Tag luden wir Familie Hirsch in den Karpaten in ein schönes Bergrestaurant ein. Für uns war das absolut bezahlbar, und für sie war es ein Highlight. Es gab sogar mehrere Gerichte zur Auswahl, und überall war Fleisch dabei.

Als wir von Hirschs aufbrachen, waren wir sehr nachdenklich. Ich war noch nie solch einfachen Gläubigen begegnet – und ich hatte noch nie so schreckliche Umstände gesehen.

Am liebsten wären wir geblieben, denn trotz aller Defizite fühlten wir uns in der christlichen Umgebung bei Familie Hirsch sehr wohl. Doch wir wollten ja noch bis Bulgarien. Also fuhren wir weiter Richtung Bukarest. Die Fahrt dorthin war sehr sportlich: Die Straße war in einem fürchterlichen Zustand, und immer wieder fuhren im Dunkeln Pferdewagen auf der Autobahn, bei denen maximal eine Laterne am hinteren Holm schaukelte.

In Bukarest angekommen dachte ich zuerst, dass die anderen Autofahrer alle unter Alkohol oder Drogen stehen würden, weil sie in Schlangenlinien durch die Straßen fuhren. Ich war mit meiner Einschätzung zwar nicht weit von der Wirklichkeit entfernt, aber die Schlangenlinien hatten einen anderen Grund: Die meisten Kanaldeckel fehlten, das Material wurde anderweitig gebraucht. So war die Fahrt durch die Stadt ein einziger Slalom. Anfangs imitierte ich aus Spaß die Fahrerei der Einheimischen, aber als ich den Grund verstanden hatte, fuhr ich aus Überzeugung Schlangenlinien – wäre ich in einen Gully hineingefahren, wäre der Urlaub vorbei gewesen.

Am Schwarzen Meer

Irgendwann kamen wir tatsächlich in Nessebar am Schwarzen Meer an. Wir hatten traumhaftes Wetter und eigentlich einen schönen Urlaub, doch er wurde von deutsch-deutschen Konflikten überschattet. Denn auch Urlauber aus dem Westen genossen den günstigen Urlaub am Schwarzen Meer. Und wenn sie für eine Flasche Sekt eine D-Mark zahlten, legten wir zwanzig, dreißig oder gar hundert Ostmark auf den Tisch. So reichte unsere Urlaubskasse gerade so, selbst ohne große Partys zu schmeißen. Die Bulgaren wussten auf den ersten Blick, wer Ossi und wer Wessi war, und hatten uns dementsprechend ruckzuck klassifiziert.

Im Rückblick ist mir klar, dass wir einen Urlaub zweiter Klasse machten, doch damals fühlte es sich einfach nur gut an. Bei schönem Wetter konnte man übers Meer bis in die Türkei schauen. Bald schon träumte ich davon, lieber dorthin zu fahren. Aber ich blieb, und nach vierzehn Tagen im Hotel machten wir uns zu viert auf den Heimweg.

Ein Taxifahrer mit Beziehungen

Wir wollten über Sofia zurückfahren. Doch es gab da ein Problem: Mein Auto fuhr sich immer noch heiß. Ich hatte meinen Kühler zwar vor der Fahrt ersetzen lassen, aber ich hatte nicht geahnt, dass der angeblich neue Kühler in Wirklichkeit nur neu gestrichen war. Mit Mühe und Not schafften wir es bis nach Sofia. Es war fast wie am Anfang: alle paar Kilometer anhalten, Wasser nachfüllen und hoffen. Die Urlaubskasse war längst leer, trotzdem fragten wir in Sofia einen Taxifahrer, ob er uns helfen könnte. Der hatte sofort einen Tipp: »Ich kenne da jemanden. Er ist der Freund von einem Bekannten …«

Ich wusste, dass es am Kühler lag, also hatte ich den schon ausgebaut und nahm ihn mit. Die Frauen blieben bei den Autos, während wir samt Hühnern auf dem Rücksitz des Taxis einmal quer durch die ganze Stadt fuhren. Ich habe nie herausgefunden, warum der Fahrer Hühner dabeihatte.

Schließlich kamen wir bei einer alten Jugendstilvilla an. Als wir in dem 500er-Fiat in den Hof fuhren, sah ich schon, dass wir hier richtig waren. Ein etwa achtzigjähriger Mechaniker saß dort zwischen Bergen von Kühlern: Lkw-Kühlern, Kühlschrankkühlern und verschiedensten Autokühlern. Er warf nur einen kurzen Blick auf meinen und erklärte, dass das ein paar Stunden dauern würde. Inzwischen fragte ich unseren Chauffeur nach seinem Tarif. Der grinste nur und antwortete: »Ich hole euch nachher wieder ab. Ihr findet doch nicht allein zurück.«

Der Alte untersuchte den Kühler und stellte fest, dass die ganzen Kanäle darin verkalkt waren. Also öffnete er den gesamten Kühler und legte die Einzelteile auf den Boden. Wie wollte er das je wieder zusammensetzen? Dann war er plötzlich weg. Klar, es war Mittagspause. Nach einer Weile war er genauso plötzlich wieder da und feilte die verschlossenen Durchgänge frei. Tatsächlich reparierte er den defekten Kühler so gut, dass er länger hielt als das restliche Auto.

Ich fragte mich schon, wie wir ihn bezahlen sollten, doch er wollte nur zwei Packungen Zigaretten als Lohn. Die gaben wir ihm gern.

Genau in dem Moment, als der Wagen repariert war, kam der Taxifahrer wieder. Per Handy hätte man so etwas absprechen können, doch das hatten wir damals noch nicht. Aber er war da, als hätte er gewusst, dass die Reparatur gelaufen war. Für vielleicht zehn Ostmark fuhr er uns zurück zum Auto. Ich baute den Kühler wieder ein und los ging's.

Nasse Füße

Danach reisten wir zur freundlichen Dreiländergenze nach Vidin zwischen Jugoslawien, Rumänien und Bulgarien. Dort mussten wir die Donaufähre nehmen, aber es war klar: Einen Fahrplan gab es nicht, und es konnte Tage dauern, bis die nächste kam. Wir reihten uns in die lange Schlange hinter den anderen Autos ein und warteten auf die Fähre.

Nach einer Weile wurden wir hungrig. Wir stiegen aus, gingen ein paar Meter zur Seite und warfen unseren Gaskocher an, um eine Suppe zu kochen. Da raschelte es im Gebüsch. Als sich daraus ein Bär erhob und in unsere Richtung schnüffelte, entschieden wir uns spontan dazu, ihm unsere Suppe zu überlassen. Im Weglaufen sahen wir noch, wie er sich darüber hermachte. Von da an blieben wir lieber bei den Autos.

Ein kleines Wunder geschah: Nach maximal anderthalb Stunden kam die Fähre. Wir waren froh, dass wir nicht noch länger in »Bärenhausen« bleiben mussten. Zunächst fuhren nur Lkw aufs Schiff. Dann durften ein paar Pkw dazu. Dann wieder Lkw, und dann wurde der Rest mit Pkw aufgefüllt. Ich hatte schon auf der Fähre eingeparkt, als ich sah, dass mein lieber Chef sich an Land noch am Kofferraum seines Wagens zu schaffen machte und ihn umpackte. Schnell waren ein paar Autos an ihm vorbeigefahren und die Fähre war voll. Na, klasse! Und nun?

Keiner wusste, wann die Fähre wieder einmal fahren würde. Wenn der Wartburg nicht mitfuhr, würde ich also am anderen Ufer ausharren müssen – und mein Chef mit seiner Angst müsste in der Gesellschaft des Bären auf die nächste Gelegenheit zur Überfahrt warten. Deshalb ging ich zum Fährmann und erklärte: »Meister, so geht das nicht. Der hier muss noch mit auf die Fähre.« Er nickte kurz und nickte auch den beiden anderen Autofahrern zu, die noch mitwollten.

Nun mussten erst einmal alle Autos noch ein paar Zentimeter nach vorne fahren, Stoßstange an Stoßstange. Dann kassierte unser Fährmann. Wahrscheinlich waren diese Autos, die er am Schluss noch mitnahm, jeweils sein Privatverdienst. Mein Chef und die beiden anderen fuhren auf die hydraulische Klappe und blieben dort stehen. Dann kamen ein paar zahnlose Arbeiter und verzurrten die Autos mit Stahlseilen an den nächsten Lkw. So wie deren Fahrer guckten, kannten sie das System bereits. Schließlich hob der Fährmann die Hydraulik etwas an – gerade so weit, dass die drei Autos nicht auf die anderen rutschten. Jetzt schien er zufrieden, und wir legten ab.

In der Mitte des Flusses ließ die Hydraulik plötzlich nach und die Klappe sank samt Autos Stück für Stück Richtung Wasseroberfläche. Die Stahlseile waren gut gespannt und Pascher war wieder mit Umräumen beschäftigt. Diesmal zu Recht, denn so langsam hing das Heck seines Autos ins Wasser und der Innenraum wurde nass. Durch die Ersatzradmulde im Kofferraum kam ein fingerdicker Wasserstrahl hinein. Verzweifelt schaute er mich an und rief: »Wenn die Fahrt noch länger dauert, saufe ich ab. Dann guckt nur noch der Motor raus.«

Mit Bangen sahen wir zum Ufer. Wir schafften es. Als die Fähre anlegte, funktionierte die Hydraulik wieder und hob die drei Autos aus dem Wasser.

Wir waren wieder in Rumänien, und die weitere Fahrt verlief unspektakulär. Das änderte sich erst nach der nächsten Grenze.

BEINAHE GEFLOHEN

Weiter ging es Richtung Heimat. Aber während unseres Urlaubs hatte sich die politische Großwetterlage geändert. Als wir durch Ungarn fuhren, empfing ich plötzlich einen deutschsprachigen Sender im Autoradio. Die Ungarn leiteten auf diese Weise die Information weiter, dass die Grenze in den Westen nicht mehr so stark kontrolliert würde. Man würde eventuellen Überquerern keine Steine in den Weg legen. Eine klarere Aufforderung zur Flucht konnte es praktisch nicht geben. Die Nachricht wurde regelmäßig wiederholt, und mein Entschluss war bald gefasst: Ich gehe.

Was hielt mich noch im Arbeiter- und Bauernstaat? Ich hatte dort so viel Übles erlebt, dass ich lieber heute als morgen ausreisen wollte, und jetzt war die Tür scheinbar offen. Für mich war nur noch die Frage, wann und wo ich am einfachsten in den Westen kam. Aber ich war ja nicht allein unterwegs. Also wollte ich alles mit den anderen besprechen, denn mir war klar, dass sie bestimmt mitkommen wollten.

Ich täuschte mich. Von allen dreien kam ein ganz klares Nein. Sie glaubten zwar, dass das Angebot ernst gemeint war, aber wir kannten auch alle unsere heimische Staatssicherheit. Angehörige von Republikflüchtlingen hatten mit jeder Art von Schikane zu rechnen, wenn sie nicht sogar ins Gefängnis wanderten.

Ich verstand die anderen, aber mein Plan stand fest. Sie versuchten nicht mehr, mich zu überzeugen, und ich redete nicht an ihnen herum. Ich sagte nur: »Wundert euch nicht, wenn ich irgendwann die Flatter mache.«

Hin und wieder zurück

Die letzte Strecke in Ungarn ging an der Donau entlang, auf der anderen Seite lag Österreich. Dort zelteten wir in dieser Nacht. Als alles schlief, schnappte ich mir etwas Geld und meine Papiere und ging ans Wasser.

Ich hatte schon mit dreizehn Jahren zu Hause an der Koberbachtalsperre meinen Rettungsschwimmer gemacht. Auch wenn die Donau hier ziemlich breit und von Schiffen befahren war: Ich konnte es schaffen.

Ich musste Ewigkeiten durchs flache Wasser waten, bis der Fluss endlich etwas tiefer wurde. Jetzt konnte ich schwimmen. Meine Flucht war gar nicht so leicht, denn die Nacht war pechschwarz, ohne Sterne am Himmel, und ich wollte auf jeden Fall auf der richtigen Seite herauskommen.

Während ich mich langsam vorankämpfte, hörte ich hinter mir meinen Chef schreien. Pascher hatte wohl geahnt, dass ich die Gelegenheit nutzen würde, und war ans Ufer gekommen. Jetzt rief er alles, was ihm so einfiel: »Verräter. Du kannst uns doch nicht alleinlassen. Bleib gefälligst hier. Was soll denn aus deiner Familie werden? Und was wird aus uns?«

Ich hatte keine Ahnung, ob ich noch im Osten oder schon im Westen war. Im Nachhinein kann ich mir nicht so recht erklären, ob ich doch Angst vor dem Wasser bekam oder mir das Ganze noch einmal überlegte, jedenfalls kehrte ich um.

Die Frauen waren inzwischen ebenfalls wach geworden und standen neben meinem Chef, als ich ans Ufer zurückkam. Ich war sauer auf sie, sauer auf mich selbst und die ganze Welt. Am nächsten Morgen redete ich kein Wort. Ich gab einfach Gas und Pascher musste zusehen, dass er irgendwie hinterherkam.

Habt ihr den Schuss nicht gehört?

Was ich getan beziehungsweise nicht getan hatte, wurde mir an der Grenze Ungarn – Tschechoslowakei deutlich. Unsere Autos waren die einzigen mit DDR-Kennzeichen, die in diese Richtung unterwegs waren. Die Grenzer schauten uns völlig unverständig an. Ihre Blicke sprachen Bände: »Seid ihr noch ganz normal? Habt ihr den Schuss nicht gehört?«

Sie baten uns vier ins Büro, schalteten das Radio mit den deutschsprachigen Nachrichten über die beinahe offenen Grenzen an, und ließen uns eine Stunde allein. Als wir nach wie vor weiterfahren wollten, schüttelten sie nur die Köpfe. Wir bekamen unsere Stempel in die Pässe und konnten weiter.

Die tschechischen Grenzer waren nicht viel besser. Noch sammelten sich keine DDR-Bürger in der Prager Botschaft, doch die Beamten machten bereits Andeutungen, dass sie uns am liebsten zum Arzt schicken wollten, um unseren Gesundheitszustand zu überprüfen.

Ich bretterte verärgert durch das ganze Land, vorbei an Bratislava, Brünn und Prag, bis wir schließlich bei Annaberg-Buchholz wieder in die DDR kamen. Im Laufe der letzten Kilometer konnte ich mich etwas mit meiner Entscheidung versöhnen. Immerhin hatte ich eine gewisse Verantwortung für unsere kleine Reisegruppe. Wir waren zusammen gestartet, und wir wollten wieder zusammen heimkommen. Dazu kam, dass Pascher allein mit den beiden Frauen sicher nicht zurechtgekommen wäre. Ich habe ja schon erwähnt, dass er bei aller Intelligenz irgendwie kaum lebensfähig war. Wie oft war auf unserer Tour irgendeine Kleinigkeit passiert – und von ihm war nur ein hilfloser Blick in meine Richtung gekommen. Die Entscheidung war also im Nachhinein richtig – sie fühlte sich allerdings nicht so an.

Auf der letzten Etappe wurde mir klar, dass meine Flucht nur aufgeschoben war. Ich würde gehen. So bald wie möglich. Daran bestand für mich kein Zweifel mehr.

Erst einmal war ich allerdings wieder zu Hause. Mein Vater konnte es kaum glauben, als er uns durch das Fenster ankommen sah. Unsere Autos waren rollende Schlammkugeln, etwas unförmig, und nicht nur die vordere Stoßstange beim Wartburg meines Chefs fehlte. Außerdem hatten meine Eltern die Nachrichten gehört und nicht damit gerechnet, dass ich zurückkommen würde. Jetzt waren sie sichtlich erleichtert, denn es war völlig unklar, was der »real existierende Sozialismus« nach meiner Flucht mit meinen Eltern angestellt hätte. Auch deshalb war meine Entscheidung zu bleiben richtig gewesen.

Vieles von diesem sehr zerbrechlichen System ist mir erst nach der Wende deutlich geworden. Mein Vater durfte sogar vorher in den Westen reisen, weil mein Großvater dort lebte. Im Hintergrund hatten einige Bekannte quasi für ihn gebürgt und gesagt: »Lasst ihn fahren. Der kommt wieder.« All das hätte ich mit einer Flucht infrage gestellt.

Montagsdemos und Prager Züge

Für mich war nicht abzusehen, dass sich die Zeit der DDR tatsächlich dem Ende entgegenneigte, doch ich engagierte mich gern in der Demokratiebewegung. Ich rechnete zwar mit einer gewalttätigen Reaktion, trotzdem war ich bei einigen Montagsdemonstrationen in Leipzig dabei. Und bei aller Kritik an der Kirche war ich davon überzeugt, dass Christen sich genau hier engagieren sollten.

Einmal geriet ich in eine Kontrolle, und ein Stasi-Offizier kam auf mich zu und wurde laut: »Was machen Sie hier?«

»Ich gehe spazieren.«

»Papiere!«

»Oh, die habe ich leider nicht dabei.«

»Na gut, dann lasse ich Sie ausnahmsweise mal weitergehen …«

Man merkte deutlich: Die Nerven lagen blank. Normalerweise wäre das undenkbar gewesen.

Berufsmäßig lief bei mir alles seinen normalen Gang. Ich war immer noch bei Peter Pascher angestellt, doch insgesamt war vieles in Bewegung und ich fühlte mich noch stärker beobachtet als vorher.

Die Tschechoslowakei war dicht. Ein Rauskommen aus dem Land war nicht möglich, und es war völlig unklar, wie es weitergehen sollte.

Mir selbst tat diese Zeit der Unsicherheit nicht gut. Ich ging in allen Bereichen an die Grenzen und darüber hinaus. Mit dem Auto raste ich über Kreuzungen und rote Ampeln hinweg und fuhr als Geisterfahrer in Einbahnstraßen. Außerdem hatte ich zahllose Frauengeschichten. Wir hatten damals den dummen Spruch auf den Lippen: »Wenn ich AIDS kriege, dann habe ich wenigstens etwas aus dem Westen.«

Das war natürlich Schwachsinn, doch so lebte ich, und meine Verlobung mit Anja ging deshalb in die Brüche. Wollte ich mir irgendetwas beweisen? Wahrscheinlich war ich einfach zutiefst unsicher. Wenn ich daran denke, wie viele Menschen, besonders Frauen, ich verletzt habe, bin ich nicht stolz auf diese Zeit. Einiges waren Wendequerelen, aber vieles tut mir wirklich leid. Im Rückblick sehe ich, wie mein Abstand zu Gott in dieser Zeit immer größer wurde. Und das hat mein Leben nicht gerade verbessert.

Die Bibel sagt ganz nüchtern, dass jeder Mensch böse ist, weil er nur sich kennt und sich um sich selbst dreht. Das hat sich in den nächsten Jahren bei mir noch zugespitzt. Und ich möchte viele für das, was damals geschehen ist, um Vergebung bitten. Mit Gott selbst habe ich das geklärt, und ich weiß, dass er mir vergeben hat, doch da sind diese ganzen Menschen. Mit einigen habe ich gesprochen, aber bei etlichen habe ich keine Adresse und bei anderen weiß ich nicht, ob ich mutig oder ehrlich genug dafür bin.

Die Geschichte bei uns im Osten ging weiter. Die Montagsdemonstrationen und die Lichterketten blieben friedlich. Irgendwann stand der damalige deutsche Außenminister Hans-Dietrich Genscher auf dem Balkon der Prager Villa Lobkowicz und verkündete 4000 Menschen: »Wir sind gekommen, um Ihnen mitzuteilen …« – der Rest ging beinahe im frenetischen Jubel unter – »dass Sie heute ausreisen können.« Daraufhin wurden diese DDR-Bürger zum Bahnhof gebracht. Sie fuhren mit Zügen, die an keinem weiteren Bahnhof hielten, durchs Staatsgebiet der DDR in den Westen.

Wir bekamen all das mit und sahen die Züge vorbeifahren. Da wusste ich, dass ich bald auch im Westen sein würde.

ALS OSSI IM WESTEN

Am 9. November 1989 gingen die Grenzen endgültig auf. Wir hörten davon über RIAS, den Berliner Radiosender, und danach gab es kein Halten mehr. Ich stieg ins Auto, meine neue Freundin, meine Schwester Amri und natürlich mein Chef Peter Pascher waren mit dabei. Mein Ziel war Weißenburg in Franken, wo eine Cousine meiner Mutter mit ihrer Familie wohnte.

Es war ein ganz besonderes Gefühl, unbehindert bei Hof über die Grenze zu fahren. Es gab zwar einen kleinen Stau, doch wir wurden durchgewinkt. Niemand hielt uns an. Niemand wollte unsere Ausweise sehen. Wir fuhren einfach so in den Westen. Mitten in der Nacht kamen wir in Weißenburg an, doch wir wollten meine Verwandtschaft nicht überfallen, also übernachteten wir im Auto am Feldrand vor dem Ort und fuhren erst am nächsten Morgen zu ihrem Haus. Tante Ilona staunte nicht schlecht, als wir plötzlich auf der Matte standen. Die Familie begrüßte uns herzlich, und wir verbrachten eine wunderbare Zeit bei ihnen.

Ilonas Mann arbeitete in einem Supermarkt und nahm uns dorthin mit. Da wurde mir zum ersten Mal klar, wie sehr wir all die Jahre verarscht worden waren. Ich hatte zwar Westfernsehen und dabei einiges an Werbung gesehen, aber live war das etwas völlig anderes. Das begann bei den wunderschönen Autobahnen und den Läden an den Rastplätzen, die keine Wünsche offenließen, und es war in dem Supermarkt noch lange nicht zu Ende, wo es mehr Auswahl an allem gab, als ich mir überhaupt vorstellen konnte. Ich hatte an der Grenze ein Begrüßungsgeld von hundert Mark bekommen, doch ich konnte das Geld nicht ausgeben – ich war überfordert. Ein Stück weit habe ich dieses Gefühl noch heute. Bis jetzt gehe ich nicht gerne in solchen Geschäften einkaufen.

Im real existierenden Sozialismus gab es auch Güter. Ich hatte früher selbst dabei geholfen, Güterzüge voller Sekt oder Ananas aus Ungarn zu entladen. Nur kam davon eben nichts in unseren Geschäften an. Das Ganze wurde entweder von den Arbeitern, die es transportierten, oder den Mitarbeitern der Geschäfte selbst verbraucht oder verkauft. Und wenn wir nur eine Sache bekommen konnten, dann fühlten wir uns schon wie Könige.

Als Jugendlicher war ich einmal auf einer sogenannten Rüstzeit der Kirche in Drebach. Der Ort ist eigentlich für seine Krokuswiesen bekannt, doch als ich in den Konsum, den Markt am Ort, schaute, sah ich, dass er gerade Spreewaldgurken hatte. Sofort ging ich hinein und kaufte sechzehn Gläser. Für die Heimreise stopfte ich sie in meinen Koffer und trug diesen wie ein Afrikaner auf dem Kopf. Es war mir sofort klar: Wenn es jetzt Gurken gibt, dann musst du zuschlagen.

Zwischen Beherrschung und Verzweiflung

Die Welt im Westen war ganz anders, als ich sie mir vorgestellt hatte. Man benötigte Geld, um klarzukommen, aber mehr als das brauchte man Beherrschung, denn niemand konnte sich alles leisten. Auch manche freundliche Begegnung mit anderen Menschen war eher unangenehm. In Bayern kam einmal ein wildfremder

Mann auf mich zu und fragte: »Du bist doch aus dem Osten, oder?« Keine Ahnung, ob er mich an der Kleidung oder an meiner Sprache erkannt hatte, aber ich nickte. »Da, für dich«, meinte er und drückte mir zwanzig Mark in die Hand. Das war sicher freundlich gemeint, es war großzügig, und doch ärgerte es mich. Ich fühlte mich herabgesetzt.

Als wir nach zwei Tagen wieder zurück nach Hause fuhren, war ich ziemlich ernüchtert. Trotzdem blieb es für mich dabei: Ich gehe in den Westen. Immer noch trieb mich die Neugier und auch die Angst, was auf Dauer aus meinem alten Job werden würde. Meine Freundin und ich waren gerade dabei, uns im Haus meiner Großeltern eine Wohnung auszubauen und einzurichten. Ich fragte sie, ob sie mitkommen würde. Sie wünschte mir alles Gute, sagte aber ganz klar Nein zu meinen Plänen. Das hat mich tief getroffen.

Kurz darauf lernte ich in der Disco Silvia kennen. Sie war nett, sie war hübsch, und sie wollte sofort in den Westen mitkommen. Eigentlich war sie aber eine linientreue Kommunistin und wir passten gar nicht richtig zusammen.

Kurz darauf fuhren wir gemeinsam Richtung Bad Nauheim zu meinen Verwandten. Mein Onkel und meine Tante freuten sich riesig. Sie hatten bereits direkt nach der Grenzöffnung mit mir gerechnet. Die ersten beiden Nächte mussten meine Freundin und ich noch nach Gießen ins Auffanglager, doch da wir eine feste Adresse hatten, konnten wir anschließend sofort bei meinen Verwandten einziehen. Wir waren hier willkommen, und das tat uns gut. In der Nachbarschaft lernten wir die ersten Leute in unserem Alter im Westen kennen.

Wir fragten uns, wie es weitergehen sollte, als meine Verwandten mit einem Vorschlag kamen. In einem kleinen Ort im Taunus kannten sie jemanden, der sein Wochenendhaus vermieten würde. Es hatte zwar nur vierzig Quadratmeter, sollte aber nur zweihundertfünfzig Mark Miete kosten. »Im Ort gibt es einen Schreiner und einen Zimmermann, da findest du todsicher eine Arbeit«, erklärte mein Onkel. Damit hatte er mich überzeugt.

Inzwischen hatte ich meinen Moskwitsch gegen den alten Audi 100 meines Onkels eingetauscht. Als ich noch einmal in den Osten fuhr, um einige Sachen abzuholen, kam ich mir vor wie ein Prinz. Das änderte sich schlagartig, als ich in Herleshausen an der Grenze kontrolliert wurde. Die Zöllner ließen mich zwar weiterfahren, aber das Auto wollte nicht mehr: Das Zündschloss war defekt.

Nun realisierte ich, dass ich im Westen angekommen war. Bei meinem alten Auto hätte ich alles selbst reparieren können oder es hätte spontan jemand angehalten und mir geholfen. Hier kam ich mit der neuen Technik nicht zurecht und der VW-Händler am Ort half mir zwar schnell, erklärte aber: »Das macht vierhundertfünfzig Mark.« Da konnte mich nur eine Direktüberweisung meines Onkels retten. Das war also der »real funktionierende Kapitalismus«.

Sprachkurs gefällig?

Ich bewarb mich bei dem Schreiner am Ort, aber der kam nicht so recht in die Gänge. Deshalb fragte ich bei der Zimmerei an und wurde genommen – sogar mit einem vernünftigen Stundenlohn. Als Silvia im Nachbarort noch eine Stelle als Kassiererin in einem Supermarkt fand, konnten wir beide uns das Häuschen Stück für Stück einrichten.

Die Sprachbarriere hatte ich allerdings unterschätzt. Mein Chef war anfangs okay, aber er begann den Tag meist mit einem Anschiss und beendete ihn auch so. Vieles davon bekam ich gar nicht mit: Sein Taunusplatt klang so anders als mein sächsischer beziehungsweise pommerscher Dialekt, dass es für mich fast wie eine Fremdsprache war.

Es gab noch weitere Kulturunterschiede. Oft kam ich zwei Minuten nach sieben zur Arbeit und bekam deswegen Stress mit meinem Chef. Außerdem verstand ich nicht, dass hier eigentlich alles neu gekauft wurde. Bisher war ich es gewohnt, aus nichts etwas zu improvisieren, und das machte ich auch weiter so. Als wir für unsere Küche eine Eckbank brauchten, kaufte ich keine neue im Möbelhaus, sondern fand eine beim Sperrmüll und richtete sie wieder her.

Das mache ich übrigens bis heute so – und es ist mir später sehr zum Nachteil geworden, als ich mit den Finanzbehörden aneinandergeraten bin.

Verantwortung als Vater

So lebten wir vor uns hin und gewöhnten uns langsam ein. Das dachte ich jedenfalls. Doch 1990 verkündete Silvia plötzlich: »Titus, ich bin schwanger.« Damit löste sie mehr als Vater- und Muttergefühle in uns beiden aus, denn jetzt wurde ihr klar, dass sie in unserem Dorf noch keinen richtigen Anschluss gefunden hatte. Sie orientierte sich immer mehr Richtung alte Heimat zu ihrer Familie zurück, war auch einige Male dort zu Besuch, doch ich wollte auf jeden Fall im Westen bleiben.

Unser Sohn kam in Nastätten im Taunus zur Welt. Damals gab es hier noch ein Krankenhaus, und ich durfte bei der Entbindung dabei sein. Die Geburt zog sich sehr lange hin. Als die Hebamme Feierabend hatte, ging sie nach Hause, nur der Arzt blieb. Schließlich erschien der Kopf, aber der Junge wollte einfach nicht auf die Welt kommen. Da sah der Arzt mich an und meinte: »Okay, jetzt müssen Sie halt mit anfassen.«

Während der Arzt die Saugglocke nahm, hatte ich die Geburtszange in der Hand. Ich sah die Angst in seinen Augen. Da tat ich etwas, was ich schon lange nicht mehr getan hatte: Ich betete. Ich wusste, dass jetzt nur noch Gott helfen konnte.

Nachdem das Kind endlich da war, merkte ich, wie geschafft wir alle waren, inklusive Doktor. Der Kopf des Babys sah so verformt aus, dass ich mir ernsthafte Sorgen um es machte, aber der Arzt beruhigte mich: »Das gibt sich wieder.«

Im ersten Moment war ich nur froh und glücklich, auch wenn ich mich auf dem Heimweg vor lauter Anstrengung übergeben musste, aber ich hoffte, dass wir jetzt als Familie zusammenwachsen würden. Silvia nannte den Jungen Kevin. Doch leider wuchs bei uns nichts mehr zusammen, denn Silvia wollte auf jeden Fall in den Osten zurück.

Irgendwann erfuhr ich, dass sie mich dort mit ihrem Exfreund betrogen hatte. Ich selbst hatte zwar ebenfalls viele meiner Partnerinnen betrogen, doch mich traf das so sehr, dass ich Mutter und Kind samt ihren Siebensachen ins Auto packte und in die alte Heimat brachte. Das war damals sicher keine reife und weise Entscheidung.

In die Arbeit gestürzt

Nach der Trennung drehte sich bei mir alles ums Arbeiten: Zum einen musste ich Unterhalt für Kevin zahlen, zum anderen wollte ich mich beschäftigen. Also wurden meine Arbeitstage immer länger. Doch irgendwann rief mein Körper: »Stopp!« Ich hatte schon eine Weile eine seltsame nässende Stelle am Rücken, aber erst als diese gar nicht mehr verschwand, ging ich damit zum Arzt. Seine Diagnose jagte mir einen heftigen Schrecken ein: Es war ein brauner Tumor.

Eigentlich ist das eine gutartige Knochengeschwulst, aber Tumor hört sich nie gut an, und das Ganze erstreckte sich über die gesamte Wirbelsäule. So schickte mich der Arzt ins Krankenhaus. Dort wurde ich operiert und sollte noch eine Weile bleiben, damit die große Wunde verheilen konnte.

Während dieser Zeit bekam ich die Nachricht, dass es meinem Vater gar nicht gut ging und er ebenfalls im Krankenhaus lag. Vielleicht lag es daran, dass ich selbst angeschlagen war oder dass ich ihn eine Weile nicht mehr gesehen hatte, jedenfalls bekam ich Angst um ihn und wollte mich sofort auf den Weg zu ihm machen.

Ich drückte die Klingeltaste und erklärte kurz darauf Schwester Vera, dass ich mich selbst entlassen und nach Crimmitschau fahren würde. Sie musterte mich von oben bis unten und entgegnete: »Sie fahren nirgendwohin.«

»Aber ich muss zu meinem Vater ins Krankenhaus …«

Wir redeten noch eine Weile hin und her und schließlich erklärte sie: »Wenn es gar nicht anders geht, dann fahre ich Sie eben.«

Und das tat sie. Vera nahm sogar ein paar Tage Urlaub, um mich zu meinen Eltern zu kutschieren – das war auch gut so, denn ich hätte die Strecke nie im Leben allein geschafft.

Zum Glück stellte sich bald heraus, dass mein Vater nur eine Art Schwächeanfall hatte. Es war nichts Ernstes, und er erholte sich schnell wieder. Trotzdem war ich froh, ihn besucht zu haben. Und mir wurde klar, dass mein Vater, der immer alles konnte und nie Schwäche gezeigt hatte, verletzlich war. Ein Nebeneffekt der Fahrt nach Hause war, dass ich eine neue Freundin hatte: Vera.

Familiennachzug

Nachdem ich mich erholt hatte, stürzte ich mich wieder in die Arbeit – nicht nur während der Arbeitszeit, sondern auch nach Feierabend. Bei meiner ersten »schwarzen« Baustelle bekam ich mit, dass ein Haus ganz nah bei dem Ferienhaus, in dem ich wohnte, verkauft werden sollte. Der Ehemann meiner aktuellen Auftraggeberin war spielsüchtig und hatte sich finanziell übernommen. Jetzt sollte sein Elternhaus für 360 000 Mark verkauft werden. Die Bankzinsen beliefen sich in den Neunzigerjahren auf um die zehn Prozent. Trotzdem sah ich sofort eine Chance darin und fragte meine Eltern: »Könnt ihr euch vorstellen, den Osten zu verlassen und hierherzuziehen?«

Es wurde eine »Eigentlich«-Lösung, denn eigentlich hatten sie das Geld nicht, aber eigentlich wollten sie schon. So verkauften sie ihr Haus in Crimmitschau, liehen sich in der Verwandtschaft etwas zusammen, ich unterstützte sie und sie kauften das Haus. Das war ein typischer Siebzigerjahre-Bau, der ursprünglich für irgendwelche Neureichen aus dem Ruhrgebiet als Wochenendhaus hochgezogen worden war. Qualität: Fehlanzeige. Es gab keine Isolierung, der Beton war einfach gegen den Hang gegossen, das ganze Haus war sanierungsbedürftig. Aber ich versprach meinen Eltern, mich darum zu kümmern. Wenn ich gewusst hätte, worauf ich mich damit einlasse, hätte ich das vermutlich nie getan.

Doch meine Eltern gewannen so eine neue Perspektive, nachdem die Tankstelle meines Vaters an eine große Kette hatte verkauft werden müssen, und ich freute mich über meine Beziehung zu Vera und die neue Nähe zu meinen Eltern.

Meisterhaft

Man könnte meinen, dass ich damit ausgelastet war. War ich auch. Trotzdem kam ich auf die Idee, abends einen Meisterlehrgang zu besuchen und meinen Schreinermeister zu machen. Vor der Anmeldung musste ich mir meine bisherige Ausbildung beglaubigen lassen. Die Handwerkskammer in Gießen musste also bestätigen, dass mein Gesellenbrief einem westlichen Abschluss gleichwertig war. Außerdem musste ich fünf Jahre als Geselle gearbeitet haben, um den Lehrgang besuchen zu dürfen. Diese Bedingung erfüllte ich zwar nicht, aber man gestand mir zu, dass die Zeit bis zur Prüfung mitgezählt würde, daher meldete ich mich an.

Damit hatte ich mindestens zwei Baustellen neben der Arbeit: das Haus meiner Eltern und die Abendschule. Doch eigentlich waren es drei Baustellen, denn irgendwie musste ich mir das Geld für den Lehrgang ja verdienen, und so arbeitete ich weiter schwarz. Mein Chef sah keinen Sinn in dem Kurs und unterstützte mich daher nicht dabei.

Dann kam die erste Rückmeldung zu meiner Anmeldung: »Wir freuen uns, Sie in zwei Jahren zum nächsten Meisterkurs begrüßen zu können …« Mit solch einer Wartezeit hatte ich nicht gerechnet. Also rief ich dort an, bedankte mich für die Zulassung und sagte: »Falls im aktuellen Kurs jemand ausfällt, können Sie sich gern bei mir melden.«

»Woher wissen Sie das?«, fragte die Frau am anderen Ende zurück.

Zwei Wochen später saß ich auf der Schulbank. Ich hatte noch nicht einmal Zeit, beim Arbeitsamt einen Zuschuss zu beantragen, das ging nämlich nur vor Beginn der Maßnahme.

Es folgte eine furchtbar harte Zeit. Tagsüber arbeitete ich in der Zimmerei, dann ging ich auf die Baustelle meiner Eltern. Danach war ich entweder im Abendkurs oder ich lernte. Irgendwann noch später fuhr ich Lkw und verdiente so das Geld für den Lehrgang. Und am nächsten Morgen vor sechs war meine Nacht schon wieder rum.

In den Abendkursen saß ich hauptsächlich mit irgendwelchen Meistersöhnen zusammen. Die kamen ausgeruht in dicken Autos und nicht wie ich direkt von der Baustelle. Natürlich fuhr ich auch kein dickes Auto. Mein Audi 100 hatte seinen Geist bereits aufgegeben. Aber woher sollte ich einen Wagen bekommen, der fast nichts kostete? Ich ging auf einen Schrottplatz und fragte den Inhaber nach einem günstigen Auto – wir sind übrigens heute noch befreundet. Er zeigte mir einen alten Golf und meinte: »Der ist billig, fährt aber noch eine Weile.«

»Was soll er denn kosten?«

»Fünfhundert.«

»Ich hab hundert dabei, den Rest zahl ich ab.«

Er schaute mich von oben bis unten an und antwortete: »Geh zu meiner Mutter, die gibt dir den Brief.«

Ich ging ins Büro. Dort saß seine Mutter und konnte kaum glauben, dass ich den Fahrzeugbrief bekommen sollte. Sie rief ihren Sohn, doch er sagte nur: »Gib ihm den Brief. Der zahlt.« Selbstredend lieferte ich meine Raten immer pünktlich ab.

Ich hatte einen Heidenrespekt vor der Ausbildung. In meinen Augen waren »West«-Kurse für mich nur mit viel Glück zu schaffen. Doch auf der Meisterschule lernte ich, dass ich gar nicht so dumm war, wie ich befürchtet hatte. Ich dachte an Hofmeier zurück, meinen Lehrer im Internat. Der hatte uns eingebläut: »Wenn du keine Ahnung hast, dann setz dich in die erste Reihe. Da lenkt dich nichts ab, und du wirst auf jeden Fall schlauer.« Genau das habe ich getan. Und ich kam gut zurecht.

Lästig war bloß, dass mein Chef mich an den Schultagen aus Schikane immer auf die entferntesten Baustellen schickte. So kam ich oft auf den letzten Drücker aus Mainz, Wiesbaden oder Frankfurt nach Koblenz. Und während die anderen entspannt dasaßen, holte ich tief Luft und hatte noch nicht einmal Zeit zum Duschen gehabt.

Damals habe ich Leute kennengelernt, die mir für kleines Geld geholfen haben. Die sahen, dass da einer ist, der ihre Unterstützung brauchte, und waren einfach da. Handwerker gaben mir ihren Rabatt weiter oder vermittelten mir gebrauchtes Material. Ich konnte außerdem einiges an ausgebauten Dingen von Baustellen mitnehmen, und so nahm das Haus meiner Eltern so langsam Form an.

Während dieser Zeit ließ ich körperlich einige Federn. Ich war jung und konnte einiges ausgleichen, aber in der Summe war es zu viel.

Ausgerechnet Mathe

Irgendwann stand die Prüfung ins Haus, und ich wusste: Das läuft. Mit den fachpraktischen Themen hatte ich nie Probleme, und selbst Buchführung hatte ich verstanden. Doch da gab es noch Mathematik … Am Ende hatte ich in allen Fächern eine Eins, bis auf Mathe, wo ich mit einer Fünf durchgefallen war. Natürlich konnte ich diese Prüfung nachschreiben, aber der Druck war da, bloß nicht noch einmal durchzufallen und »des Meisters nicht würdig« zu sein.

Ein Freund gab mir Nachhilfe, und irgendwann fiel der Groschen. Er fiel so sehr, dass ich beim Nachschreiben eine glatte Eins schrieb – die mir die Prüfungskommission nicht glaubte. Ich musste also ins Mündliche, ohne zu wissen, wie es um mich stand. Das Thema war eine Treppenberechnung. »Klasse«, dachte ich, »das kann ich.« Das machte ich ja in der Firma jeden Tag! Ich hatte die Raumhöhe, den Ausschnitt zum nächsten Stock und die Vorgabe, eine viertelgewendelte Treppe zu berechnen. Ich rechnete und rechnete, aber irgendwann legte ich meinen Stift zur Seite und erklärte der Kommission: »Das geht so nicht. Ich muss ein Podest einbauen, so wie in der Vorgabe lässt sich hier keine Treppe einbauen.«

»Herr Schlagowsky«, entgegnete einer der Prüfer, »wir werden Ihnen doch in der Prüfung keine Aufgabe geben, die nicht geht. Sie haben noch Zeit. Rechnen Sie einfach noch einmal nach.«

Das tat ich. Mit klitschnassen Händen, denn es ging immerhin um meine Meisterprüfung. Mein Ergebnis war dasselbe. Wer diese Treppe hinaufgehen würde, müsste sich zwangsläufig den Kopf anstoßen. Die Kommission schickte mich vor die Tür, um sich zu beraten. Nach einer gefühlten Ewigkeit wurde ich wieder hereingeholt und der Prüfungsleiter erklärte mir: »Sie haben erst eine Fünf geschrieben, dann eine Eins. Wir lassen Sie aber mit einer glatten Eins gehen, denn die Treppenberechnung, die wir Ihnen gegeben haben, funktioniert tatsächlich nicht. Da haben wir einen Fehler gemacht. Entschuldigung.«

Ich schwebte auf Wolken. Die Theorie zur Meisterprüfung hatte ich in der Tasche. An der Praxis – meinem Meisterstück – würde ich auf keinen Fall scheitern. Doch wieder einmal kam es anders. Meinem Chef war die Weiterbildung sowieso ein Dorn im Auge. Außerdem besuchte sein Sohn seit einer Weile den Meisterkurs für Zimmerleute. So kündigte er mir Knall auf Fall. Nicht einmal mein Meisterstück durfte ich noch im Betrieb bauen.

Dazu kam, dass meine Beziehung mit Vera auseinanderging und ich erneut solo war. Wieder einmal war alles offen.

VON ANFANG AN BESCHISS

Ich stand also plötzlich auf der Straße. Heute wäre ich wahrscheinlich zum Arbeitsgericht gegangen, doch damals nahm ich es hin und machte das Beste draus. Ich besorgte mir alle Zeitungen der Region und schaute die Stellenanzeigen durch. Ich suchte etwas Unmögliches: einen Betrieb, in dem ich so schnell wie möglich wieder Geld verdienen konnte, denn arbeitslos zu sein, war überhaupt nicht mein Fall. Außerdem brauchte ich Platz und eine Werkstatt, um mein Meisterstück zu bauen. Nach der Prüfung hatte ich maximal ein Jahr Zeit, um es nachzuliefern.

Weil ich im Treppenbau gearbeitet hatte, war mir eine Treppe genehmigt worden. Die anderen Meisterschüler hatten sich für Musikschränkchen und Schreibtische entschieden – die waren nämlich leichter zu transportieren. Aber ich wollte lieber eine Treppe zeigen. Diese wollte ich irgendwo in einer Werkstatt bauen, sie schon einmal probeweise aufrichten und sie dann mit dem Lkw zur Handwerkskammer fahren und endgültig montieren.

Bei einem großen Möbelhaus in Frankfurt wurde ich schließlich fündig. Dort suchten sie jemanden zur Küchenplanung und -montage. »Das ist kein Problem für Sie, da kommen Sie schnell rein«, erklärte mir mein neuer Chef, gab mir die Hand und stellte mich ein.

Geld verdiente ich jetzt zwar, aber meine Treppe konnte ich dort nicht bauen. Auch die Arbeit stellte sich als schwierig heraus, denn ich hatte einen Kollegen, der es gewohnt war, dass jede Küchenprovision in seiner Tasche landete. Wann immer Kunden in der Tür standen, die so aussahen, als bräuchten sie eine Küche und hätten Geld, war er an mir vorbei auf sie zugegangen und verkaufte ihnen eine.

Fünfzig Küchen für den Osten

Eines Tages kam Herr Schreiber, der Prokurist des Möbelhauses, zu mir und erkundigte sich: »Schlagowsky, Sie sind doch ein Ossi, oder?«

»Ja, bin ich. Warum fragen Sie?«

»Wir haben da ein Problem, äh, einen Auftrag. Wir sollen in Kesseldorf bei Dresden – in einem Wohnpark fünfzig Küchen aufbauen. Kümmern Sie sich mal darum. Fahren Sie hin, machen Sie den Bauleiter, sorgen Sie für Anlieferung, Handwerker zum Aufbau, die Entsorgung des Abfalls und die Abnahme durch den Bauträger.«

Endlich hatte ich eine richtige Aufgabe. Ich hängte mich ans Telefon und suchte Montagefirmen, die die Küchen aufbauen konnten. Der Preis musste natürlich stimmen und ein bisschen Erfahrung im Küchenbereich brauchten sie auch. Ich fand sie. Dann wollte ich mich um die Entsorgungsfrage kümmern. Für Pappe, Styropor und sonstige Abfälle musste ich Container bestellen. Da ich keine Telefonnummern von Entsorgungsfirmen hatte, rief ich beim Fernamt an.

Eine Frau meldete sich im breitesten Sächsisch: »Fernamd Dresden, guuden Daach.«

»Hallo, können Sie mir helfen? Ich suche in Dresden einen Containerdienst.«

»Also, ich weeß nich, ob mir so was ham.«

»Gute Frau, die Wende ist jetzt schon Jahre her, es wird doch in Dresden eine Firma zur Abfallentsorgung geben.«

»Ich gugge mal naach.«

Nach einer Weile meldete sie sich wieder: »Guuder Mann, mir ham hier geen Gontainerdiensd.«

»Es muss aber so etwas geben.«

»Nee, ich hab nachgeschaud, hier is geen Gontainerdiensd.« Sie blätterte und raschelte. Dann machte sie eine kurze Pause. »Saagn Se mal, wie schreibt man eechendlich Gontainer?«

»Na, mit C.«

»Hach, ich hab bei G geguggt ...«

Ich liebe meine Dresdner!

Anschließend zog ich für anderthalb Monate in den Osten und beaufsichtigte den Küchenbau. Vorher forderte Schreiber jedoch von mir: »Schlagowsky, Sie müssen telefonisch erreichbar sein.« Das war allerdings in den neuen Bundesländern ein Kunststück. Die einzige Möglichkeit war ein Funktelefon. Diese Riesengeräte füllten damals den halben Kofferraum aus. Firmenchefs, Manager und Stars hatten sie – und ich.

Das Möbelhaus gab mir einen Zuschuss und ich musste mich verschulden, um das Telefon einzubauen. Mit 3 500 Mark war es ein Vielfaches teurer als der alte Golf, den ich immer noch fuhr. Er hatte zwar inzwischen eine andere Farbe und einen neuen gebrauchten Motor, aber es war immer noch das Auto vom Schrottplatz.

Weil jedes Telefonat unvorstellbar viel Geld kostete, ließ ich mich meistens anrufen. So hat meine Erreichbarkeit die Firma etliche hundert Mark gekostet.

Abnahme mit Hindernissen

Der Küchenbau ging ohne große Komplikationen über die Bühne. Zur endgültigen Abnahme reiste auch unser Prokurist an. Er fuhr ebenfalls einen Golf, allerdings das neueste Modell, und viele Kilometer hatte er noch nicht auf dem Tacho. Damit kam er auf die Baustelle und übersah beim Rückwärtsfahren, dass noch kein Kanaldeckel auf dem Loch hinter ihm lag. Es gab einen großen Krach, dann hingen die Vorderräder in der Luft und hinten das Auto schief im Loch.

Als Schreiber mich sah, ließ er die Scheibe elektrisch herunter und meinte völlig unbeeindruckt: »Schlagowsky, ich bin irgendwie in ein Loch gefahren. Wie, meinen Sie, kriegt man das Auto hier wieder raus?«

»Herr Schreiber, das Auto ist wohl kaputt.«

»Nein, das glaube ich nicht, ich bin langsam gefahren.«

Dann holte Schreiber seine Thermoskanne aus der Tasche, schraubte den Deckel ab und stellte ihn vor sich ab. »Man sollte über die Lage dieses Autos nachdenken«, sinnierte er, »denn der Becher steht sonst nicht auf diesem Armaturenbrett.« Er blieb einfach sitzen und brummte nur in meine Richtung: »Schlagowsky, Sie kümmern sich. Ich steige jetzt nicht aus.«

Also trommelte ich ein paar Bauarbeiter zusammen und wir hoben den Wagen aus dem Loch. »Kann der Opa nicht aussteigen?«, fragte mich einer von ihnen hinter vorgehaltener Hand.

»Das ist Schreiber. Der steigt nicht aus«, erklärte ich ihm.

Während wir den Wagen nach vorne trugen, trank er seinen Tee. Dann öffnete er die Autotür und meinte: »Geht doch. Jetzt können wir uns langsam um die wesentlichen Dinge kümmern.«

Das war Schreiber.

Mehr Schein als Sein

Es gefiel mir nun ganz gut im Möbelhaus, das Problem war bloß: Hier konnte ich meine Meisterprüfung nicht abschließen. Also machte ich mich auf die Suche nach einer Schreinerei, aber in der näheren und weiteren Umgebung war nichts zu finden, wo ich meine Treppe hätte bauen können. Es war zum Verzweifeln. Schließlich hatte ich eine gewagte Idee und trat die Flucht nach vorn an: Ich wollte mich selbstständig machen und schaltete eine Anzeige in der Zeitung: »Suche für die Eröffnung meiner Schreinerei eine Lagerhalle oder vergleichbare Räume.« Damit nahm das Unheil seinen Lauf.

Auf meine Anzeige hin meldete sich eine Dorfbank aus der Nachbarschaft. »Wir lösen gerade ein paar Lagerhäuser in verschiedenen Orten auf und ziehen in ein Zentrallager in Miehlen. Das Lager in Nochern ist noch zu haben. Die Bedingung wäre allerdings, dass die Finanzierung über unsere Bank läuft.«

An eine Finanzierung war eigentlich nicht zu denken, denn ich hatte keinen Pfennig, nur ein großes Mundwerk. Mein ganzes Geld floss in den Meisterlehrgang und die Baustelle meiner Eltern. Aber ich antwortete: »Einverstanden. Wir sollten uns deswegen einmal zusammensetzen.« Schon am nächsten Samstag fanden wir einen geeigneten Termin.

Nochern ist ein kleines Dorf mit etwas mehr als fünfhundert Einwohnern. Die Rheinhöhengemeinde lebt hauptsächlich vom Weinbau auf den Steilhängen rund um die Loreley. Hier kannte jeder jeden, und Geschäfte wurden weniger am Schreibtisch gemacht als vor Ort per Handschlag. Weil ich das wusste, ging ich am nächsten Tag zum Mercedeshändler in Nastätten. Gerade war die neue C-Klasse herausgekommen, und ich fragte einen Verkäufer, den ich kannte: »Damit würde ich gern mal eine Probefahrt machen. Geht das?«

»Na klar, wann willst du ihn denn haben?«

»Samstag.«

»Das passt. Bring ihn einfach am Montag vollgetankt wieder zurück.«

Inzwischen war meine alte Jugendfreundin Silke aus Crimmitschau bei mir eingezogen. Am Samstagvormittag setzten wir uns in den nagelneuen weißen Benz und fuhren nach Nochern. Dort warteten schon der Bankdirektor, sein Stellvertreter und der ehemalige Lagerleiter auf mich. Ich schaute mir das Gelände an: 1 200 Quadratmeter, fast komplett mit einer Halle und einer Feldscheune bebaut. Hier hatte ich Platz ohne Ende. Die drei Herren schauten derweil nur auf mein Auto und bekamen glänzende Augen.

»Wenn Sie sich selbstständig machen möchten, sind Sie doch sicher Meister, oder?«, fragte einer.

»Ja«, meinte ich mit einem wohlwollenden Blick in die Zukunft, »das bin ich.«

»Halle und Grundstück kosten 240 000 Mark. Dazu brauchen Sie noch ein Startkapital von vielleicht 120 000 Mark für Maschinen und Einrichtung. Kommt das hin? Dann würden wir Ihnen ein Paket mit einem Kredit über 360 000 Mark schnüren, einverstanden?«

»Einverstanden.«

»Wollen Sie sich das Ganze noch in Ruhe überlegen oder sollen wir es gleich hier festmachen?«

»Da gibt es nicht viel zu überlegen – meinetwegen können wir gleich Nägel mit Köpfen machen.«

Wir gingen an ein Schreibpult in der alten Lagerhalle und unterschrieben die Papiere: beide Direktoren, ich als Käufer und der ehemalige Lagerchef als Zeuge. Damit war der Vertrag geschlossen. Es dauerte natürlich nicht lange, bis sie merkten, dass sie auf den geliehenen Mercedes hereingefallen waren, aber jetzt mussten sie finanzieren, obwohl ich nur einen alten Golf hatte, ein Minus von 2 000 Mark auf meinem Girokonto und weder Besitz noch Eigenkapital. Der Trabbi, den Silke aus dem Osten mitgebracht hatte, fiel auch nicht ins Gewicht.

»Wenn wir das gewusst hätten …«, meinte der Bankdirektor.

»… dann hätten Sie fragen sollen«, antwortete ich. Ich wollte ihnen das Geld ja nicht schuldig bleiben, aber ich hatte einfach keine Sicherheiten zu bieten. So stand auf jedem Stück Papier, das von der Bank kam, der Hinweis, dass »die Entwicklung des Unternehmens abzuwarten« sei. Bis dahin würden sie ihre Finger auf alles halten, was sich vielleicht wieder zu Geld machen ließe. Die Lagerhalle war leer, in der Feldscheune daneben standen ein alter Kartoffeldämpfer und ein uralter Mähdrescher. Den Dämpfer verschenkte ich ans Heimatmuseum, für den Mähdrescher bekam ich noch ein paar Mark – und dann ging es los. In Frankfurt kündigte ich.

Die richtige Schreinerei in der falschen Reihenfolge

Als ich gerade mit dem Umbau angefangen hatte, kam ein Besucher vom Bauamt, der mich freundlich darauf hinwies, dass ich wahrscheinlich vergessen hätte, einen Antrag auf Nutzungsänderung zu stellen. Okay, das erledigte ich schnell, aber eigentlich behielt ich es auch in der Folgezeit bei, dass ich erst anfing zu bauen und das Schriftliche nachholte.

Das Lager wurde zur Werkstatt, und in die Scheune kam ein Büro. So langsam wurde es Zeit, dass ich wieder anfing, zu arbeiten und Geld zu verdienen, deshalb eröffnete ich am 1. März 1994 feierlich meine Schreinerei. Während dieser Zeit heirateten Silke und ich und bald kam mein zweites Kind zur Welt: Naemi.

Das hört sich jetzt so normal an, doch man muss dazu sagen, dass ich mein Meisterstück noch nicht abgeliefert hatte. Ich hatte also den Abschluss gar nicht in der Tasche, arbeitete aber schon als Meister. Das ist natürlich verboten. Und weil es einige Leute gab, die das wussten und nicht gut fanden, wurde ich deswegen angezeigt.

Ich wand mich erst einmal heraus: Der Betrieb in Nochern sei gar keine Schreinerei, sondern ein Montageunternehmen. Ich dachte an meine Küchenaktion in Dresden zurück und die dortigen überforderten Behörden. Deshalb mietete ich ein leeres Grundstück in Unkersdorf bei Dresden. Das hört sich nicht nur kleiner an als Nochern, das ist es auch. Dorthin stellte ich einen Wohnwagen als Firmensitz für mein Montageunternehmen. Die Genehmigung für diese Firma bekam ich sofort. Dann stellte ich zwei Monteure an, die in meinem Auftrag in den neuen Bundesländern Küchen montierten – und Nochern war jetzt auf dem Papier die Zweigstelle der Dresdner Firma.

Natürlich änderte das nichts an meinen Schwierigkeiten, aber es brachte ein wenig Aufschub. Ich bekam immer wieder Strafen aufgebrummt und wurde ermahnt, den Betrieb der Schreinerei zu unterlassen. Ich erklärte zwar, dass ich keine andere Möglichkeit und den Meisterbrief so gut wie in der Tasche hätte, aber da gab es kein Erbarmen. Parallel dazu hatte ich bereits zwei Angestellte in Nochern und der Laden lief. Jeweils abends baute ich an meinem Meisterstück. Endlich war es fertig.

An einem Samstag war der Präsentationstermin bei der Handwerkskammer in Koblenz. Freitags legte ich die Teile zur Montage in den Lkw. Was für ein Glück! Denn am gleichen Tag kamen die Zuständigen vom Amt und verplombten meine Werkstatt, damit ich dort nicht länger »schwarz« arbeiten konnte. Das war wirklich übel. Ich wusste, wenn ich jetzt mit meinem Meisterstück versagte, war ich arbeitslos und pleite.

Morgens früh um vier fuhr ich nach Koblenz und baute die Treppe auf. Die Prüfer gaben mir wieder eine glatte Eins und meine Treppe wurde vom Publikum als »schönste Arbeit« besonders ausgezeichnet.

Endlich bestanden

Nachmittags kam einer der Verantwortlichen der Handwerkskammer bei mir vorbei, um mir zu gratulieren. Und weil ich den Publikumsliebling gebaut hatte, lud er mich ein, doch zum Landesausscheid mitzufahren und die Treppe dort noch einmal zu präsentieren.

Ich war erst einmal sprachlos. Denselben Mitarbeiter hatte ich während der letzten Wochen und Monate gebeten, mich zu unterstützen, weil ich in meiner unmöglichen Situation Hilfe brauchte. Ich bat ihn um Aufschub, um ein erklärendes Schreiben, um irgendein Zeichen von Solidarität. Jedes Mal lehnte er ab: »Herr Schlagowsky, Sie müssen verstehen, dass wir da nichts, aber auch gar nichts tun können. Leider.« Aber meine Beiträge zur Handwerkskammer durfte ich gerne weiterhin zahlen …

Als er mich nun einlud, damit er sich auf Landesebene mit meiner Leistung schmücken konnte, fiel mir nur noch ein, zu sagen: »Ach, lecken Sie mich doch am Arsch.«

Bei einem Festakt in der Rhein-Mosel-Halle wurden uns die Meisterbriefe überreicht. Als Redner zu dieser Freisprechung waren einige Prominente gekommen: Norbert Blüm als damaliger Arbeitsminister begann. Von ihm ist mir noch ein Satz im Kopf geblieben, der mir gefallen hat: »Warten Sie nicht auf unseren Staat, machen Sie einfach.« Das hätte auch von mir kommen können.

Nach ihm kam Rainer Brüderle als rheinland-pfälzischer Wirtschaftsminister auf die Bühne. Es war inzwischen schon ziemlich spät und unsere Tochter war auf meinem Arm eingeschlafen. Aber als Brüderle in seiner Rede sich selbst und den Staat lobte und erzählte, wie leicht es hierzulande für einen Meister wäre, eine Firma aufzumachen, konnte ich meinen Mund nicht mehr halten. Quer durch den Saal rief ich: »Das glaubst du wohl selber nicht! In welchem Land lebst du denn?«

Alle im Saal drehten sich zu mir um, selbst die Kameras schwenkten in meine Richtung. Brüderle rief mir zu: »Sie möchte ich nachher gerne noch sprechen.« Kurze Zeit später hatte ich zwei Anzugträger in Schwarz neben mir stehen, die mich nach dem Ende seiner Rede zu Rainer Brüderle begleiteten.

Er schaute mich auffordernd an, und ich erklärte: »Das fällt mir jetzt nicht leicht, aber ich kann mich nicht halten, wenn jemand Scheiße erzählt, und das, was Sie erzählt haben, war Mist. Machen Sie sich hier mal selbstständig, dann können Sie dasselbe erleben wie ich.«

Ich erzählte ihm kurz meine Geschichte, und er schien echt betroffen zu sein. Am Ende unseres Gesprächs zückte er seine Visitenkarte und gab sie mir: »Wenn Sie noch einmal Schwierigkeiten haben, dann melden Sie sich bitte.«

Das Angebot war sicher ernst gemeint, aber ich antwortete: »Nein, danke. Aus genau so einem Staat komme ich. Deshalb will ich das nicht. Ich will gleiches Recht für alle.« Brüderles Visitenkarte habe ich heute noch – angerufen habe ich ihn nie.

ZWISCHEN GRÖSSENWAHN UND MORD

Es war ein besonders schönes Gefühl, nach der Meisterprüfung die Verplombung an der Werkstatt zu knacken. Ich durfte endlich legal als Schreiner arbeiten. Musste ich ja auch, denn Schulden hatte ich bis über beide Ohren.

Weil ich am Anfang nicht besonders gut mit den Behörden zusammengearbeitet hatte, behielten mich einige von deren Mitarbeitern auf dem Kieker – besonders vom Bauamt legte man mir in den Weg, was nur möglich war. Doch von jetzt an war die Firma erst einmal auf Wachstumskurs. Die Auftragslage war gut, und sie wurde immer besser. Wir arbeiteten in der gesamten Region und begleiteten immer mehr Projekte: die Rheinischen Kliniken in Köln genauso wie das Sankt-Josef-Krankenhaus in Zell an der Mosel. Außerdem hatten wir einen Rahmenvertrag für die öffentlichen Gebäude, die in Wiesbaden und Umgebung gebaut wurden. Dazu kamen die vielen kleinen und großen Baustellen in der Nachbarschaft.

Mein Vater hatte nach dem Umzug meiner Eltern in den Taunus keine Arbeit mehr gefunden – jetzt half er bei mir aus. Meine Schwester arbeitete in unserem Büro. Zu den besten Zeiten hatten wir über fünfzig Leute im Unternehmen. Für eine Schreinerei in Nochern, irgendwo am Ende der Landkarte, war das eine ganz ordentliche Hausnummer. Auch die Werkstatt wurde immer größer. Wir kauften Nachbargrundstücke dazu und bauten immer wieder an.

Nach der langen Durststrecke vorher war ich so hungrig nach Erfolg und Bestätigung, dass ich gar nicht mitbekam, dass wir für ein mittelständisches Unternehmen zu schnell zu groß wurden. Ich übersah die Zeichen dafür und verpasste schlicht und einfach den Moment, in dem ich alles in gesunde Bahnen hätte lenken können.

Teures Leben

Zu der Erleichterung, dass das Geschäft endlich lief, kam eine ordentliche Portion Größenwahn. Jetzt wollte ich verdienen und das Leben genießen. 1998/99 fuhr ich eine Mercedes S-Klasse, ich hatte ein Boot und ein Riesenhaus auf der anderen Rheinseite in Boppard.

Typisch für mich waren in dieser Zeit Aktionen wie die mit dem Café am Rhein. Ein Freund von mir war Rechtsanwalt. Als sein Vater starb, erbte er ein riesiges Café. Das Gebäude war früher einmal Amtsgericht gewesen und mehr als repräsentativ. Ihm war es zu viel, also kaufte ich es ihm für eine halbe Million Mark ab, doch damit begannen die Schwierigkeiten erst. Als ich mit dem Sanieren anfing, meldete sich das Landesamt für Denkmalpflege und stellte das Anwesen kurzerhand vorläufig unter Denkmalschutz. Ich konnte also die bestellten Kunststofffenster wieder abbestellen und Holzfenster ordern. Gerüstbauer, Dachdecker und Maler fragten mich, wie es nun weitergehen sollte. Ich wollte nicht alles liegenlassen und musste deshalb jede Menge Auflagen erfüllen. Ich brauchte extrem teure Silikatfarben und stilechte Dachrinnen. Als ich aber einen Zuschuss beantragen wollte, hieß es: »Nein. Noch ist das Objekt in der Prüfungsphase. Da dürfen wir keine Zuschüsse vergeben.«

Insgesamt habe ich eine Million Mark in die Sanierung hineingesteckt, und als ich fertig war, bekam ich den Bescheid, dass das Gebäude doch nicht erhaltungswürdig wäre. Unter dem Schreiben stand lapidar: »Mit freundlichen Grüßen«, aber freundliche Gefühle für diesen Staat und seine Behörden konnte ich schon länger nicht mehr empfinden.

Die Fehler nehmen zu

Öffentliche Aufträge brachten unsere Schreinerei ganz ordentlich nach vorne. Aber sie kosteten auch immens. Längst hatte ich einen eigenen Bauleiter und etliche Bürokräfte, die sich nur um Ausschreibungen kümmerten. Doch einmal checkten sie die Verträge nicht genau. Da ging es in Mainz um ein »Lärmsanierungsprogramm der Bundesbahn«. In diesem Projekt wechselten wir über tausend Fenster. Was wir nicht beachtet hatten: Das Zahlungsziel der Bahn lag bei fast drei Jahren, aber wir mussten unsere Lieferanten sofort bezahlen. Ich hatte dadurch Außenstände, die ins Unermessliche gingen, und meine Angestellten wollten ebenfalls regelmäßig ihren Lohn.

Der Radius, in dem wir arbeiteten, wurde immer größer. Waren wir am Anfang bis über Wiesbaden hinaus unterwegs, fuhren wir jetzt bis an die holländische Grenze, nach Hamburg, Berlin, Dresden und Nürnberg. Auf dem Weg zu den verschiedenen Baubesprechungen fuhr ich jährlich über 130 000 Kilometer. Natürlich kann eine Firma mit solchen Herausforderungen klarkommen, aber wir waren nicht gesund gewachsen, wir waren einfach explodiert. Und die Zahlungsmoral der öffentlichen Hand gab uns den Rest.

Ich versuchte gegenzusteuern, aber damit rutschte ich bald in ungesetzliche Lösungen hinein. Wegen unserer vielen Dienstwagen und Lkw hatte ich längst eine eigene Tankstelle auf dem Gelände – und oft betankte ich unsere Fahrzeuge mit Heizöl statt mit Diesel, um etwas Geld einzusparen. Das Heizöl war von der Zusammensetzung fast gleich, aber der Steuersatz bei Diesel war wesentlich höher, sodass ich damit Steuern hinterzog. Damals hatte ich den Eindruck, dass wir nur so überleben könnten.

Irgendwann kam einer unserer Lkw in die Werkstatt und die rote Farbe des »Diesels« sprach Bände: Ich wurde angezeigt.

Private Katastrophen

Auch privat wurde das Fahrwasser schwerer. Inzwischen war unser zweites gemeinsames Kind zur Welt gekommen: Esra. Wir waren scheinbar eine typische Familie mit zwei Kindern, einem Mädchen und einem Jungen, aber Silkes und mein Verständnis von einem ordentlichen Haus ging so weit auseinander, dass ich manchmal freitags mit den Kindern ins Hotel zog, um ihnen und mir aus meiner Sicht wenigstens am Wochenende eine Spur von Normalität zu bieten. Wenn ich versuchte, zu Hause beim Aufräumen mitzuhelfen, brachte uns das nicht weiter: Innerhalb kürzester Zeit sah es genauso aus wie zuvor. Mir war es zu unordentlich. Ich konnte nie irgendwelche Geschäftspartner nach Hause einladen, geschweige denn, dass ich selbst mich wohlgefühlt hätte.

In dieser Zeit fiel ich zurück in alte Verhaltensmuster und ging fremd – und das auch noch mit der Frau eines Mitarbeiters. Eigentlich kannst du nach so einer Aktion deine Firma schließen, aber irgendwie ging es trotzdem weiter. Meine Frau und ich trennten uns bald danach, und ich zog mit den Kindern in ein Haus, das ich als Ausstellungshaus auf dem Firmengelände gebaut hatte. Doch ich war damit überfordert, den schlechter werdenden Zahlen in der Firma zu begegnen und gleichzeitig den Kindern gerecht zu werden. Dazu kam die Verantwortung für die Mitarbeiter.

Ungefähr im Jahr 2000 lernte ich eine neue Frau kennen und lieben. Sabine war Floristin, hatte bereits eine Tochter, und die beiden zogen bald darauf bei uns ein. Es gab da allerdings ein Problem: Sie litt an Bulimie. Das sagte mir nicht viel. Ich dachte, es wäre eine Krankheit wie viele andere: Du lässt dich behandeln und wirst wieder gesund. Doch so leicht war die Sache nicht ...

Es war ja nicht nur so, dass Sabine immer wieder erbrechen musste, sie schwankte permanent zwischen himmelhochjauchzend und zu Tode betrübt. Die Kinder litten extrem darunter – und ich auch. Ich bemühte mich um eine Therapie in Bad Essen für sie, doch diese scheiterte.

Mein Leben war inzwischen ein einziges Chaos: Sowohl beruflich als auch privat ging alles drunter und drüber. Ich machte mir Sorgen um die Firma, deshalb vernachlässigte ich die Kinder, ich versuchte, das Durcheinander in der Familie aufzufangen, deshalb war ich nicht fit, wenn es zu Problemen in der Schreinerei kam.

Weichenstellende Begegnungen

Während dieser Zeit traf ich zwei Personen, die einen gewaltigen Einfluss auf mein weiteres Leben haben sollten. Andreas Becker hatte das Café in meinem gerade erworbenen Denkmalschutzobjekt gemietet. Der andere war Horst Karp, ein älterer Herr, der von mir in Kaub am Rhein ein Haus ausbauen ließ.

Über dem Café gab es mehrere Wohnungen. Als ich das Objekt kaufte, luden mein Freund, der Rechtsanwalt, und ich alle Mieter zu einem Gespräch ein. Sie sollten aus erster Hand erfahren, dass ich jetzt der neue Besitzer war und sich bis auf die Renovierung erst einmal nichts für sie ändern würde. Becker kam eine Stunde zu spät zum Treffen, als wir schon fast fertig waren.

Er stellte sofort klar, dass er aus dem Mietvertrag rauswollte, da das Haus verkauft war. Mein Freund antwortete ihm: »Darüber haben wir gerade schon gesprochen. Die Rechtslage ist hier eindeutig. Ein Kauf bindet alle Mietverträge. Selbstverständlich läuft erst einmal alles weiter wie bisher.«

Becker entgegnete nur, dass sich das noch zeigen würde. Er zog einen Hundertmarkschein aus der Tasche, warf ihn auf den Tisch und meinte in die Runde, wir sollten uns davon ein Eis kaufen. Danach drehte er sich auf dem Absatz um und ging. Ich blieb kopfschüttelnd zurück.

Doch damit nicht genug. Ich ahnte nicht, dass Becker im Café einiges umgebaut hatte. Eine Weile später bekam ich einen Anruf von der Mieterin, die ihre Wohnung über dem Café hatte. Die nette alte Dame erzählte mir am Telefon aufgeregt, dass sie seit einiger Zeit einen Gymnastikball verwenden würde: »Und stellen Sie sich vor: Bis vor Kurzem ist er immer nach vorne Richtung Wand gerollt, wenn ich ihn losgelassen habe, aber jetzt bleibt er einfach liegen.« Ich versprach ihr, mich bei Gelegenheit darum zu kümmern, aber Gymnastikbälle waren nicht meine erste Sorge.

Bald darauf hatte ich die Mieterin wieder am Telefon: »Herr Schlagowsky, Sie werden es kaum glauben, wenn ich meinen Ball jetzt loslasse, dann rollt er sehr schnell bis in die Zimmermitte. Da stimmt doch etwas nicht.«

Das klang allerdings nicht gut. Ich fuhr hin und warf einen Blick in die Wohnung im ersten Stock und das Café darunter. Sie hatte absolut recht: Da war nichts in Ordnung. Becker hatte eine Säule mitten im Raum entfernen lassen, die für ihn die Optik störte, und die Decke sackte langsam ab. Die Bauaufsicht hatte bald Wind von dem Schaden bekommen, deshalb musste die alte Dame evakuiert und das Café aufwendig saniert werden. 200 000 Mark kostete mich diese Schnapsidee meines Mieters, doch letztlich sollte sie mich mit meiner jetzigen Frau zusammenbringen.

Die Begegnungen mit Horst Karp und seiner Frau waren völlig anderes gelagert. Die beiden hatten sich mitten in der Altstadt von Kaub ein schmales und schiefes Fachwerkhaus gekauft. Es stand in einem Hinterhof und hatte noch nicht einmal direkten Zugang zu einer Straße. Sie luden mich ein und erzählten mir von ihren Vorstellungen: Ein Schmuckstück sollte das Häuschen werden, hier hätten sie gern einen Schrank, dort noch ein Geländer, und die Treppe sollte neu gemacht werden. Ich sah die viele Arbeit und die Schwierigkeiten, das Material überhaupt bis zum Haus zu bringen. Also erklärte ich ihnen: »Das wird aber eine Stange Geld kosten.«

»Ja«, meinte Karp, »dann ist das halt so.«

Er war eine besondere Erscheinung, klein gewachsen, rundlich, mit Nickelbrille, einem Metzgerhemd, wie man es in den Siebzigerjahren trug, und mit Frauenschuhen. Aber er wusste, was er wollte. Karp war Professor für nordische Sprachen gewesen und ein Mensch, der sich durch nichts aus der Ruhe bringen ließ.

Irgendwann kam ich bei ihm vorbei, und er trug zwei verschiedene Schuhe an seinen Füßen. Ich sprach ihn darauf an, aber er entgegnete trocken: »Ist ja seltsam. Zu Hause habe ich noch so ein Paar stehen …« Das war Karp. Er redete gern, und er hatte so etwas wie eine natürliche Autorität. Bei einem Treffen schaute er mich einmal lange an und sagte dann: »Sie gehören hier eigentlich nicht her.«

»Wie meinen Sie das?«

»Sie sollten es einmal im Norden versuchen, vielleicht in Island. Das würde besser zu Ihnen passen.«

»Na, das ist aber ganz schön weit weg – und ich hab gar nicht vor, da in die Kälte zu gehen.«

»Probieren Sie's doch mal.«

Als ich das nächste Mal bei ihm war, drückte er mir einen Reiseführer über Island in die Hand. Ich öffnete ihn, und da fiel mir ein Flugticket entgegen. Karp stand daneben und hüpfte vor Freude. Er war schon sehr speziell, aber man musste ihn einfach gernhaben. Als ich das Flugdatum anschaute, sah ich, dass der Flug bereits in drei Wochen stattfinden sollte.

»Sie wissen doch gar nicht, ob ich da Zeit habe«, wollte ich noch einwenden, doch den Einwand wischte er mit einer Handbewegung weg: »Machen Sie's einfach.«

Also buchte ich noch zwei Tickets für die Kinder dazu und flog mit ihnen nach Island.

Island

»Ach, du Schande«, rief ich aus, als wir beim Landeanflug auf den Flughafen in Keflavík aus dem Fenster schauten, »hier gibt's ja nur Wasser, Asche und Schnee!«

Am liebsten wäre ich direkt wieder umgekehrt, aber ich war jetzt nun einmal da, und wie hätte ich das meinen Kindern erklären sollen, die sich auf den Urlaub freuten? Naemi und Esra waren fünf und drei und sehr gespannt auf das neue Land.

Im Flugticket inbegriffen war ein Mietwagen – typisch für Island natürlich mit Allradantrieb. Die nette Frau in der Vermietung erklärte mir, was ich auf den Straßen alles beachten musste. Ich hatte vorher einiges Schlimmes und genauso viel Schönes über den Inselstaat gehört, und fragte sie daher, welche Gegend sie uns besonders empfehlen würde. Sie lächelte mich an und meinte: »Fahren Sie einfach mal rund.« Na prima! Aber ich folgte dem Rat. Zelt und Kocher hatten wir dabei, Lebensmittel waren schnell besorgt, und dann ging es los.

Bald hatten wir die karge braune Einöde hinter uns gelassen und fuhren durch eine wunderschöne, sattgrüne Landschaft. Bis zum Horizont war kein anderer Mensch in Sicht. Immer mal wieder suchte ich nach der Straße. Aber tatsächlich war der schmale, schlechte Feldweg unter unseren Rädern die Hauptverbindungsstraße…

Spannend wurde es, als wir am ersten Fluss ankamen. Ich erinnerte mich an die Hinweise der netten Mitarbeiterin bei der Autovermietung: »Brücken gibt es keine. Wenn Sie an einen Fluss kommen, müssen Sie entweder umkehren oder Sie ziehen sich aus und laufen durch. Da, wo Sie zu Fuß durchkommen, kommt auch Ihr Auto durch.«

Jetzt war es so weit. Ich stand am Ufer und schaute auf die andere Seite: Tatsache, da kam die Straße wieder zum Vorschein, aber bis dahin waren es bestimmt fünfzig Meter, und das Wasser floss ganz schön schnell. Ich hatte ein geliehenes Auto, und die Kinder saßen darin: Ich traute mich nicht. Also wartete ich darauf, dass jemand vorbeikam. Allerdings kann man darauf in Island ganz schön lange warten.

Irgendwann kam tatsächlich ein Einheimischer, der die Lage sofort erfasste. Mit meinem schlechten Englisch bat ich ihn um Hilfe, und er antwortete: »Fahr mir einfach hinterher.« Allein wäre ich wahrscheinlich geradeaus auf die Fortsetzung der Straße zugefahren – und dort nie angekommen. Der Einheimische vor mir fuhr dagegen erst einmal gegen den Strom bis in die Flussmitte und steuerte erst von da an auf die Straße zu. Jetzt wusste ich, wie es ging, und konnte andere Flüsse auch ohne Guide bewältigen.

In Island habe ich Einsamkeit kennengelernt. Immer wieder gab es kleine Kirchen, die irgendwo im Nirgendwo standen und eine Mischung aus Schutzhütte und Andachtsraum waren. Sehr faszinierend fand ich, dass sie im Gegensatz zu unseren deutschen Kirchen kein bisschen müffelten, obwohl es hier die gesamte Wetterpalette gab: Von Nebel über Sturm bis hin zu Regen und strahlendem Sonnenschein war täglich alles dabei. Die Kirchen waren hell und freundlich, boten Schutz und Ruhe. Irgendjemand musste sich darum kümmern, denn oft brannten dort Kerzen, aber ich traf nie jemanden.

Halt, das stimmt nicht. Ich habe den Eindruck, dass ich in diesen menschenleeren Kirchen nach langer Zeit wieder Gott begegnet bin. Wann immer ich so eine kleine Kirche sah, hielt ich an und verbrachte dort eine Weile. Dabei verstand ich ein Stück weit, warum Jesus sich immer wieder in die Einsamkeit zurückgezogen hat, um sich mit seinem Vater zu unterhalten. Dasselbe erlebte ich in Island. Und ich kam Gott dadurch näher.

Diese kleinen Kirchen standen an irgendwelchen Stellen auf dem Land, wo die Leute aus den benachbarten Höfen gut hinkamen. Wegen der vielen frei laufenden Schafe war ein Mäuerchen darum, aber sie waren immer offen.

In den folgenden Jahren war ich so oft in Island, dass ich aufgehört habe zu zählen, aber diese Kirchen gehörten immer zu meinen Highlights. Interessant war auch, dass ich sonntags draußen nie jemanden getroffen habe, den ich nach dem Weg fragen konnte: Die Leute waren alle in der Kirche.

Im Laufe der Zeit lernte ich ein paar Einheimische kennen; ich fuhr durch die Flüsse, als hätte ich nie etwas anderes gemacht; ich badete mit den Kindern in heißen Quellen; und ich fragte mich, was mich am Anfang so an Island gestört hatte: Das Land war genau mein Ding. Schon beim ersten Urlaub dort wurde mir klar, dass ich dorthin auswandern wollte. Die Mischung aus Land und Leuten, aus Einsamkeit, Zufriedenheit und Glaube überzeugte mich einfach.

Campingerfahrungen im hohen Norden

Wie gesagt: Ich war häufiger auf Island. Horst Karp bekam es mit, und es zauberte ein Lächeln in sein Gesicht, das gar nicht mehr wegging.

Einmal zeltete ich mit den Kindern auf einer Wiese, das Auto stand als Windschutz daneben. Die Kinder spielten, und ich angelte. Der nächste Hof war bestimmt zwanzig Kilometer entfernt. Plötzlich stand ein Mann neben uns. Für einen Isländer war er ziemlich aufgeregt und redete ununterbrochen auf mich ein. Ich verstand kein Wort. Er zeigte auf den kleinen Hügel nebenan. Ich zuckte die Achseln. Da ich nicht reagierte, ging er zum Zelt, zog die Heringe raus und baute es ab. Hatte er sie noch alle? Er ging zu den Kindern, nahm sie an der Hand und brachte sie etwas weiter bergauf, während ich sprachlos daneben stand und mich fragte, was das sollte. Schließlich setzte er sich sogar in mein Auto und fuhr es in die gleiche Richtung – der Schlüssel steckte ja.

Ich wusste nicht, was ich davon halten sollte. War er durchgedreht? Stand ich auf »seiner« Wiese und er wollte das nicht? Als der Umzug komplett war, lächelte er, nahm mich in den Arm und war so schnell wieder verschwunden, wie er aufgetaucht war. Die Kinder und ich schauten uns an: Was war das denn gewesen?

Es war uns zu viel Aufwand, die ganzen Sachen wieder zurückzubringen, also blieben wir, wo wir jetzt waren. Als ich am nächsten Morgen den Reißverschluss der Zelttür öffnete, war da, wo wir am Vortag noch gezeltet hatten, ein Fluss.

Oft waren wir tagelang unterwegs und trafen keine Menschenseele – und ausgerechnet hier kam jemand vorbei, der wusste, was passieren würde, und uns rettete! Es war mir klar, dass das kein Zufall war. Gott musste diesen Mann förmlich zu uns hingetrieben haben. Manche Engel haben eben keine Flügel.

Ich könnte stundenlang schwärmen von diesem fantastischen Land mit seinen einsamen Höfen und seinen Touristenmagneten wie den unaussprechlichen Vulkanen, die immer wieder ausbrechen, dem Strokku, einem Geysir, der alle acht Minuten Wasserdampf ausstößt, oder dem Städtchen Akureyri in Nordisland, wo Palmen wachsen – der Golfstrom macht's möglich. Auf den Palmen liegt zwar Schnee, aber der Boden ist so warm, dass sie das locker überleben. Von den kleinen einsamen Kirchen habe ich schon erzählt, aber auch die großen wie die Hallgrímskirkja in Reykjavík haben etwas Besonderes – vor allem, wenn sie sonntags voll sind. Die 360 000 Isländer kennen sich fast alle – diesen Eindruck bekam ich jedenfalls schnell.

Ich habe mich in Island immer nur wohlgefühlt. Da gibt es für mich nichts, was dieses Bild trübt. Es ist nicht der Himmel auf Erden, aber es ist »meins«. Leider war ich jetzt schon viele Jahre nicht mehr da, aber ich habe den Eindruck, wenn ich noch einmal dorthin gehe, dann bleibe ich ... Vielleicht klappt es ja eines Tages.

Was mich dort vor allem fasziniert, ist dieses unbedingte Miteinander. Man lebt auf einer Insel und es sind keine anderen Leute da als die, die nun einmal da sind. Also muss man miteinander klarkommen.

Schwanger? Das passt gar nicht!

Das Auswandern nach Island war für mich viel mehr als ein Traum. Ich hatte bereits den Kontakt zur Botschaft hergestellt, um alles dafür in die Wege zu leiten, aber dann kam etwas dazwischen: Sabine wurde schwanger.

Eigentlich hätte ich mir ein Kind gewünscht, aber ihre Bulimie war unverändert stark. Deshalb war mein erster Gedanke: Das passt nicht. Das geht in die Hose. Meine beiden Kinder waren bereits stark verletzt. Wie sollte das erst werden, wenn wir ein gemeinsames Kind hätten? Ich konnte es mir nicht vorstellen und hatte schlaflose Nächte deswegen. Schließlich bestand ich auf einem Schwangerschaftsabbruch. Heute denke ich, dass das ein Riesenfehler war, doch in dieser Situation sah ich keinen anderen Ausweg.

Ich war sehr überzeugend – und die Abtreibung wurde durchgeführt. Als es so weit war, fuhr ich mit Sabine ins Krankenhaus und war die ganze Zeit bei ihr. Ich glaube, ich habe noch nie so ausdauernd geweint wie an diesem Tag. Natürlich hatten die Ärzte vorher gefragt, ob alle Beratungsgespräche stattgefunden und wir die Alternativen bedacht hätten. Aber das hatten wir nicht.

Der Hauptgrund war: Ich wollte nicht. Ich hatte Angst. Das Zusammenleben mit Sabine war für mich inzwischen immens anstrengend geworden. Die Kinder bekamen Probleme. Sabine hatte regelmäßig Schreianfälle. Einmal schnitt sie sich sogar die Pulsadern auf. Wie sollte das weitergehen?

Typisch war auch eine im Nachhinein eher lustige Begebenheit. Wir hatten geplant, übers Wochenende zu zweit nach Holland zu fahren, die Kinder sollten währenddessen bei Oma und Opa sein. Sabine rief mich an und fragte: »Wann können wir losfahren?«

Ich antwortete: »Das dauert noch ein bisschen, ich muss meine Büroarbeit für heute noch abschließen, aber danach können wir direkt los.«

Kurz darauf sah ich, wie unser Auto aus dem Hof fuhr. Wahrscheinlich tankt Sabine noch, dachte ich, aber als sie nicht zurückkam, war mir klar, dass sie aufgebrochen war. Eine SMS von ihr schaffte Klarheit: »Erst wolltest du nicht – jetzt will ich nicht. Gruß, Sabine.«

Am nächsten Tag wäre bei ihr sicher alles wieder in Ordnung gewesen, aber darauf wollte ich mich wiederum nicht einlassen. Also schaute ich nach, welches Auto ich noch für einen Kurzurlaub zur Verfügung hatte. Als Schreinerei boten wir auch Bestattungen an – und der einzige Wagen, der noch im Hof stand, war der Leichenwagen. Ich setzte mich rein und fuhr damit nach Antwerpen. Der Vorteil lag auf der Hand: Mit einem Leichenwagen hält dich niemand auf. Ich fuhr also mitten in die Stadt, parkte, ließ es mir gut gehen und »tankte« an diesem Abend ordentlich.

Als ich zum Auto zurückkam, war davor und dahinter ordentlich Platz. Offensichtlich traute sich niemand, einen Leichenwagen einzuparken. Ich legte mich im Schlafsack in die Wanne im Kofferraum, in der sonst die Särge stehen. Wahrscheinlich hätte ich das Auto gar nicht abzuschließen brauchen. Wer bricht schon in einen Leichenwagen ein?

Am nächsten Morgen gab es nur eine Ausstiegsmöglichkeit: Ich musste die Heckklappe öffnen und mich mitsamt dem Schlitten auf die Straße katapultieren. Was haben die Leute geschaut, als ich da sehr lebendig in meinem Schlafsack lag. Ich bin danach ziemlich schnell weitergefahren.

Doch alles Leichte wird schwer, wenn ich an die Abtreibung denke. Für mich war und ist das bis heute Mord. Früher hätte ich gedacht, dass Gottes Vergebung vor so etwas haltmacht, dass sie nicht mehr greift, wenn Menschen zu Schaden kommen. Heute denke ich: Natürlich gilt Gottes Vergebung auch dann – gerade dann. Trotzdem würde ich es gern rückgängig machen. Unser Kind wäre heute achtzehn oder neunzehn Jahre alt.

Es hat mir damals das Herz gebrochen. Denn was gibt es Schlimmeres als Mord?

ICH WILL HIER RAUS

An einem Ostermontag ging ich mit meinen Kindern ins Schwimmbad. Esra war gerade sechs Jahre alt geworden und stand kurz vor der Einschulung. Er konnte schon schwimmen, aber an diesem Tag wollte er mir zeigen, wie mutig er war. Er stand auf dem Drei-Meter-Turm, um zu springen. »Papa, guck mal«, rief er von oben, doch dann rutschte er mit seinen nassen Füßen aus, glitt an der Seite durch das viel zu hohe Geländer des Turms und schlug mit dem Gesicht neben dem Wasser auf den Beckenrand auf. Im ganzen Schwimmbad war Grabesstille.

Alles passierte nur noch in Zeitlupe. Ich rannte, wie ich noch nie gerannt bin, um zu ihm zu kommen. Er lag völlig bewegungslos in einer Lache aus Blut, und es schien kein Leben mehr in ihm zu sein. Aber auf einmal fing er an zu schreien – das war das beste Schreien, was ich je gehört habe.

Sein Kiefer war quasi geplatzt. Die ganzen Badegäste standen erst wie erstarrt und drängten sich dann heran. Der Bademeister rief sofort den Notarzt, dann ließ er das Schwimmbad sperren. Erst sollte ein Hubschrauber kommen, um Esra ins Krankenhaus zu fliegen, aber der war bereits unterwegs, also kam schließlich ein Notarztwagen. Naemi gab ich einer Bekannten mit, so konnte ich nach Wiesbaden in die Dr.-Horst-Schmidt-Kliniken mitfahren. Die paar Kilometer waren gefühlt eine meiner längsten Autofahrten.

Operationen

Im Krankenhaus angekommen wurde Esra sofort notoperiert. Er war um die sechzehn Stunden im OP, und ich saß zitternd vor Angst und Kälte im Flur – ich hatte mir zwar etwas übergeworfen, aber ich war noch in der Badehose. Irgendwann kam eine Schwester und sah nach mir. Sie organisierte mir etwas zum Anziehen, und ich konnte duschen. Dann ging das Warten weiter. Als Esra schließlich aus dem OP kam, erkannte ich ihn fast nicht, so verquollen und bandagiert war er.

Doch die Ärzte hatten eine super Arbeit gemacht. Sie haben geschraubt, genagelt, Platten eingesetzt und repariert, was zu reparieren ging. Heute sieht man praktisch nichts mehr von dem Unfall, aber bis dahin war es noch ein weiter Weg an Folge-OPs, Nachbehandlungen, Spangen und Zahnersatz.

Ich war so dankbar: Mein Junge lebte. Das war erst einmal alles, was zählte. Und ich wusste, dass Gott da seine Hände im Spiel gehabt hatte, denn eigentlich hätte er diesen Sturz kaum überleben können.

Einige Zeit später erfuhr ich, dass die Schwachstelle im Schwimmbad schon lange bekannt war. Seit 1986 hatte das Schwimmbad die dringende Anweisung, das Geländer am Sprungturm umzubauen. Natürlich war ich unverändert dankbar, dass Esra lebte, aber die Geschichte zeigte mir wieder einmal, dass bei uns im deutschen Rechtsstaat mit zweierlei Maß gemessen wird. Wenn ich irgendwo das Gesetz einmal weit auslegte, dann traf es mich jedes Mal mit voller Härte. Aber die Verantwortlichen für das Schwimmbad hatten die gesetzlichen Regeln fast zwanzig Jahre lang ignoriert, einfach weil sie es konnten. Es war ihnen schlichtweg egal, und sie mussten nach dem Unfall keine Folgen tragen – nur das Geländer wurde endlich saniert. Diese Unverhältnismäßigkeit machte mir zunehmend Mühe. Natürlich war es nicht in Ordnung, wenn ich meine Lkw mit Heizöl betankte, um ein paar Cent zu sparen, aber die Verantwortlichen hier hatten mit Menschenleben gespielt.

Heute weiß ich, dass solche Vergleiche niemandem helfen und einen immer unzufrieden zurücklassen. Doch wenn es nicht um irgendeine theoretische Schwierigkeit geht, sondern das eigene Kind beinahe ums Leben gekommen wäre, fragt man sich automatisch, warum die Verantwortlichen mit so was durchkommen.

Der Schlussstrich

Nach dem Unfall wurde mir klar, dass ich nicht so weitermachen wollte wie bisher. Die Firma war schon vorher eine große Belastung für mich gewesen – jetzt war sie untragbar. Meine Ex-Frau half mir zwar ab und zu mit den Kindern, aber neben der ganzen Arbeit war doch meistens ich mit Esra zu den Ärzten unterwegs.

In irgendeinem der tausend Wartezimmer fiel die Entscheidung: Ich hör auf. Aber wie sollte das gehen? Wie kam ich aus der Geschichte heraus?

Ich fuhr an einem der nächsten Arbeitstage zum zuständigen Amtsgericht, erklärte meine Lage und sagte: »Ich möchte einen Insolvenzantrag gegen mich selbst stellen.«

Doch die Richterin schüttelte den Kopf: »So einfach geht das nicht. Sie haben Personal, volle Auftragsbücher und eine Bank, die Ihnen den Hahn gar nicht abdrehen möchte. Sie können keine Insolvenz erklären. Bei allem Verständnis für ihre private Situation: Sie haben eine Verantwortung für die Menschen, die bei Ihnen arbeiten.«

»Gute Frau, ich schaff das nicht.«

»Okay, dann mache ich Ihnen einen Vorschlag: Sie entlassen all Ihre Mitarbeiter in Brot und Lohn – dann lasse ich Ihren Insolvenzantrag durchgehen.«

Meine Mitarbeiter lagen mir auch am Herz, und ich wollte sie nicht auf der Straße sehen. Deshalb war ich sofort einverstanden. Es war eine sportliche Herausforderung, aber ich habe sie fast erfüllt. Einen nach dem anderen konnte ich an andere Firmen vermitteln, sodass niemand anschließend auf der Straße saß. Nur bei zweien ist es mir nicht gelungen: Maria war gerade in Mutterschutz gegangen und wusste nicht, ob und wann sie danach wieder arbeiten würde, und Peter war ein Sonderfall. Er und seine Geschwister waren auf einem Aussiedlerhof zur Welt gekommen und hatten sogar ihre eigene Sprache entwickelt. Wenn sie nicht wollten, dass man sie verstand, wechselten sie in ihre Privatsprache.

Peter stotterte schrecklich, wenn er aufgeregt war. Er ist gelernter Schreiner und ein begnadeter Handwerker – was aber nur die wenigsten realisieren. Letztlich ist er mir als Mitarbeiter erhalten geblieben, worüber ich noch heute sehr froh bin. Wir beide sind heute noch ein gutes Team und helfen uns gegenseitig, wo wir können.

Bei der Meldung ans Amtsgericht »unterschlug« ich ihn: »Ich habe alle weitervermittelt«, meldete ich der Richterin. Ich bekam einen Insolvenzverwalter, und die Firma wurde abgewickelt. Das war gar nicht so leicht, wie es sich anhört. Es hagelte Anzeigen. Einige dachten, dass ich Hunderttausende veruntreut und beiseitegeschafft hätte. Diese Anklagen verzögerten das Verfahren zwar, aber es stellte sich bald heraus, dass nichts daran war: Mein Insolvenzantrag ging durch.

Privat konnte ich ebenfalls vieles klären: Die Beziehung zu Sabine hatte ich beendet. Ich verhalf ihr zu einer Wohnung in ihrem

Heimatort, und wir gingen einigermaßen im Frieden auseinander. Auch die Behandlung von Esra machte große Fortschritte.

So wurde das konkret, wovon ich schon seit Jahren träumte: die Auswanderung nach Island. Ich begann, meinen Hausstand aufzulösen. Aus der Insolvenzmasse konnte ich mir einen alten Vierzigtonner kaufen, den belud ich mit allem, was meine Kinder und ich für einen Neuanfang brauchten. Meine Pläne hatte ich bei den letzten Reisen auf die Insel bereits mit einigen Isländern besprochen. Sie unterstützten das Ganze und waren für mich da. Den Papierkram hatte ich erledigt, auch die Fähre war bereits gebucht.

Ich wollte mit dem Lkw über Dänemark und die Färöer-Inseln nach Island fahren, dort in Akureyri einen Hof mieten und dann in einer Fischfabrik oder auf einem Fischtrawler arbeiten. Auch Schafe wollte ich halten, das kannte ich noch von meinen Großeltern mütterlicherseits. Die hatten Schafe und sogar Maschinen, um die Wolle zu kämmen, sie also zu krempeln.

Das war mein Wunsch – aber irgendwie hatte Gott einen ganz anderen Plan.

Andrea

Während ich auf die Genehmigung meiner Passage wartete, setzte ich mich noch einmal mit meinen Hauptschuldnern in Verbindung. Zum Zeitpunkt meiner Insolvenz hatte ich um die 700 000 Mark Schulden bei der Bank und fast zweieinhalb Millionen Mark Außenstände. Es hätte also ziemlich gut funktioniert, wenn ich das Geld bekommen hätte, das mir zustand. Dann hätte ich dem Insolvenzverwalter einiges an Mitteln zur Verfügung stellen können. Daher telefonierte ich noch einmal mit ein paar Leuten.

Als ich einen meiner Schuldner sprechen wollte, hatte ich stattdessen plötzlich seine Frau Andrea am Telefon. Ich hatte sie bei einem Treffen mit meinem Schuldner kennengelernt und ahnte nicht im Entferntesten, dass ich sie einmal heiraten würde.

Ich plante, meine Außenstände einzufordern, aber daraus wurde nichts. Andrea klagte über die Schwierigkeiten im Geschäft, die durch ihren Mitinhaber verursacht wurden. Das Telefonat endete damit, dass sie mich bat: »Können Sie nicht mal vorbeikommen und mir helfen? Ich versteh die Buchhaltungsangelegenheiten nicht, und meine Kinder halten mich permanent auf Trab.«

Ich sagte zu. Auf der ganzen Fahrt zu ihr nach Nastätten nannte ich mich selbst einen Dummkopf. Warum ließ ich mich so kurz vor meiner Ausreise da reinziehen? In einem kleinen Büro unter dem Dach setzte ich mich an den Schreibtisch und versuchte, mir aus den Büchern und den losen Rechnungen einen ersten Überblick zu verschaffen. Das Ergebnis war hoffnungslos. Irgendwann kam Andrea und fragte mich: »Wie sieht es denn aus? Ist es schlimm?«

»Schlimmer«, antwortete ich. »Eigentlich kannst du den gesamten Laden direkt dichtmachen.«

»Aber wie soll ich das alleine hinbekommen? Und wovon sollen wir leben?«, fragte sie verzweifelt.

In den nächsten Wochen half ich Andrea, wo ich nur konnte. Wir sortierten die Unterlagen, beriefen ein Treffen mit allen Leuten ein, denen sie etwas schuldete, und erklärten ihnen die Situation. Vor allem überlegten wir, wie es weitergehen könnte.

Inzwischen hatte ich die Fährpassage längst erhalten. Ich buchte die Tickets um und verschob meine Auswanderung. Ich buchte sie mehrmals um – und irgendwann gab ich die Tickets zurück. Es war November 2003. Der Lkw stand gepackt bei mir in Nochern im Hof, aber ich konnte nicht fahren. Ich räumte ihn wieder aus.

EINE NEUE FAMILIE

»Kann einer allein so dumm sein wie du, Titus?« Das fragte ich mich in der nächsten Zeit öfter. Ich wollte die Schwierigkeiten in Deutschland längst hinter mir gelassen haben und auf Island meinen Traum leben. Das wäre zwar auch Arbeit geworden, aber eine überschaubare und ruhige mit schöner Perspektive. Und was tat ich stattdessen? Ich blieb da, wo ich schon genug Probleme hatte, und lud mir noch weitere auf.

Andrea war zu diesem Zeitpunkt noch verheiratet, aber ihr Mann war längst ausgezogen. Das erleichterte manches, aber wie sollte ich mit einer Frau mit fünf Kindern umgehen, die mir erst nur leidgetan hatte, die ich aber Tag für Tag lieber gewann? Was sollten wir mit dem Geschäft anfangen, das einerseits längst am Ende war, andererseits aber ihre Lebensgrundlage?

Wegen meiner gerade erst abgeschlossenen Insolvenz konnte ich mich nicht so einbringen, wie ich eigentlich gewollt hätte, aber wir fanden einen Weg. Was ich nicht ahnte: Damit stand ich bereits mit einem Bein im Gefängnis. In Nochern stand noch alles Mögliche herum, was ich verkaufen und zu Geld machen konnte. Da flossen keine Riesenbeträge, aber es kam etwas Geld in die Kasse. Allerdings hätte ich all diese Dinge erst offiziell in die Firma einlegen müssen, damit ich sie anschließend offiziell verkaufen konnte.

So habe ich sie zusammen mit meinen Privatsachen verkauft und alles vermischt.

Mit diesem Geld, dem restlichen Vermögen von Andrea und einem guten Zuschuss von meinen Eltern konnten wir eine Handelsgesellschaft eröffnen und die Café-am-Römer GmbH gründen. Meine Schwester stieg als Geschäftsführerin in die GmbH ein – das durfte ich wegen der gerade abgeschlossenen Insolvenz meiner Schreinerei noch nicht – und stellte mich als Teilhaber ein. Dieses ganze Drumherum war nötig, damit wir schon im Dezember das Café wiedereröffnen konnten, obwohl die Zwangsversteigerung anstand. Es war die einzige Möglichkeit, Geld zu verdienen.

Unsere Situation war die folgende: Das Café war wieder geöffnet, baulich war es jedoch fast eine Ruine. Der Betrieb hatte zweieinhalb Millionen Mark Schulden, die wir nun übernahmen. Die Kreisverwaltung wollte die dazu gehörende Bäckerei wegen hygienischer Mängel schließen. Die Bank brauchten wir nicht wegen eines Kredits zu fragen – die hätten uns nur ausgelacht. Also tat ich das, was ich schon immer gut gekonnt habe: aus nichts etwas machen.

Peter aus der Schreinerei war immer noch regelmäßig bei mir. Anfangs wollte ich ihn wegschicken, doch er antwortete nur: »Wohin soll ich denn gehen?« Und er hockte nicht nur bei mir am Küchentisch, sondern er arbeitete mit, auch jetzt.

Wir brauchten eine neuere Einrichtung, aber woher sollten wir die bekommen? Damals war die Startzeit von Plattformen wie eBay. Dort machten wir uns auf die Suche nach Maschinen und Einrichtung aus Geschäftsauflösungen. Wenn eine Meldung wie die folgende kam: »Alles zusammen für 1 Euro – Selbstabbau bis morgen Abend«, schlugen wir zu und machten uns auf den Weg nach Norderstedt oder Berlin. In einem alten Kleinlaster, der schon längst keinen TÜV mehr hatte, fuhren Peter und ich quer durch die Republik und sammelten

Geräte ein, die wir gebrauchen konnten: einen Backofen genauso wie ein Kühlhaus. So bekamen wir für etwas mehr als die Benzinkosten so langsam eine passende Einrichtung zusammen. Was nicht geeignet war, verkauften wir wieder; was okay war, richteten wir her und nahmen es in Betrieb. Innerhalb kürzester Zeit wurde ich so zum Experten in Bereichen, an die ich früher nicht einmal gedacht hatte.

Es war eine abenteuerliche Zeit. Andrea zog erst einmal zu mir nach Nochern. Julia, die älteste Tochter, fing an, bei uns zu arbeiten, Anastasia und Sina begannen eine Ausbildung in einem Café in Köln, Maximilian zog zu seinem Vater und Sissi, die Jüngste, wohnte bei uns. Sie war gehbehindert.

Bald darauf flatterte eine Anzeige ins Haus: Der frühere Mitinhaber beschuldigte uns, die Insolvenz von Café und Bäckerei gemeinsam von langer Hand geplant und betrügerisch durchgeführt zu haben. Von dem Zeitpunkt an ermittelte die Staatsanwaltschaft gegen mich.

Backen ohne Kamin?

Wir sahen einfach kein Land. Das Nachbarhaus hatte ursprünglich zum Café gehört, aber es wurde zwangsversteigert. Auf diesem Grundstück waren der Wintergarten des Cafés und vor allem der Kamin der Bäckerei, die Mehlsilos und die Wasserversorgung. Ein Architekt sah seinen Vorteil. Er wusste, dass wir das Grundstück kaufen mussten. Doch den Preis, den er aufrufen ließ, konnten wir nicht zahlen. Das Grundstück kam unter den Hammer und ging weg. Ich fragte meinen Anwalt: »Das kann doch nicht sein. Gibt es irgendetwas, das ich tun kann?«

»Nein«, antwortete er mir ganz klar. »Ich kann das Ganze noch etwas verzögern, aber du musst damit rechnen, dass du eine Gewerbeuntersagung bekommst, denn ohne Kamin kannst du deine Bäckerei nicht betreiben. Auch die Mehlsilos brauchst du. Das ist scheiße, weil sie dich in der Hand haben, aber sie sitzen am längeren Hebel.«

Immerhin konnte er das Ende noch zwei Jahre hinauszögern, dann musste ich mit der Backstube umziehen. Während dieser Zeit entwickelte ich einen Plan B. Die Handelsgesellschaft und die Café-am-Römer GmbH kauften von der Bank meine alte Schreinerei in Nochern zurück. Ich arbeitete auch wieder etwas als Schreiner, aber das Wichtigste war, in einer Werkshalle eine Backstube einzubauen. Wir mussten ja produzieren und das ging in Nastätten nicht mehr. Die Gemeinde in Nochern war einverstanden – leider fehlten uns die Mittel.

Andrea hatte sieben Auszubildende und genauso viele Außengeschäfte. Die Bäckerei- und Café-Filialen lagen im halben Taunus verstreut. Also kauften wir uns die benötigte Einrichtung zusammen, wie wir es vorher getan hatten. Peter war während dieser Zeit fast bei uns eingezogen. Bezahlen konnte ich ihn nicht, doch die treue Seele blieb und aß bei uns mit.

Wann immer wir eine zwangsversteigerte Bäckerei fanden, die geräumt werden musste, waren wir zur Stelle, ob am Alpenrand oder an der Nordseeküste. In Berlin haben wir einmal innerhalb von achtundvierzig Stunden zwei komplette Bäckereien ausgeräumt und in unseren altersschwachen Lkw gepackt, in dem wir dann völlig übermüdet im dicksten Schneesturm wieder heimgefahren sind. Wenn uns die Geräte zu groß waren, hielten wir Passanten auf der Straße an und baten sie um Hilfe. Wenn wir nicht verstanden, wie man sie überhaupt demontieren konnte, riefen wir bei den Herstellern an und fragten nach. Für den Ausbau aktivierten wir Handwerker im Ruhestand, die in der Nachbarschaft wohnten. Für genau einen Monat stellte ich einen Fliesenleger an. Während dieser Zeit flieste er mir 1 000 Quadratmeter Wandfläche. Als in der Gegend Häuser abgerissen wurden, bekamen wir die übrigen Dämmplatten und konnten damit die Backstube isolieren.

Irgendwann lief die Backstube: mit vier Öfen und einer Ausstattung, die sich sehen lassen konnte – jetzt jedenfalls. Als das Finanzamt später den Betrieb schätzte, wurde unsere Arbeitsweise zum Problem. »Sie haben keine eigenen Mittel gehabt und einen Kredit über 300 000 Euro aufgenommen«, meinte der Gutachter. »Aber allein die Backstube hier ist über eine Million wert. Wie haben Sie das bezahlt?« Wie erklärt man so einem Menschen, dass wir das aus Müll und Dreck gebaut hatten? Dass es nächtelanger Einsatz war? Und dass die Quittung über einen Euro tatsächlich für eine komplette Geschäftsausstattung stand? Dass die Abwasserrohre eigentlich im Atomkraftwerk in Jülich verbaut werden sollten, wir sie aber geschenkt bekamen, weil etwas nicht passte und sie sonst in den Müll gewandert wären? Er verstand es nicht.

Leben von nichts

Die Erfolgsgeschichte der Schreinerei wiederholte sich nicht, aber auch die Café-Kette wuchs. Wir mieteten uns günstige Geschäfte in alten Häusern und brachten die Läden in Eigenleistung wieder auf Vordermann. Wir richteten sie ein und stellten Leute zum Verkauf an. Ihnen zahlten wir die Löhne, uns selbst oft nicht, denn wir mussten ja die zweieinhalb Millionen D-Mark Schulden abzahlen.

Sehr oft wussten wir buchstäblich nicht, wie es weitergehen sollte. Aber diese Zeit hat Andrea und mich in einer ganz besonderen Weise zusammengeschweißt. Wir haben geheiratet. Wir haben zusammen geschuftet. Wir haben uns geliebt. Wir sind sogar einmal in Urlaub gefahren: mit fünf Kindern im Wohnwagen für ein langes Wochenende. Zu mehr hat es nicht gereicht. Aber trotzdem waren wir glücklich.

Andrea ist Konditormeisterin und ich bin Schreiner. Damit waren die Aufgaben bei uns klar verteilt: Sie kümmerte sich um das Café »Schöne Aussicht« in Nastätten und alles, was mit dem Backen zu tun hatte. Ich kümmerte mich um die kleine Kneipe, die direkt ans Café angebaut war, und um den Rest.

Zu meinem vierzigsten Geburtstag schenkte mir Andrea etwas ganz Besonderes: einen Flug für uns beide nach Island. Die Idee hatte sie gehabt, die Tickets kamen von ihrem Vater. Erst meinte ich, dass das jetzt einfach nicht dran sei, doch dann dachte ich an Island und wir flogen.

Wieder in Island

Die Insel im Norden war eine Premiere für Andrea, und ich wollte ihr all das zeigen, was mich hier so begeisterte. Mit dem Mietwagen fuhren wir erst an ein paar schöne Stellen an der Küste und anschließend ins Landesinnere nach Landmannalaugar. Die fantastische Gegend mit Vulkanen, heißen Quellen und bunten Bergen war wunderbar.

Wir hatten bereits etliche Flüsse durchquert, und schließlich kamen wir zwischen Felsen und Mooslandschaft direkt neben einer heißen Quelle an einer Schutzhütte an. Offensichtlich waren wir die Einzigen, wir konnten es uns daher ungestört gemütlich machen. Also gingen wir so, wie Gott uns geschaffen hatte, ins Wasser und genossen die Wärme.

Andrea hatte schon mitbekommen, dass mit dem heißen Baden nicht zu spaßen war. Kurz vorher waren wir in der Gegend von Reykjavík in der berühmten Blauen Lagune gewesen. Das Wasser in diesem Naturschwimmbad ist unwirklich blau, weil dort alles voll mit Kieselalgen ist. Andrea friert leicht, und dieser Tag war kalt und regnerisch gewesen. Sie war also ins Wasser der Blauen Lagune gegangen und wollte gar nicht mehr rauskommen. Immer wieder sagte ich, dass es jetzt genug wäre, und Andrea hatte immer eine Antwort parat: »Och, du bist ein Spielverderber.« – »Nur noch zehn Minuten.« – »Schau mal, wie da hinten das Wasser verdampft.«

Irgendwann fielen ihr keine Ausreden mehr ein, außerdem wurde ihr langsam ganz seltsam zumute. Ich half ihr heraus, und in dem Moment merkte sie: »Mann, bin ich fertig.« Ich schaffte es gerade noch, sie ins Auto zu bugsieren, dann schlief sie ein. Sie war nicht einfach müde, sie lag fast im Koma.

Hier in Landmannalaugar wusste Andrea daher Bescheid und nach einer Weile Entspannung in der Quelle stiegen wir aus. Ich erklärte ihr, dass wir echt Glück hätten, allein zu sein, weil hier eigentlich ein beliebter Treffpunkt für Jugendliche war. Sie kamen gern her, um Musik zu hören, Party zu machen und einen über den Durst zu trinken. Kaum hatte ich geendet, sahen wir Autos kommen. Eine ganze Schlange an Geländewagen war auf dem Weg zu uns – bald würden die jungen Leute da sein.

Auf so viel Gesellschaft hatten wir keine Lust, also stiegen wir in unseren Allradwagen und fuhren weiter. Dreißig bis vierzig Kilometer entfernt war noch eine Schutzhütte. Sie war viel kleiner und hatte keine so malerische Umgebung, aber sie war ziemlich sicher leer. In Island bedeutete diese Strecke, dass wir noch ein paar Stunden unterwegs sein würden, aber wir hatten ja Zeit.

Eine unerwartete Begegnung

Wir waren schon ein gutes Stück vorangekommen, da schaute ich plötzlich nach vorne und rief erstaunt: »Guck mal, da sind Leute.«

»Quatsch«, antwortete sie. »Wo sollen hier draußen Menschen herkommen – und dann noch zu Fuß.«

»Doch, ich seh es genau.«

»Nein. Wir können froh sein, wenn wir mit dem Auto die nächste Schutzhütte erreichen. Wahrscheinlich sind es Schafe.«

Als wir den nächsten Abhang hinunter und die nächste Steigung hinaufgefahren waren, rieb sich Andrea die Augen.

»Du hast recht. Da laufen tatsächlich Menschen.«

Auf isländischen Straßen kommt man nur sehr langsam voran, daher war klar, dass es noch eine Weile dauern würde, bis wir bei ihnen waren. Als wir sie erreichten, fuhren wir nicht an ihnen vorbei, denn das macht man in so einer Situation in Island nicht. Sie waren zu zweit. Voran ging eine junge Frau, die für isländische Verhältnisse normal gekleidet war: Sie trug Wanderschuhe, eine Jeans und eine passable Allwetterjacke. Danach kam ein Mann, der überhaupt nicht ins System passte. Er trug Lackschuhe, eine Nadelstreifenhose, ein weißes Hemd und einen dünnen Staubmantel. Als wir auf ihrer Höhe waren, ließen wir das Fenster herunter und ich fragte: »Can I help you?«

»Oh yes, our car is broken in the river«, antwortete der Mann.

»Du, die Idioten haben ihre Kiste im Fluss versenkt«, sagte ich zu Andrea.

In diesem Moment rief die Frau aus: »Gott sei Dank. Es sind Deutsche.«

Wir beide stiegen aus und ich fragte den Mann: »Geht's euch noch gut? Da hinten sieht es nach Schneesturm aus, die Schneeschmelze hat gerade eingesetzt. Wir haben Frühjahr in Island, und ihr lauft hier rum wie in der Sommerfrische. Woher kommt ihr eigentlich?«

»Wir wollten nach Landmannalaugar.«

»Mit den Tretern?«

Ich wusste schon: Die beiden hatten wir erst einmal an der Backe. Also stellte ich uns vor: »Ich bin übrigens der Titus und das ist die Andrea.«

»Das ist aber sehr persönlich«, entgegnete er, »mein Nachname ist Steffens.« Er blieb beim Sie.

»Tina«, lächelte seine Begleiterin.

Sie hatte offensichtlich keine Probleme mit Nähe. Steffens erzählte kurz: »Island habe ich mir ganz anders vorgestellt. Ich habe einen Camper gemietet und wir haben uns auf den Weg zu dieser Hütte gemacht …«

»Wie«, unterbrach ich ihn, »du warst noch nie in Island, informierst dich nicht und fährst dann eine Strecke, die nur für Einheimische und Leute mit Erfahrung geeignet ist?«

»Ja, aber die Strecke war doch kürzer als die andere …« Dazu sagte niemand etwas. Wir wussten alle, wie viel Zeit sie gespart hatten.

»Okay, Meister«, wandte ich mich noch mal an ihn, »wir kommen gerade von Landmannalaugar und werden nicht mehr dahin zurückfahren, denn dann kommen wir heute nirgends mehr an. Was kann ich für euch tun?«

»Nur hier weg«, entgegnete er.

»Okay, dabei kann ich euch helfen. Habt ihr noch Sachen im Auto?«

Tina antwortete: »Eigentlich alles.«

Steffens steckte die Hand in die Hosentasche und holte seine Brieftasche heraus.

»Ich glaube, die interessiert jetzt niemanden«, sagte ich.

Schnell räumten Andrea und ich die Rückbank unseres Vitara leer – der kleine Geländewagen war eigentlich nicht für vier Personen mit Gepäck geeignet. Dann ging Andrea zu Tina nach hinten und Steffens saß auf dem Beifahrersitz. Er konnte mir ungefähr erklären, wo sie ihren Camper im Fluss festgefahren hatten – da mussten sie schon eine ganze Weile gelaufen sein. Und er erklärte mir ebenfalls, dass er sich für den Weg durch den Fluss sogar ausgezogen hätte.

»Okay, dann schauen wir mal, ob wir die Karre finden«, meinte ich, fuhr los, öffnete das Handschuhfach und holte eine Flasche Tullamore Whiskey heraus. Er schaute mich streng an. »Wir fahren doch!«

»Klar, aber draußen sind es drei Grad, und ich bin nicht halb erfroren.« Er nahm einen Schluck.

Stocksteif saß er neben mir, bis wir schließlich einen kleinen Fluss erreichten – noch nicht »seinen«. »Um Gottes willen, wie sollen wir denn hier durchkommen?«, rief Steffens ängstlich.

»Ganz einfach, so geht das.« Ich schaltete den Allradantrieb zu und fuhr mit Schwung in den Fluss, leicht gegen die Strömung. Das Wasser schlug fast über dem Dach zusammen, aber eigentlich reichte es uns nur bis zur Motorhaube. Dann trat ich das Gas durch und mit Schwung waren wir schon wieder herausgefahren.

»Das kann man doch nicht machen«, rief Steffens entsetzt.

»Natürlich, wir sind sogar auf der anderen Seite angekommen.«

Im nächsten Fluss sahen wir den Camper: ein absoluter Luxusgeländewagen mit Camperaufbau. Und er steckte mitten im Wasser. Wahrscheinlich war Steffens hineingefahren, hatte es mit der Angst zu tun bekommen, wollte wenden – und das war's. Die Motorhaube schaute noch gut aus dem Wasser, aber der Camper hinten war schon ziemlich geflutet. Steffens schaute mich hoffnungsvoll an: »Wie ziehen wir den denn wieder heraus?«

»Mit dem Vitara? Gar nicht. Da braucht man schweres Gerät, vielleicht einen Traktor.«

»Aber das dauert ja ewig, bis der hier ist.«

»Das ist nicht mehr unser Problem. Schaut, dass ihr alles herausholt, was ihr jetzt braucht, denn wenn die Schneeschmelze richtig einsetzt, wird der Camper bestimmt weggetrieben.«

Mein Beifahrer rief hektisch: »Dann sollten wir mal telefonieren.«

»Hier? Hat jemand Netz? Seht ihr eine Telefonzelle?«

»Dann rufen wir eben Hilfe.«

»Der nächste Ort ist vierundfünfzig Kilometer entfernt – dahin bräuchten wir Stunden.«

Steffens hatte noch jede Menge gute Ideen. Als es darum ging, das Wichtigste aus dem Auto zu bergen, wollte er lieber hingefahren werden als selbst hineinzulaufen.

»Das werde ich sicher nicht tun«, entgegnete ich. »Dann stehen nämlich zwei Autos mitten im Wasser.« Ich fuhr durch den Fluss und parkte auf der anderen Seite.

»So wäre ich nie durch den Fluss gefahren«, sagte Steffens.

Ich verkniff es mir, zu antworten: »Das sieht man.«

Umständlich zog er sich bis auf die Boxershorts aus, kämpfte sich zum Auto durch und stellte dann fest, dass alles darin nass war. Er holte eine Tasche heraus, eine Tüte und ein paar Kleinigkeiten. Alles zusammen passte gerade noch in unseren Wagen und dann konnten wir los.

»Ihre Schutzhütte liegt doch gar nicht auf unserem Weg«, wandte er ein, doch mein Entschluss stand fest: »Ich bin platt wie ein Fisch und brauche ein Bett – und das ist die nächste Hütte.«

Endlich kamen wir an der Schutzhütte an. So richtig dunkel wurde es in den Nächten um diese Jahreszeit nicht, doch es war schon ziemlich spät. Wir öffneten die Tür und sahen: ein Doppelstockbett, eine Liege, einen Tisch, eine Kerze und einen Ofen mit etwas Brennholz davor. Das war nicht viel, aber uns reichte es. Wir brachten unser Gepäck ins Haus, ich zündete die Kerze an und baute meinen Campingkocher auf.

»Ihr esst doch mit, oder?«, fragte ich kurz.

Mein Begleiter sagte schnell: »Nein, wir haben keinen Hunger, und wir wollen Ihnen auch keine Umstände machen.«

Ich schaute ihn streng an: »Zum letzten Mal: Ich bin der Titus.«

»Okay, ich bin der Wolfgang.«

Ich stellte die Pfanne auf den Kocher und brutzelte etwas Schinkenspeck, stellte den Whiskey auf den Tisch und eine Flasche Wasser daneben, und Andrea schnitt schon einmal das Brot und etwas Paprika. Braucht man mehr zum Leben? Noch einmal fragte ich, ob sie nicht doch etwas essen wollten. »Vielleicht eine Kleinigkeit«, war die Antwort. Letztlich hatten sie solchen Hunger, dass das Essen gerade so reichte.

Dann griff Wolfgang in seine Tasche und sagte, er wolle auch etwas zum Mahl beitragen. Er habe da ein Fläschchen Wein aus Oestrich Winkel mit, das ziemlich wertvoll und eigentlich für einen besonderen Anlass gedacht sei.

»Oh«, antwortete ich, »den Winzer kenne ich. Der wohnt ja bei uns um die Ecke.«

Wolfgang schaute sich suchend um. Korkenzieher war keiner da, doch der Korken war schnell in die Flasche gedrückt, und statt aus Gläsern ließ sich dieser edle Tropfen problemlos aus der Flasche trinken. Den Wein tranken wir aus, den Rest des Whiskeys packte ich weg und dann verkündete ich: »Nachtruhe! Der Tag heute war lang, und morgen wird es auch anstrengend.« Andrea und ich eroberten uns das obere Stockbett, und ich löschte das Licht.

»Weißt du, wer ich bin?«

Kurze Zeit war es ruhig, dann fragte Wolfgang: »Du, Titus, weißt du eigentlich, wer ich bin?«

»Nöö, und um die Uhrzeit ist mir das ziemlich egal.« Stille.

»Interessiert dich das gar nicht? Wir schlafen ja jetzt immerhin im gleichen Raum.«

»Eigentlich nicht, ich will schlafen.« Stille.

»Die Frau, die neben mir liegt, ist nicht meine Frau.«

»Okay, jetzt erzähl schon, oder soll ich die Kerze wieder anmachen?«

Er seufzte: »Dass ich das erleben muss. Die Story kann ich ja noch nicht einmal weitererzählen. Und es wäre schön, wenn du sie auch niemandem erzählen würdest.«

»Das kann ich jetzt nicht versprechen. Ich muss ja keine Namen nennen …« Stille.

»Ich hab da ein Problem. Wenn du mich zufällig irgendwo wiedererkennen würdest, würdest du das hier dann erzählen?«

»Bist du etwa bekannt aus Film, Funk und Fernsehen?«

»Ja. Ich bin ein einigermaßen prominenter Anwalt und sitze auch noch im Bundestag.«

»Und jetzt?« Stille.

»Jetzt möchte ich noch loswerden: Die Frau, die hier neben mir liegt, ist meine Sekretärin.«

»Okay, aber ich möchte nun trotzdem schlafen.«

Die Nacht war unruhig und die Ausstattung eher spartanisch. Doch irgendwann war der Morgen da. Als ich aufwachte, stand Wolfgang schon im Bademantel da und hatte den Kulturbeutel in der Hand. »Wo ist denn hier das Badezimmer? Ich möchte duschen gehen.«

Wir gingen zusammen zum nächsten Wasserfall. Ich hatte schon Erfahrung mit der biologischen Kaltwasserdusche, seifte mich nur wenig ein, weil weiches Wasser die Seife schlecht abwäscht, und duschte mich rasch. Wolfgang seifte sich ein, als gäbe es kein Morgen. Als er anschließend unter dem Wasserfall stand, jammerte er: »Das wird ja gar nicht weniger. Das schäumt ja immer noch.« Tja, da musste er jetzt durch.

Auf der Weiterfahrt erzählte Wolfgang noch einiges von sich. Er war schon ein ziemlich hohes Tier. In der nächsten Ortschaft ließen wir die beiden ziehen. Wolfgang übernahm die Tankrechnung. Anschließend bat er: »Bitte – das hier hat niemals stattgefunden. Ich fliege heute noch nach Hause.«

Tina erklärte: »Ich komm mit – und das war's dann mit uns beiden.«

Er ließ einen Traktor kommen, der sein Auto herausholte, und veranlasste, dass er dort auf dem platten Land mit dem Flugzeug abgeholt wurde.

Andrea und ich waren noch eine Weile auf Island unterwegs, aber als wir zum Rückflug nach Keflavík kamen, war die Mietwagenrechnung komplett bezahlt und wir bekamen noch einen teuren Fluggutschein.

Diese spezielle Kombination aus Landmannalaugar, Wolfgangs Bademantel und seinen Lackschuhen werde ich wohl nie vergessen. Trotzdem denke ich manchmal daran, was wohl passiert wäre, wenn die isländischen Jugendlichen nicht gekommen wären. Dann wären Tina und Wolfgang einfach ins Nirgendwo gelaufen. Ich muss heute noch lachen, wenn ich an diese Geschichte denke, gleichzeitig weiß ich, dass Gott hier gehörig seine Finger im Spiel hatte.

Übrigens: Natürlich heißen die beiden nicht wirklich Tina und Wolfgang.

IM VISIER DER FAHNDER

Mein Leben ähnelte einem Flaschenhals, denn in Richtung des einzigen Ausgangs wurde es immer enger. Jeder Cent, den wir verdienten, ging an die Bank, um unsere Schulden abzuzahlen.

Als es mir so schlecht ging, merkte ich irgendwann, dass es um mich herum leerer wurde. Die ganzen Bekannten, Kumpels und Freunde gingen ein Stück weit auf Abstand – als ob Probleme ansteckend wären! Umso wichtiger sind dann Einzelne, die da sind und bleiben.

Bei mir waren es einige, aber neben Peter, den ich schon erwähnte, gehen mir zwei besonders durch den Kopf. Einer war – ausgerechnet – Banker. Er war Direktor einer kleinen Dorfbank und rettete mir regelmäßig den Hintern. Wenn er mir nicht immer wieder geglaubt und vertraut hätte, dann wäre schon viel früher Feierabend gewesen. Wenn das Finanzamt mir die Konten gesperrt hatte, dann fand er einen Weg, wie ich trotzdem Rechnungen und Löhne bezahlen konnte, ganz ohne Mauschelei. Der Mann ist hyperkorrekt, aber er fand einen Weg.

Der andere ist ein Jurist. Er hat mich die ganze Zeit vertreten – bis heute. Als Schreinermeister mit großer Firma konnte ich ihn entsprechend bezahlen, doch als ich nichts mehr hatte und klar war, dass ich ihm fast nichts für seinen Aufwand geben konnte, behandelte er mich weiter so, als wäre ich sein Top-Mandant. Über allen fachlichen Beistand hinaus sind mir diese beiden Menschen zu echten Freunden geworden.

Steuerfahndung

Während wir versuchten, finanziell wieder auf einen grünen Zweig zu kommen und die Schulden abzuzahlen, liefen im Hintergrund die juristischen Mühlen an. Auch auf den zweiten Blick war die Anzeige des früheren Mitinhabers für mich genau das, wonach sie auf den ersten Blick aussah: billige Rache. Aber die Staatsanwaltschaft war aktiviert worden und die Finanzbehörden begannen zu arbeiten.

Und dann kam dieser schreckliche Moment, als ich morgens um fünf davon aufwachte, dass ein Mann und eine Frau bei uns im Schlafzimmer standen. »Steuerfahndung. Aufstehen.« Aus dem Fernsehen kennt man solche Einsätze, bei denen ein Mannschaftsbus der Polizei vor einem Unternehmen steht und Aktenordner voller Beweise sicherstellt. Die Wirklichkeit – jedenfalls meine Wirklichkeit – fühlte sich ganz anders an.

Wie waren die hier reingekommen? Was wollten sie?

Diese Fragen gingen mir durch den Kopf, als ich unsere Kinder in ihren Zimmern schreien hörte. Die Beamtinnen und Beamten rissen sie aus dem Schlaf, um ihnen mitzuteilen: »Mama und Papa haben viel Ärger mit der Polizei, deshalb dürft ihr jetzt nicht zu ihnen. Aber macht euch keine Sorgen, das hat nichts mit euch zu tun.«

Andrea und ich mussten in Unterwäsche aus dem Bett springen, wurden getrennt zur Toilette begleitet und dann in unterschiedliche Zimmer gebracht, damit wir ja kein Wort miteinander wechseln konnten. Dann begann das Verhör, mit dem sie herausfinden wollten, wo wir unser Geld versteckten.

Die Kinder bekamen inzwischen einen Kakao und sollten anschließend normal in die Schule oder den Kindergarten gehen. Als ob das in so einer Situation möglich wäre!

Währenddessen nahmen die übrigen Beamten die Wohnung auseinander: Sie zogen die Betten ab, räumten die Wäsche aus den Schränken und leerten sogar den Kühlschrank. Natürlich gingen sie auch ins Büro und beschlagnahmten alle schriftlichen Unterlagen und Computer. Als die ersten Angestellten kamen, standen überall Bewaffnete, die die gesamte Firma lahmlegten. Bis dahin war draußen auf der Straße der halbe Ort zusammengelaufen, denn mehrere Polizeibusse vor der Haustür sind auf dem Dorf eine echte Attraktion.

Zwischen 2004 und 2011 hatte ich in dieser Art und Weise siebzehnmal die Steuerfahndung bei mir zu Besuch. Mein persönlicher Rekord war der Einsatz von vierundsechzig Beamten, weil sie gleichzeitig auch in allen Außengeschäften waren. Eine Steuerfahndung wünsche ich inzwischen meinem ärgsten Feind nicht mehr. Die Aktionen, die ich erlebt habe, waren furchtbar.

Hinterher habe ich in den Protokollen gelesen, dass das keine dummen Zufälle waren, sondern Absicht. Die Beamten waren zu »rücksichtslosem Vorgehen« aufgefordert worden. Sie haben es geschafft, das umzusetzen.

Vernommen und bedroht

Viele unserer Mitarbeiter bekamen im Anschluss eine Vorladung. Mein Anwalt riet: »Macht keine Aussagen. Geht nicht allein zu den Gesprächsterminen. Lasst euch durch einen Anwalt vertreten.« Aus gutem Grund. Meine Mitarbeiter waren alle angemeldet. Immer. Aber ihre Überstunden bezahlte ich von meinem privaten Geld, das ich selbst als Geschäftsführer verdient hatte, bar auf die Hand, ohne Sozialabgaben und Steuern. Das war natürlich nicht in Ordnung und gegen das Gesetz. Leider betraf diese Entscheidung auch meine Mitarbeiter, die das Geld von mir angenommen hatten.

Persönlich empfinde ich den Umgang der Behörden mit meinen Mitarbeitern als unnötig grob. Alle, die allein zu den Vernehmungen fuhren, sind gebrochene Menschen. Manche erzählten mir, dass ihnen gedroht wurde. Die leitende Beamtin sagte ihnen demnach, dass sie über alles Bescheid wüsste, auch über die Summe der Gelder – die lediglich geschätzt werden konnte. Das klang dann so: »Passen Sie mal gut auf, diese Akte hier wird rot, wenn Sie uns nicht das sagen, was wir wollen. Sie haben jahrelang schwarz von Ihrem Chef Geld bekommen. Wir wissen auch genau, wie viel das war. Zurückzahlen müssen Sie sowieso alles, aber wenn Sie nicht kooperieren, hat das strafrechtliche Konsequenzen.«

Vorreiter bei der ganzen Aktion war unsere zuständige Steuerfahnderin, Frau Meyer. Massiv bearbeitete sie meine Mitarbeiter: »Sie brauchen keine Angst vor Ihrem Chef zu haben. Auch nicht davor, dass Sie arbeitslos werden könnten, denn Sie sind bereits arbeitslos. Und ihr Chef wandert dahin, wo er nur noch eine Zahnbürste braucht …«

Solche Praktiken erinnerten mich an die Stasi der DDR. Sollte das Vorgehen hier im Westen nicht ganz anders sein? Eine meiner Mitarbeiterinnen erzählte mir, dass sie im Laufe der Vernehmung weinend ihre Uhr, ihre Ringe und ihren Schmuck auf den Tisch gelegt hatte, um sich freizukaufen, so sehr litt sie unter der Situation. Wir reden nicht von hochkarätigen Finanzbetrügern, sondern von einer Bäckereifachverkäuferin auf dem Dorf! Die Mitarbeiterinnen haben alles gestanden und bestätigt, was Frau Meyer hören wollte.

Im Nachhinein habe ich mir einmal die Mühe gemacht, einige der Zahlen nachzurechnen, welche die Steuerfahndung als Basis für meine Anklage nahm. Wir hatten zum Beispiel eine Verkaufsfiliale in Weisel, einem Nest mit nicht einmal 1 500 Einwohnern. Das Geschäft hatte von 7 bis 18 Uhr geöffnet und dort waren vier Frauen beschäftigt. Unter dem Druck der Vernehmung unterschrieben sie, dass das Geschäft im Monat 860 Stunden geöffnet hatte. Das wären zwar 28 Stunden pro Tag, aber das interessierte am Ende niemanden.

Auf Basis der Aussagen meiner Mitarbeiterinnen und Mitarbeiter erstellte das Finanzamt Schätzungen, um festzustellen, wie groß der Umsatz war, der im Unternehmen generiert worden war. Meine eigenen Aufzeichnungen dazu wurden nicht mit einbezogen. Diese Schätzungen haben mich letztlich ruiniert, denn die Renten- und die Krankenversicherung arbeiteten anschließend ebenfalls mit diesen Zahlen und forderten auf dieser Grundlage die fehlenden Beiträge von mir nach.

Im Teufelskreis

Dass meine Mitarbeiter in dieser Zeit zu mir hielten, war ein echtes Wunder. Sogar eine externe Ermittlerin schleusten die Steuerbehörden bei mir ein. Das erfuhr ich vor Gericht, als sie – für mich überraschend – als Zeugin benannt wurde.

Ich konnte nichts unternehmen, um dem Teil der Vorwürfe, die nicht gerechtfertigt waren, zu begegnen, denn sämtliche Unterlagen waren bei den Finanzbehörden unter Verschluss. Wie sollte ich irgendwelche Zahlen auf den Tisch legen ohne die entsprechenden Daten? Ich konnte noch nicht einmal meine Rechnungen bezahlen, weil ich sie nicht hatte. Es war ein Teufelskreis, aus dem ich nicht

Am 21. Mai 1969 kommt Titus Schlagowsky in Crimmitschau zur Welt

Die junge Familie auf einem Ausflug nach Berlin

Urlaub in Graal-Müritz

Technik, die begeistert. Titus beim Autowaschen

Familienfoto
mit Titus (4)
und Amri (2)

André vervollständigt die Familie

Titus kommt zur Schule – Begeisterung sieht anders aus

Titus (8), Amri (6) und André (4)

An der Ostsee in Graal-Müritz ist es am schönsten

Titus und Larry sind unzertrennlich

Schöne Zeiten zu Hause

Weihnachten mit den Großeltern

Titus (14) wird konfirmiert

Mit dem eigenen Moped ist Titus mobil

Für DDR-Verhältnisse war Titus' Auto eine einzige Provokation

In Prag

Das eigene Auto ist ein echter Meilenstein

Aus Kindern werden Leute: André (17), Amri (19) und Titus (21)

Kevin ist geboren
und Titus wird Papa

Urlaub auf Spiekeroog

2000 war Titus das erste Mal in Island

Hier in Island konnte Titus Ruhe tanken

Das Faszinierende an Island ist die grenzenlose Weite

Zum Café gehört auch eine Bäckerei und Konditorei

Café „Schöne Aussicht" und Kneipe

Titus und Sissi
im Urlaub
auf dem Darß

Die Familie vereint

Endlich sind Titus und Andrea wieder zusammen

Die Familie feiert ihr Wiedersehen

Auf diesem Stuhl in Titus' Kneipe finden regelmäßig Seelsorgegespräche mit seinen Gästen statt

Titus im Jahr 2021

herauskam. Natürlich hätte ich einen Fachanwalt nehmen können – aber wovon? So hatte ich zwar einen engagierten Verteidiger, doch der konnte sich unmöglich durch 240 Aktenordner arbeiten, um daraus Details zu belegen. Als ich später in Untersuchungshaft war, hätte er mir Akten bringen dürfen, aus Brandschutzgründen waren jedoch nicht mehr als drei Ordner pro Zelle gestattet. Niemand verbot mir, mich zu verteidigen, aber unter diesen Umständen hatte ich dazu keine Chance.

In dieser Zeit hatten wir oft nicht einmal das Geld, um Heizöl zu tanken. In der Küche und im Wohnzimmer lief jeweils ein Heizlüfter, die Kinderzimmer waren kalt. Im Winter fror uns das Wasser in den Leitungen ein. Baden konnten wir schon lange nicht mehr – die Kinder standen in der Reihe vor dem Waschbecken, um sich zu waschen. Gleichzeitig vermuteten die Finanzbehörden, dass wir jede Menge Geld zur Seite geschafft hätten.

Das Finanzamt suchte Geld bei uns, das nicht da war: Jedes Auto in der Familie hatte 250 000 Kilometer und mehr auf dem Tacho, und auch sonst waren keine Reichtümer vorhanden.

Einmal konnten meine Eltern das Elend nicht mit ansehen und überwiesen uns etwas von ihrem Ersparten. Für das Finanzamt war das »Geld unbekannter Herkunft«. Natürlich stand der Geber fest, aber das Finanzamt unterstellte uns, dass wir meinem Vater das Geld schwarz gegeben hätten, damit er uns damit unterstützen konnte.

Ähnlich war es bei meiner Schwester. Erst vor Kurzem wurde ihr Haus endgültig gepfändet und zwangsversteigert, weil sie wegen ihrer Rolle in unserer GmbH in sogenannter Drittschuldnerhaftung war. Ich war ja »nur« Geschäftsführer, als bei mir nichts zu holen war, wandten sich die Behörden an Amri als Gesellschafterin. Viele denken, dass eine GmbH optimalen Schutz bedeutet, doch scheinbar steht das Kürzel für »Gehste mit, biste hin«. Tatsächlich hat unser Staat einem Straßenbauarbeiter und einer Teilzeitkraft im Kindergarten mit drei kleinen Kindern das Haus versteigert. Das Ganze zog sich über fast sieben Jahre hin, weil Termine mehrmals nicht eingehalten werden konnten. Als es mit der Zwangsversteigerung ernst wurde, wurde das Haus geschätzt. Für das Fertighaus aus den Siebzigerjahren, an dem nie etwas saniert worden war, wurden schließlich 90 000 Euro angesetzt – mit dem Hinweis, dass der aktuelle Marktwert bei nicht mehr als 60 000 liegen würde. Unsere Mutter hatte eine kleine Erbschaft gemacht und zusammengekratzt, was sie noch hatte, und bot dem Finanzamt genau diese 60 000 Euro an. Ohne Erfolg.

Durch die Anspannung war meine Schwester Amri psychisch fix und fertig. Gleichzeitig erlebte sie einen ganz besonderen Rückhalt. Seit einer Weile besuchte sie eine Freikirche am Ort, und die Christen dort ließen sie nicht im Stich. Immer wieder waren sie einfach da, und so manches Mal steckte ein Umschlag mit Geld in ihrem Briefkasten. Sie ließen Nächstenliebe praktisch werden und ermutigten meine Schwester dadurch enorm.

Ich dagegen war letztlich für ihre Schwierigkeiten verantwortlich, aber ich konnte nichts tun. Ich hätte heulen können.

In dieser Zeit habe ich mich nicht einmal getraut, meine Schwester zu besuchen. Ihr Haus kam unter den Hammer, und man hat sogar ihre Lebensversicherung gepfändet, in die ihr Mann und sie Monat für Monat hundert Euro eingezahlt und dadurch etwa 10 000 Euro angespart hatten.

Erpresst

Als es endlich zur Zwangsversteigerung kam, stand mein Schwager da und hatte eine Bankbürgschaft dabei. Er wollte das Haus unbedingt zurückholen. Der erste Termin platzte, weil nicht genug Interessenten da waren. Beim zweiten Termin bot mein Schwager mit dem Geld meiner Mutter 45 000 Euro und war damit der Höchstbietende – natürlich wollte niemand sonst das Haus haben. Eine Viertelstunde vor Schluss kam ein wildfremder Mann in den Raum und bot 50 000. Danach bat er meinen Schwager, der mit meinem Anwalt da war, vor die Tür.

Er musterte ihn kurz und sagte: »Sie haben nicht viel mehr als das, was Sie geboten haben, aber der Zuschlag ist auf meiner Seite. Sie wollen das Haus unbedingt zurückhaben, oder? Ich brauche die Hütte eigentlich gar nicht, aber ich hab Kohle. Entweder Sie geben mir jetzt direkt 2 500 Euro oder ich biete weiter bis 100 000 – dann sind Sie draußen. Es ist Ihre Entscheidung ...« Mein Schwager zahlte. Einen Teil des Geldes konnte er von seinem Konto abheben, den anderen Teil lieh ihm der Anwalt. Und er bekam den Zuschlag für 55 000 Euro.

Es gibt tatsächlich Menschen, die verdienen ihr Geld mit dem Leid anderer Leute! Meine Schwester hat sich so geschämt, dass sie mir die Geschichte erst gar nicht erzählt hat, aber der Anwalt hat es getan.

Vorbestraft

Weil die Steuerfahndung mich immer genauer unter die Lupe nahm, machte es sich nicht besonders gut, dass ich bereits zweimal vorbestraft war. Nun bin ich nicht mit einem Strumpf über den Kopf in die nächste Bank gegangen, aber Beamtenbeleidigung und Urkundenfälschung reichen auch für Vorstrafen aus.

Zur Beamtenbeleidigung kam es, als ich mit der Familie einmal in Warnemünde an der Ostsee war. Unser Auto war in der Werkstatt, also hatten wir ein Ersatzfahrzeug bekommen. Damals saß Sissi noch im Rollstuhl, aber auf der Scheibe des Leihwagens war natürlich keine entsprechende Plakette. In Warnemünde musste ich mich auf einen Behindertenparkplatz stellen, damit wir die Autotür so weit öffnen konnten, dass sie direkt in den Rollstuhl aussteigen konnte. Als wir kurz darauf zum Auto zurückkamen, stand dort ein Ordnungsbeamter und schrieb gerade unsere Nummer auf.

Ich schob Sissi im Rollstuhl demonstrativ neben ihn und erklärte: »Entschuldigung, ich musste hier parken. Und Sie sehen ja, dass das Mädchen tatsächlich im Rollstuhl sitzt.«

Er ließ sich nicht stören und antwortete: »Das interessiert mich nicht. Das Einzige, was zählt, ist die blaue Plakette an der Scheibe – und die haben Sie nicht. Das kostet Sie 75 Euro und einen Punkt in Flensburg.«

Ich versuchte es noch einmal: »Meister, mein Auto mit der Plakette an der Scheibe ist in der Werkstatt, und das ist nur ein Ersatzwagen ...«

»Das ist mir egal. Es bleibt dabei. 75 Euro und ein Punkt in Flensburg.«

Da konnte ich mich nicht mehr halten: »Manchmal frage ich mich, wer hier eigentlich behindert ist ...«

Damit war ich wegen Beamtenbeleidigung vorbestraft.

Dazu kam später noch Urkundenfälschung vom Feinsten. Wieder einmal hatte es mit Sissi zu tun. Andreas Tochter war mit einer sogenannten spastischen Diparese zur Welt gekommen. Ihre Füße waren stark nach innen gestellt, die Beine deformiert, und sie konnte nicht laufen. Durch Zufall lernten Andrea und ich bei uns im Café ein Ehepaar kennen, die uns erzählten: »Wir kennen einen tollen Arzt, der auf solche Fälle spezialisiert ist.«

Bei der nächsten Gelegenheit waren wir dort. Der Arzt untersuchte Sissi und verkündete: »Das kriege ich hin. Ich kann ihre

Beine richten. Dazu brauche ich nur die Einverständniserklärungen der Eltern. Die Chancen stehen gut, dass sie nach der Operation und einer Reha normal laufen kann.«

Leider war die Kommunikation zwischen Sissis Eltern aus meiner Sicht sehr schwierig. Das Scheidungsverfahren war in vollem Gange, und viele Fragen darin waren noch offen. Eine gerichtliche Klärung hätte womöglich Jahre gedauert, aber der Arzt erklärte uns: »Wenn wir warten, ist es zu spät. Das Mädchen ist gerade voll im Wachstum. Diese OP kann ich nur jetzt durchführen – jedenfalls mit guten Erfolgsaussichten.« Was sollten wir tun?

Als ich das nächste Mal mit Sissi zu einer Untersuchung bei diesem Arzt war, saß dort eine neue Sprechstundenhilfe. Da sie mich noch nicht kannte, meinte sie: »Oh, da liegt noch ein Antrag in der Patientenakte, den müssen Sie dringend für Ihre Tochter unterschreiben.« Sie gab mir den Antrag – und ich unterschrieb.

Sissi wurde operiert. Die Knochen in den Beinen wurden mehrmals zersägt und in Form gebracht, die Sehnen wurden neu modelliert. Es war eine umfangreiche Operation, aber sie gelang: Nach der Reha konnte Sissi laufen.

Die Sache mit der Unterschrift kam jedoch raus, und ich wurde vor Gericht gestellt. Es ging um Urkundenfälschung und Körperverletzung. Vor Gericht schüttelten der Richter und der Staatsanwalt die Köpfe. Sie gaben zu: »Wir wissen nicht, ob wir etwas anderes getan hätten als Sie. Aber dem Buchstaben nach war das natürlich verkehrt. Und was wäre passiert, wenn das Mädchen bei der Operation gestorben wäre? Das Einzige, was wir für Sie tun können, ist, das Ganze auf sehr kleiner Flamme zu kochen.« Das taten sie, aber als ich das Gericht verließ, war ich trotzdem erneut vorbestraft und meine Bewährung war »voll«.

Der Ablauftermin für diese Bewährungsfrist wäre im September 2012 gewesen. Ein paar Wochen zu spät.

Unsicherheit hoch drei

Natürlich hätte ich in dieser Situation andere Menschen um Hilfe bitten können. Einerseits war ich dazu wohl zu stolz, andererseits frage ich mich im Rückblick, ob es etwas gebracht hätte oder ob ich nicht noch mehr Geld verbrannt oder Menschen in Schwierigkeiten gebracht hätte.

Mit jeder Steuerprüfung und jedem Besuch der Steuerfahndung kamen Dinge in Bewegung. Jedes Mal ergingen kurz danach irgendwelche Bescheide. Diese trugen immer den Vermerk »vorläufig«, aber das machte sie nicht günstiger. Denn auch vorläufige Bescheide des Finanzamts sind vollstreckbar, was bedeutet: Zahle – und zahle schnell! Vermutlich wussten Frau Meyer und ihr Team, dass nicht all ihre Aufforderungen Bestand haben würden. Ihnen muss außerdem klar gewesen sein, dass mir das permanente Bedienen dieser zusätzlichen Forderungen finanziell das Genick brechen würde. Bescheid um Bescheid stiegen die Forderungen ins Unermessliche.

Parallel dazu suchte ich »kreative Lösungen«. Der Laden musste laufen, damit ich meine Schulden bezahlen konnte, aber ich konnte keine Löhne zahlen, weil meine Konten gesperrt waren. Also nahm ich die Tageseinnahmen und verteilte die Löhne direkt aus der Kasse. Dass ich Überstunden von meinem eigenen Geld an der Lohnsteuer vorbei bar auf die Hand bezahlt hatte, habe ich schon erzählt. Es ist klar: Das ist ungesetzlich, aber ich sah keine andere Möglichkeit. Dasselbe galt für Einkäufe bei Lieferanten. Auf Rechnung konnte ich nicht mehr einkaufen, weil ich die Rechnung nicht überweisen durfte. Also bekam ich Mehl für die Bäckerei und Bier für die Kneipe gegen Bares ohne Rechnung.

Irgendwann im Winter fror uns in der Werkstatt in Nochern die Wasserleitung ein. Zwanzig Grad Minus ließen sie an vielen Stellen reißen. Wir bekamen einen Anruf von einem unserer Bäcker, der uns erzählte: »Hier läuft überall Wasser.« Natürlich setzten Andrea und ich uns sofort ins Auto und fuhren hin. Zusammen mit Peter, den Bäckern und etlichen Nachbarn konnten wir alle Lecks finden und flicken. Das dauerte fast die ganze Nacht. Morgens um sechs waren wir endlich fertig. Andrea machte uns allen noch einen Glühwein, dann fiel sie um. Sie hatte einen Hörsturz, also einen Infarkt im Ohr, und die Ärzte erklärten uns hinterher, was wir eigentlich schon wussten: Es war ihr alles zu viel geworden. Das war das Resultat von jahrelangem Dauerstress.

Ich bin nicht umgekippt, aber mir ging es kaum besser. Damals habe ich wieder angefangen, zu viel zu trinken. Ich habe vor allem abends getrunken, um wenigstens etwas herunterzufahren und schlafen zu können. Als es finanziell immer enger wurde, musste ich 2010 zum Insolvenzgericht. Und dieses Eingeständnis meines Versagens gab mir den Rest. In dieser Zeit war mein bester Freund ein Amerikaner, er hieß Jack Daniels und hatte vierzig Prozent.

Zunächst einmal hoffte ich, dass nach dem Insolvenzantrag etwas Ruhe einkehren würde. Allerdings wollten wir unsere Schulden nach wie vor abtragen, deshalb kauften wir aus der Insolvenzmasse das Café in Nastätten und die Gebäude in Nochern zurück und arbeiteten weiter. Wir wollten ja auch die Angestellten, die noch bei uns waren, nicht einfach entlassen. Anderthalb Jahre später lief das Geschäft wieder einigermaßen. Doch da zog die Steuerfahndung den Sack zu und ich wurde festgenommen.

HINTER GITTERN

Es war kurz nach achtzehn Uhr am Mittwoch, den 7. März 2012. Ich stand erst kurz hinter dem Tresen, den ersten Teil des Tages hatte ich im Büro verbracht. Die Kneipe füllte sich gerade mit den üblichen Feierabendgästen, da kam ein seltsames Paar herein. Mir war gleich klar, dass mit ihnen etwas nicht stimmte. Die Frau fragte mich: »Sind Sie Titus Schlagowsky?«

»Ja«, antwortete ich und wollte gerade eine witzige Ergänzung hinterherschieben, als sie fortfuhr: »Haben Sie jemanden, der Ihre Arbeit hier kurz übernehmen kann? Wir haben eine, äh, etwas unangenehme Mitteilung für Sie.«

Die Bedienung übernahm den Tresen und ich ging mit den beiden in den alten Tanzsaal über dem Schankraum. Dort übergaben sie mir einen dicken Stapel Papier. Direkt auf der ersten Seite des amtlichen Schreibens stand fett: »Haftbefehl«.

Ich überflog kurz, was mir vorgeworfen wurde. Zum Lesen war gar keine Zeit, außerdem verschwammen mir die Buchstaben vor den Augen. Was ich beim Blättern immer wieder registrierte, war »Vorenthalten von Arbeitnehmer- und Arbeitgeberbeiträgen«. Jeder meiner Angestellten war ein eigener Fall und wurde einzeln aufgeführt. Außerdem sprangen mir Begriffe wie »ständig«, »wiederholt« und »Vorsatz« ins Auge.

Verhaftet

Mein Anwalt hatte mich schon darauf vorbereitet, dass so etwas passieren könnte, aber ich hatte mir den Ablauf ganz anders vorgestellt: Vorladung vor Gericht, Anklage und dann eine Verhaftung. Damit, dass die Polizei zu mir in die Kneipe kam, hätte ich nicht gerechnet.

»Muss ich sofort mitkommen?«, fragte ich.

»Natürlich.«

Ich rief die Frau, die eben den Tresen für mich übernommen hatte, und zeigte ihr den Haftbefehl. Sie wurde weiß wie eine Wand.

»Können Sie hier die Stellung halten? Und bitte bringen Sie es nachher meiner Frau schonend bei.«

Sie nickte.

Die Polizistin machte einen Schritt auf mich zu und sagte: »Wir müssen Ihnen jetzt Handfesseln anlegen.«

»Moment. Das geht gar nicht.«

Einen kurzen Moment überlegte ich mir, welche Chancen ich wohl hätte, wenn ich sie gegen ihren Kollegen stoßen, rauslaufen und die Tür hinter mir verschließen würde. Auf den ersten Metern hätte ich auf jeden Fall Heimvorteil. Ich tat nichts dergleichen, aber ich schaute die Kripo-Beamtin so entschlossen an, dass sie antwortete: »Einverstanden.«

Ich schnappte mir meine Jacke und fragte: »Muss ich noch irgendetwas mitnehmen?«

»Nein, das ist nicht nötig. Sie haben ja einen festen Wohnsitz. Sie sind ganz sicher morgen wieder draußen, nachdem Sie beim Haftrichter waren.«

Dieser Satz ging mir in den nächsten Monaten im Gefängnis wer weiß wie oft durch den Kopf. Heute weiß ich, dass ich – natürlich in Begleitung – nach Hause hätte fahren können, um ein paar Sachen einzupacken und etwas Geld mitzunehmen, denn die ersten Tage im Bau ohne Geld sind übel.

Ich habe nicht vor, noch einmal in den Knast zu gehen, aber für den Fall der Fälle habe ich nun meistens einen Notrucksack dabei mit Zahnbürste, Duschgel, Badeschlappen, Tabak, einer Tasse, einem kleinen Wasserkocher und etwas Geld. Damals wusste ich nicht, dass man dies alles braucht.

Als ich im Polizeiwagen fortgebracht wurde, hatte wahrscheinlich schon der halbe Ort gehört, dass ich verhaftet worden war – nur meine Frau ahnte noch nichts.

Die Beamten brachten mich nicht ins Gefängnis, dafür war es wohl schon zu spät, sondern in die nächstgrößere Stadt aufs Revier. Dort musste ich Telefon, Gürtel und Zigaretten abgeben und wurde in eine Ausnüchterungszelle gebracht. Das ist ein komplett gekachelter Raum mit einer Erhöhung, auf der eine dünne Matratze liegt, und einem Loch im Boden für die Notdurft. Ich bekam ein Kissen, das etwa so klein und so fleckig war wie ein alter Topflappen, und eine dünne Einmaldecke, mit der man Leichen zudeckt – so ähnlich fühlte ich mich auch, als ich mich dort hinlegte. An Schlaf war in dieser Nacht nicht zu denken.

Am nächsten Morgen weckte mich ein freundlicher Beamter. Er gab mir eine meiner Zigaretten und ich durfte rauchen. Dann fragte er: »Wollen Sie Frühstück?«

»Gerne.«

»Haben Sie Geld dabei?«

»Nein.«

»Sorry, dann gibt es kein Frühstück.«

Gegen Bares hätte er mir im Altenheim gegenüber etwas gekauft. Inzwischen merkte ich deutlich meinen Kopf. Ob es an dem vielen Alkoholkonsum der letzten Zeit lag oder ob es die Kopfschmerzen waren, die mich seit meiner Hirnhautentzündung als Kind nie ganz verlassen hatten, wusste ich nicht. Ich ahnte auch nicht, dass sie mich wochenlang quälen würden. Jedenfalls hatte ich keine Medikamente dabei und bat den Polizisten um eine Tablette. »Das kann ich nicht machen. Tut mir leid«, war die Antwort. »Vorschrift.«

Ich hatte also kaum geschlafen, nichts gegessen und mein Kopf stand kurz vor dem Platzen. Mir wurden Handschellen angelegt und ich wurde zum Haftrichter gefahren. Auf dem Weg konnte ich kurz mit meinem Anwalt telefonieren, doch der steckte mitten in Terminen. Er versprach, sich so schnell wie möglich zu melden. Beim Haftrichter war Hochbetrieb, und ich musste eine ganze Weile warten. Als ich endlich dran war, traute ich meinen Augen nicht: Frau Meyer war auch da. Meine persönliche Steuerfahnderin nutzte die Gelegenheit, dem Haftrichter einen ganzen Aktenwagen mit ihren gesammelten Unterlagen hinzuschieben. Auf mich machte sie damit gehörig Eindruck, und ich fühlte mich bereits vorverurteilt.

»Das war's jetzt für mich«, dachte ich nur.

Ich hatte keine Ahnung, dass solch ein Auftritt unüblich war: Normalerweise kommen nur Rechtsanwalt und Staatsanwalt zum Haftrichter, keine Ermittler. Es fühlte sich nicht gut an, diese Frau hier wiederzusehen. Sie hatte in den letzten Jahren nicht nur ihre Arbeit gemacht, sondern – so empfand ich es – ihren persönlichen Kreuzzug gegen mich geführt. Und ich hatte so eine Ahnung, dass dieser noch nicht zu Ende war.

Nach diesem Einstieg wunderte es mich nicht, dass mein Haftbefehl nicht gegen Auflagen aufgehoben wurde. Ich konnte Russisch sprechen, und ich war bereits mehrmals in Island gewesen. Für den Richter sprach das für eine akute Fluchtgefahr. Ich kam direkt in Untersuchungshaft.

Auf dem Berg

Die grüne Minna fuhr mich ein paar Straßen weiter und dort kam ich auf den Berg. Eigentlich heißt zwar der ganze Stadtteil so, doch wenn Einheimische vom Berg reden, meinen sie meistens den Knast. Während ich in dieses uralte Gebäude gebracht wurde, bewegten wir uns im Schneckentempo durch die Gänge: Vor uns Tür aufschließen, durchgehen, hinter uns Tür zuschließen, ein paar Schritte, vor uns die nächste Tür auf… Und die ganze Zeit über rutschte mir die Hose, weil ich keinen Gürtel anhatte.

Es fühlte sich sehr seltsam an, weil die Umgebung alt, dreckig und fremd war und auch niemand mit mir redete. Ich erwartete ja keine Führung, aber wenigstens ein paar Worte. Irgendwann wurde ich wortlos in einem beschmierten leeren Raum abgesetzt, und die Tür schlug hinter mir zu.

Fast zwei Stunden saß ich da, bis sie wieder aufging. Ein Mann ganz in Weiß raunzte mich an: »Mitkommen!«

Er mag seine Gründe für den Tonfall gehabt haben, aber vielleicht waren die Mauern auch zu dick für einen normalen oder gar höflichen Umgangston.

Ich wurde ärztlich untersucht und musste eine lange Liste an Fragen zu meiner Person beantworten. Danach kam das obligatorische Foto – das darf man sich allerdings nicht so vorstellen wie in den US-Krimis, wo sich die Häftlinge im Ringelanzug eine Nummer vor die Brust halten. Es wurde einfach ein Bild gemacht. Meine Nummer bekam ich anschließend trotzdem: 39 812. Ich wurde wieder in den Warteraum zurückgebracht, und als die Tür diesmal zufiel, sagte ich zu mir selbst: »Jetzt bist du da angekommen, wo du nie hinwolltest – ganz unten.« Und so war es.

Eine Weile später ging die Tür wieder auf. »Mitkommen!« Der Wärter in der Tür war groß und kräftig. Ich schielte auf sein

Namensschild: Ostendorf. Sein norddeutscher Akzent war mir sympathisch – aber was bedeutet das schon im Knast? Er brachte mich in die Abteilung 1. Dort ging er schnurstracks in ein Büro mit mehreren Kollegen, setzte sich hin und drehte seinen Stuhl in meine Richtung. Ich stand noch in der Tür und hielt meine rutschende Hose fest.

Ostendorf schaute mich fest an und verkündete: »Merk dir eins. So wie es hier reinschallt, so kommt es wieder raus. Ich hab dich nicht verhaftet und nicht verurteilt, das waren andere. Merk dir das. Wir müssen hier miteinander auskommen: Kommst du uns blöd, dann kommen wir dir noch blöder. Und wenn du dich hier zusammenreißt, dann klappt das Ganze mit uns. Punkt. Aus. Ende. – Und jetzt bitte eine Unterschrift: Hier ist dein Sack.«

Ich unterschrieb einen Zettel und bekam einen Sack in die Hand gedrückt. Darin war meine neue Einrichtung: Bettzeug, ein kleiner Topf, Teller, Tasse und Alubesteck. Wieder hieß es: »Mitkommen!«

Ich schulterte den Sack, aber es wollten keine Nikolausgefühle dabei aufkommen. Jetzt ging es zur »Kammer«. Dort musste ich mich nackt ausziehen und meine Klamotten abgeben. Ich bekam dafür fünf Sätze Unterwäsche, einen Jogginganzug und einen Parka. »Hast du irgendwelche Krankheiten?«

»Das habe ich vorhin gerade Ihrem Kollegen …«

»Ich hab nicht gefragt, ob du das schon jemandem erzählt hast, sondern ob du Krankheiten hast!«

»Nein.«

»Na also, geht doch.«

Dann ging es zum Duschen in das Bad im Gang und mit kratzigen und löchrigen Kleidern in meine Zelle, die im Amtsdeutsch Haftraum heißt. Ostendorf schloss die Tür auf, ich ging hinein. Er rief kurz: »Vertragt euch!« Dann flog die Tür wieder zu.

Im Raum standen ein Stockbett, ein Tisch und ein Stuhl. Es gab ein Waschbecken und ein Klo, beides aus Edelstahl. An der Wand war ein Spind. Das Fenster war natürlich vergittert und absolut undurchsichtig. Mitten in der Zelle stand ein riesiger, schwerer Kerl mit Glatzkopf und Oberarmen, wie ich Beine habe.

»Was bist du denn für einer?«, meinte er. Aber er hatte das wohl zu sich selbst gesagt, denn als ich mich vorstellen wollte, drehte er sich in der Zehn-Quadratmeter-Zelle um und erklärte: »Interessiert mich nicht. Und damit du's weißt: Ich schlaf oben.«

Schon das Bettbeziehen war ein Albtraum. Die Wand daneben war vollgekritzelt und vor allem vollgeschmiert mit allem, was man sich vorstellen und nicht vorstellen möchte.

Irgendwann kam doch so etwas wie ein Gespräch zustande: »Kippe?«, fragte mein Zellengenosse und hielt mir eine selbst gedrehte Zigarette entgegen. »Ja, danke.« Wir rauchten gemeinsam. Ihm war anzusehen, dass er wohl nicht das erste Mal im Knast war – und er sah, dass ich keinen Schimmer hatte.

»Es gibt hier Regeln«, erklärte er. »Ich bin nicht schwul, also mach nicht an mir rum. Und wenn du ein Kifi bist, dann mach ich dich platt.«

»Kifi?«

»Ein Kinderficker. Das geht gar nicht.«

»Hey, ich hab selbst einige Kinder, und ich würde auch komisch werden, wenn denen jemand zu nahe kommt!«

Eine Weile später gab es Abendessen. Da merkte ich erst, dass ich seit vierundzwanzig Stunden nichts mehr gegessen und richtig Hunger hatte. Trotzdem musste ich mir die zwei Scheiben Brot reinquälen: Zum einen roch mein Zimmergenosse sehr intensiv und zum anderen sahen die Wurstscheiben auf dem Teller seltsam aus. Aber ich aß.

Währenddessen lief der kleine Fernseher in der Zimmerecke – der lief übrigens rund um die Uhr. Mein Kollege brauchte die Beschallung auch in der Nacht. Meine Kopfschmerzen wurden immer schlimmer, und irgendwann in der Nacht übergab ich mich. Da klingelte er den Wärter her.

»Wat is?«

»Tu mal was, der verreckt hier.«

Der Gerufene warf nur kurz einen Blick in meine Richtung, meinte: »Der verreckt nicht so schnell, das hat Zeit bis morgen«, und war schon wieder draußen.

Am nächsten Morgen um sechs wurde die Tür aufgerissen: »Morgen!« Das war die Lebendkontrolle. Ich musste nur kurz signalisieren, dass ich noch da war, dann war wieder Ruhe – na ja, so weit es mit der Dauerberieselung durch den Fernseher Ruhe geben konnte. Ich war noch nicht einmal einen Tag in dieser Umgebung, da merkte ich schon, dass das hier richtig schwer werden würde.

Knastleben

Was ich am ersten Morgen lernte, war die Sache mit den Anträgen. »Du kriegst nichts einfach so. Für alles musst du einen Antrag schreiben.«

»Meinst du das ernst?«

Mein Kollege grinste. »Klar. Du musst zuerst einen Antrag für einen Stift schreiben, dann einen für Papier und dann einen Antrag für einen Antrag.«

Ich dachte, er verarscht mich. »Womit denn? Ich hab doch nicht einmal einen Stift.«

»Hier hast du einen Stift, aber das ist meiner, den brauch ich wieder, und da ist ein leeres Antragsformular.«

Anschließend machte ich mich langsam mit dem Tagesablauf im Knast vertraut. Nach dem Wecken kam das Frühstück – eine Scheibe Brot mit Sternchenmargarine und Marmelade. Normalerweise geht danach die Arbeit los, ich ging jedoch erst einmal zur Ärztin. Dazu wurde ich durchs gesamte Haus, über den Hof und ins Nachbargebäude gebracht. Währenddessen sah ich ein paar andere Insassen. Auf den ersten Blick war niemand dabei, mit dem ich gerne meine Zeit verbringen wollte.

Die Ärztin untersuchte mich einmal kurz und fand nichts. Ich bat sie um Kopfschmerztabletten, aber ihre Reaktion war deutlich: »Nein, das geht nicht. Wegen des möglichen Missbrauchs.«

Zurück in der Zelle musste ich bis zum Mittag das Fernsehprogramm über mich ergehen lassen. Dann wurden jeweils drei bis vier Zellentüren gleichzeitig geöffnet und wir Insassen durften zum Essen gehen. Teller, Schüssel und Tasse mussten wir mitnehmen. Auf dem Plan neben der Essensausgabe stand »Minestrone«. Als ich meine Schüssel vorstreckte, bekam ich eine Kelle mit undefinierbarer Pampe hineingeschaufelt und eine Scheibe Brot obendrauf. Ostendorf ging gerade vorbei und brüllte in meine Richtung: »Ihr sollt euch hier nicht satt essen, ihr sollt nur überleben.«

Nachmittags um sechzehn Uhr gab es die sogenannte Hofstunde. Mein Kollege warnte mich: »Denk dran, wenn du dich meldest und rausgehst, dann bleibst du eine Stunde draußen, egal ob es regnet oder schneit. Ein Dach gibt es da nicht.«

Es war ungemütlich, und er blieb drinnen, aber ich ging trotzdem. Als die Tür aufgeschlossen wurde, bewegte ich mich raus und wollte losgehen.

»Stehen bleiben!«

Erst mussten alle im Gang versammelt sein, dann wurden wir zusammen in den Hof gebracht, ein schmuckloses Karree zwischen hohen Mauern mit einem Wachturm in der Ecke. Ich sah den Himmel, aber weder Baum noch Strauch. Einige standen in Grüppchen zusammen, andere liefen ihre Runden. Das schien mir das Sicherste zu sein, also ging ich im Kreis, aber ich stellte es verkehrt an. Ich wollte begreifen, wie der Laden lief, und als Wirt war ich es sowieso gewohnt, mit Menschen Kontakt aufzunehmen, doch das war hier schwierig: Zuerst entdeckte ich ein paar Gesichter, die ich aus dem Fernsehen kannte.

Dann sah ich einen jungen Palästinenser zu interessiert an. Er kam auf mich zu und haute mir direkt auf die Fresse. »Du glotzt mich nicht noch einmal an!« Drumherum ging das Leben normal weiter, auch die Beamten schauten nicht hin. Ich wollte nicht noch mehr Ärger, sah nach unten und drehte weiter meine Runden.

Zurück in der Zelle sah mein Kollege sofort die dicke Backe und fragte: »Taktischer Fehler oder, Meister?« Ich erzählte ihm, was passiert war.

»Mach das nicht«, riet er mir. »Geh in den Hof, guck nach unten, und wenn du irgendwann ein paar Gestalten kennst, dann kannst du sie anschauen.«

So langsam gewöhnte ich mich an die neue Routine, nur die Kopfschmerzen wurden nicht besser. Aber mein Zimmerkollege randalierte so bei den Wärtern, dass sie versprachen, noch einmal zu schauen, was sie machen konnten.

Beim nächsten Hofgang blickte ich ganz brav nach unten, aber das half nichts. Ein Typ kam auf mich zu, der keinen guten Eindruck machte – und er hatte noch zwei andere im Schlepptau.

»Wir reden jetzt mal hier in der Ecke«, sagte er zu mir.

»Was willst du?«

»Mit dir reden.«

»Ich dreh hier nur meine Runden.«

»Mitkommen!«

Sein Blick und der seiner Kumpel sprach Bände – ich ging mit.

»Was bist du für einer? Du hast keine schlechten Zähne, also hast du nichts mit Drogen zu tun. Du bist nicht tätowiert, also warst du noch nicht im Knast. Bist du ein Kifi?«

»Vergiss es. Ich hab Papa Staat beschissen.«

Damals stand an den Zellentüren noch der Name des Insassen und sein Delikt, das gibt es heute aus Datenschutzgründen nicht mehr. Um Sexualstraftäter, die sich an Kindern vergangen hatten, im Knast zu schützen, wurde bei ihnen meistens »Betrug« hingeschrieben – genauso wie bei mir. Der Typ schaute mich an und meinte: »Deine Fresse gefällt mir nicht, aber das ist egal. Beweise mir, dass du kein Kifi bist. Du hast deinen Haftbefehl oben, den bringst du nächstes Mal mit, und wehe, du vergisst ihn. Klar?« Ich hatte verstanden.

Nach dem Hofgang war Duschen angesagt. Es waren je vier zusammen im Bad, dort lernte ich dann die Ersten kennen, von denen ich dachte, dass sie halbwegs normal tickten. Am nächsten Tag stand natürlich wieder Hofgang an. Sollte ich drinnen bleiben? Das Papier nicht mitbringen? All das waren keine guten Ideen, also schmuggelte ich das Deckblatt des Haftbefehls an der Personenkontrolle vorbei nach draußen. Schnell waren meine drei »Freunde« wieder bei mir. Sie taten so, als würden wir miteinander rangeln, und nahmen mir den Zettel ab. Dann verschwanden sie kurz.

Als sie zurückkamen, schob einer von ihnen meinen Haftbefehl wieder unter die Kleider und der Chef der drei sagte: »Alles klar, Penner.« Von da an ließen sie mich in Ruhe.

Zwischen Hölle und Halt

Inzwischen schienen unsere Eingaben, dass ich etwas gegen meine Kopfschmerzen brauchte, Erfolg zu haben. Ich bekam die Mitteilung, dass ich in eine M-Zelle umziehen sollte.

»Ach, du scheiße«, war alles, was meinem Nachbarn dazu einfiel.

»So schlimm?«

»Das wirst du selbst erfahren.«

Ich wurde in die Abteilung 6 verlegt. Ein Wärter begleitete mich in den sogenannten Neubau, der schon jahrzehntealt und entsprechend heruntergekommen war. Er schloss meine neue Zelle auf und ließ mich in dem kleinen Räumchen allein. Durch die dicke Milchglasscheibe konnte ich kaum ahnen, ob draußen die Sonne schien. Das war aber egal, denn drinnen brannte das Licht – immer. Es ließ sich nicht abstellen.

Was nun folgte, waren die schlimmsten sieben Wochen meines Lebens. Ich war in einer medizinischen Zelle gelandet, doch das bedeutete nicht, dass ich Kopfschmerztabletten bekommen würde, sondern dass im Rhythmus von zwanzig Minuten Lebendkontrollen stattfanden. Ein Wachhabender riss die Tür auf, schaute kurz hinein und warf sie wieder zu, Montag bis Sonntag, Tag und Nacht. Mit diesem System wurden Suizidgefährdete überwacht und Simulanten getestet, aber eigentlich wurden die Insassen damit gefoltert, denn nichts anderes bewirkt diese Art der Haft.

Das Einzige, was ich in der neuen Umgebung genoss, war das Alleinsein. Allerdings konnte ich jetzt nicht mehr rauchen, denn bisher hatte mich mein Zellengenosse versorgt. Es gab zwar einen Kaufmann im Knast, der einmal wöchentlich seine Waren anbot, aber um dort einzukaufen, brauchte ich Geld und das hatte ich noch nicht. Ich konnte es mir entweder im Gefängnis verdienen oder jemand musste es auf ein besonderes Konto überweisen. Andrea wusste das nicht, und ich konnte es ihr nicht schreiben, weil ich kein Geld für Briefmarken hatte.

Ebenfalls neu war, dass in dieser Zelle ein Neues Testament lag. Das ist im Knast relativ normal, doch es war das erste, das ich hier zu sehen bekam. Das Buch zog mich zwar nicht besonders an, aber ich hatte nur wenige Alternativen, also las ich nach vielen Jahren zum ersten Mal wieder darin. Das gab mir einen Halt, den ich zuerst gar nicht einordnen konnte.

Genauso wichtig war ein Brief, der mich plötzlich erreichte: Eine Frau, die regelmäßig als Gast in der Kneipe war, hatte mitbekommen, dass ich im Knast saß. Und im Gegensatz zu Andrea wusste sie über meine Situation Bescheid: Ihr Freund hatte schon einmal gesessen. Ihre ermutigenden Zeilen habe ich bis heute aufbewahrt. Außerdem hatte sie für ein paar Euro Briefmarken in den Umschlag gesteckt. Was für ein Geschenk! Sofort setzte ich mich hin und schrieb Andrea den ersten Brief.

Jetzt kam endlich etwas in Gang. Andrea schrieb zurück, und auch mein Vater meldete sich. Bald bekam ich die Nachricht, dass ich Geld auf dem Konto hatte, also endlich etwas einkaufen durfte. In den Umschlusszeiten konnte ich Mithäftlinge in einem Gemeinschaftsraum treffen. All das half mir weiter, und besonders das regelmäßige Lesen im Neuen Testament sorgte dafür, dass ich nicht verrückt wurde, denn die M-Zelle war reine Folter.

Tag und Nacht im gleichen Lichtschein – mein Körper verlor jedes Zeitbewusstsein. Ein freundlicher Wärter dimmte die Leuchtstoffröhre wenigstens auf die dunkelste Stufe, aber das war immer noch zu hell. Dazu kam der Dauerstress durch die Tür, die alle zwanzig Minuten aufgerissen wurde. Dreimal pro Stunde. Zweiundsiebzigmal am Tag. Fünfhundertviermal die Woche. Für mich insgesamt 3 528-mal. Das machte mich fertig. Zusammen mit dem schlechten Essen und der fehlenden Luft in der Zelle sorgte es dafür, dass ich in zwei Monaten siebenundzwanzig Kilo abnahm. Mein Körper war so unter Anspannung, dass ich das Essen fast nie bei mir behalten konnte. Ich schämte mich dafür und versuchte, es vor den Wärtern zu verheimlichen, aber nicht zuletzt durch meinen Gewichtsverlust bekamen sie es natürlich mit.

Endlich Menschen

Doch nicht alles war schlimm. So langsam lernte ich die ersten Leute kennen, mit denen ich Zeit verbrachte. Bei manchen geschah das eher zufällig, wie bei Alexej. Es gab verschiedene Gruppen im Knast: Die Türken waren eher für sich, genauso die Russen. Als ich beim Hofgang einmal bei den Russen vorbeilief, grüßte ich sie freundlich: »Dobri den.« Wofür hatte ich denn in der DDR-Schule jahrelang Russisch gelernt? Gleich darauf fragte ich mich, ob ich das nicht bereuen würde, denn einer aus der Truppe kam auf mich zu – und was für einer! Er war ein Typ wie Nikolai Walujew, der Boxer: über zwei Meter groß, ein Kreuz, hinter dem du einen Kleinwagen verstecken kannst, und Pranken, zwischen die ich nicht kommen wollte. Alexej war sicher nicht der Hellste, aber er hatte im Knast etwas zu sagen. An diesem Tag antwortete er nur: »Dobri den.« Aber ich traf ihn später wieder.

In den Umschlusszeiten – abends zwischen halb sieben und acht Uhr – spielten wir oft Rommé. Irgendjemand hatte ein Paket Karten besorgt. So lernte ich einen älteren Holländer kennen. Claas war Drogenkurier gewesen und auf der Hunsrück-Höhenstraße von der Polizei erwischt und einkassiert worden. Joey war ein großer Betrüger. Und Gerfried saß ebenfalls wegen Betrugs hinter Gittern. Er hatte Funkgeräte zusammengeschraubt, mit denen man den Polizeifunk abhören konnte. Wir vier saßen oft mit den Karten zusammen, die Chemie stimmte einfach. Ansonsten baute ich während dieser Zeit stark ab, die M-Zelle setzte mir immer mehr zu.

Einmal war Ostendorf bei mir in der Zelle. Er hatte zwar ein großes Mundwerk und einen rauen Ton, war aber eigentlich ganz in Ordnung. Sein erster Blick ging in Richtung Fernseher. »Mensch, du hast ja nur so eine miese Gurke, ich besorg dir mal einen richtigen Fernseher.« Kurze Zeit später kam er mit einem Gerät zurück, wo man bei Fußballspielen auch den Ball erkennen konnte. Dabei warf er einen Blick auf mich und fragte: »Was ist los?«

»Herr Ostendorf, ich brauche Schmerztabletten und ich muss hier raus. Ich verrecke hier.«

»Ich schau, was ich machen kann«, versprach er und ging. Offensichtlich hatte er Erfolg, denn plötzlich bekam ich eine Vorladung zum Arzt. Dort hieß es: »Auf Zuteilung erhalten Sie zwei Schmerztabletten am Tag, und Sie kommen runter von der M-Zelle.«

Meine drei Kumpels habe ich von da an leider nur noch zur Hofstunde gesehen, aber ich war trotzdem wie ein neuer Mensch. Außerdem bekam ich in der Abteilung 1 jetzt meine eigene Zelle. Sie war so klein, dass sie eigentlich als Haftraum gar nicht zugelassen war – das ist wie bei der Schweinehaltung, da gibt es auch einen Quadratmeterschlüssel. Und sie war so versifft, dass es kaum zum Aushalten war, aber Ostendorf meinte nur: »Es lohnt sich, die zu putzen, hier wirst du erst mal bleiben.«

Also putzte ich. Und ich blieb. Mein Neues Testament hatte ich mitgenommen, und es begleitete mich weiterhin.

Im Knast gibt es eine ganze Menge Häftlinge, die als Hausarbeiter unterwegs sind: Sie putzen die Flure und transportieren alles Mögliche. Ich hatte darum gebeten, dass so einer mir Putzmittel vorbeibringt. Als es an der Zellentür klopfte, wusste ich, das konnte kein Wärter sein, denn die kamen immer direkt rein. Die Tür öffnete sich und da stand Alexej, der russische Riese aus dem Hof. Er kam direkt zur Sache: »Ich muss mit dir reden.«

»Worum geht's denn?«

»Du sprichst doch Russisch. Hilf mir und meinen Jungs dabei, unsere Anträge auszufüllen. Wir sagen dir auf Russisch, was wir brauchen, und du schreibst es auf Deutsch rein.«

Ich hatte längst gelernt, dass Knastleben aus Geben und Nehmen besteht, also fragte ich zurück: »Und was hab ich davon?«

Alexej lächelte: »Dir passiert in deiner Zeit hier im Knast nie etwas.«

»Na wunderbar«, dachte ich. Andererseits hatte ich ja sonst nichts zu tun.

Bei der nächsten Hofstunde ging ich also zu den Russen und sie diktierten mir ihre Anträge. Der eine wollte Tee, der andere etwas zu schreiben, der Dritte ein Gespräch mit dem Gefängnisseelsorger. So machten wir das von nun an: Sie erzählten, ich schrieb alles fein säuberlich auf.

Doch irgendwann kam jemand von der Anstaltsleitung auf mich zu und meinte: »Schlagowsky, so geht das nicht. Die Anträge aller Russen hier im Knast sind in der gleichen markanten Handschrift verfasst – in Ihrer. Es ist ja schön, dass die Jungs solch ein Vertrauen in Sie setzen, aber das sieht in Ihrer Akte schlecht aus. Finden Sie doch einen anderen Weg.«

Seitdem beteiligte ich meine Russen an der Arbeit. Sie diktierten, ich schrieb alles vor, und sie malten die Buchstaben nach. Dafür reichte die Zeit im Hof natürlich nicht, also gab es einen regen Postverkehr über die russischen Hausarbeiter, die die Anträge hin- und hertrugen.

Gleich zwei Jobs

Irgendwann kam Ostendorf auf mich zu und verkündete: »So, genug rumgegammelt. Es wird Zeit, dass du arbeitest.« Alle Häftlinge, die gesund waren, mussten irgendetwas arbeiten.

»Du bist Schreiner, ich schlag vor, dass du in die Werkstatt gehst zum Kollegen Breier.«

»Herr Ostendorf …«

»Ja, hast du ein Problem damit?«

»Nicht direkt, nur kenne ich Herrn Breier von draußen.« So viel wusste ich schon: Kontakte mit Verwandten und Bekannten waren verboten.

»Oh, Scheiße. Dann lass ich mir was anderes einfallen. Wie wäre es mit der Küche? Geh doch in die Küche. Ich sag dir aber gleich die Beamten, die da sind: Frank, Berger ...«

»Stopp«, sagte ich, »das ist doch der Sohn des Bäckers aus Holzhausen.«

»Na, du machst es mir wirklich nicht leicht. Und wie ist es mit dem Lazarett? Oder kennst du da auch die halbe Belegschaft?«

Ich kannte niemanden, und ich konnte mir die Arbeit dort gut vorstellen. Also schrieb ich einen Antrag, um im Lazarett arbeiten zu dürfen, und der wurde genehmigt.

Parallel dazu hatte ich einen Antrag geschrieben, um einmal mit einem Seelsorger zu reden, allerdings war der katholische krank und mit der evangelischen Pastorin wurde ich nicht so richtig warm. Doch irgendwann war der Diakon Horst Dany wieder gesund, und ich bekam einen Termin bei ihm.

Horst Dany hatte einen super Ruf im Knast. Durch seine Glatze sah er selbst beinahe wie die meisten Gefangenen aus. Und als ich bei ihm ins Büro kam, erfuhr ich zum ersten Mal auf dem Berg so etwas wie Wärme. Wir setzten uns zusammen, und er sprach ganz normal mit mir. Ich hatte mit Vorwürfen gerechnet – »Wie konntest du nur?« –, doch er interessierte sich für mich als Mensch, wie ich mich gerade fühlte und wie es mir ging. Und nach einem angeregten und persönlichen Gespräch drückte er mir eine Dose mit Keksen und eine Packung Tabak in die Hand – einfach so. Ich wusste gar nicht, wie mir geschah. Viel später sagte er einmal: »Ich kann sowieso niemandem hinter die Stirn schauen. Deshalb verurteile ich die Tat, aber nie den Menschen.« Das war bei ihm nicht nur eine Floskel, das lebte er.

Schon beim nächsten Treffen fragte er mich, ob ich mir vorstellen könnte, als Küster bei ihm zu arbeiten. »Ich hab leider schon einen Job im Lazarett.«

»Wieso, der geht doch nur von Montag bis Freitag. Bei mir arbeiten Sie Samstag und Sonntag.«

Na, toll. So langsam näherte ich mich wieder meinem gewohnten Arbeitspensum. Aber als Horst Dany mir von den Vorteilen erzählte, die damit verbunden waren, war ich sofort im Boot. Er lud mich auch in seinen Bibelgesprächskreis ein: »Da dürfen immer nur sieben Leute hinkommen, und momentan ist er voll, aber schreiben Sie doch schon mal einen Antrag, dann können Sie nachrücken, sobald jemand aussteigt.«

Genau das tat ich. Wenige Wochen später saß ich mittwochabends in Horst Danys Gesprächskreis, statt im Gemeinschaftsraum Karten zu spielen. Ich hatte keine Ahnung, was mich erwartete, aber es war wunderbar. Das begann damit, dass wir uns in einer Stube unter dem Dach trafen und ein normales Fenster mit Aussicht hatten. Ich sah wieder etwas Grünes. Dann blubberte die Kaffeemaschine schon, als ich eintraf, und ich trank dort den ersten Kaffee seit Wochen, der diesen Namen verdiente. Selbst Kekse standen auf dem Tisch.

Zu Beginn sangen wir immer »Die Gedanken sind frei«. Zu diesem Lied hatten viele Gefangene eigene Strophen beigesteuert, und ein paar davon sangen wir jeweils. Dann betete der Diakon. Und danach redeten wir.

Weil ich neu war, erklärte er mir: »Nichts von dem, was hier gesprochen wird, kommt in die Akte oder zur Anstaltsleitung. Was hier geredet wird, bleibt auch hier.«

Besuchszeit

Nach etwas über zwei Monaten durfte Andrea mich das erste Mal besuchen. Zwischen uns stand ein Tisch mit Scheibe, und wir waren nie allein. Zum Glück hatte ein gnädiger Wärter die Aufsicht. Der sagte nichts, als ich Andrea am Anfang minutenlang im Arm hielt und wir beide weinten. Die Besuchszeiten waren ohnehin nie der Anlass, lange miteinander zu reden: Wir waren endlich wieder nah zusammen! Geschäftliches durften wir sowieso nicht besprechen, das lief alles über die Anwälte. Irritierend war es nur manchmal, wenn wir merkten, dass einige unserer Briefe nicht weitergeleitet wurden. Das führte zu Missverständnissen, weil irgendeine Information den anderen nicht erreicht hatte. Manche Briefe behielt die Staatsanwaltschaft einfach ein.

Zum Treffen durfte Andrea mir fünf Euro mitbringen, und ich konnte mir davon aus einem Automaten vor der Tür eine Packung Zigaretten ziehen. Das war schon etwas ganz Besonderes, doch dann kam der Moment, in dem Andrea gehen musste, und das brach mir jedes Mal fast das Herz. Die Wärter wussten schon, dass die meisten Insassen nach einem Besuch zwei Tage brauchten, um wieder auf die Reihe zu kommen.

Kurz nach Andreas erstem Besuch bekam ich die Gelegenheit, auch zum zweiten regelmäßigen Bibelkreis im Knast zu gehen. Den leitete ein Herr Orth. Dort gab es kernige Bibelarbeiten – und die erste handelte ausgerechnet von der Geschichte in Lukas 20, wo die Pharisäer Jesus fragten: »Ist's recht, dass wir dem Kaiser Steuern zahlen, oder nicht?« Jesus antwortete ihnen: »Gebt dem Kaiser, was des Kaisers ist, und Gott, was Gottes ist!«

Zuerst fragte ich mich, ob Orth den Text mit Absicht für mich herausgesucht hatte, dann ärgerte ich mich darüber, aber irgendwann fand ich es spannend, dass die Bibel etwas zu den Themen sagte, die mich persönlich betrafen. Ich genoss den kleinen Luxus von Kaffee und Keksen, aber ich setzte mich auch immer stärker damit auseinander, was es bedeutete, wenn Orth verkündete: »So, Freunde, jetzt erzähle ich euch mal etwas von Jesus Christus.«

VÖLLIG AM ENDE

Mehr als zwei Monate war ich inzwischen im Knast. Ich hatte gerade zum ersten Mal meine Frau wiedergesehen, einmal mit meinem Anwalt gesprochen und wartete auf meinen Haftprüfungstermin. Ich arbeitete im Lazarett und ich half dem katholischen Diakon Horst Dany als Küster. Einige der Geschichten, die ich im Knast erlebte, mögen sich im Rückblick ganz lustig anhören, doch ich war in dieser Zeit absolut fertig. Mir und auch anderen um mich herum wurde das klar, als ich immer wieder anfing, unkontrolliert zu zittern.

»Das sind die Nerven«, meinte die Ärztin im Lazarett.

Klar waren das die Nerven. Es war der Knast. Es war die Angst vor der Zukunft.

Im Lazarett

Jeden Morgen ging ich nach der Lebendkontrolle um sechs und dem Frühstück zur Arbeit ins Lazarett. Meistens wurde ich begleitet, manchmal ging ich den Weg über den Innenhof allein und die Wärter auf der Gegenseite wurden nur per Funk informiert: »Er kommt. Macht das Loch auf.«

Die Krankenstation selbst war eine Mischung aus Gefängnis und Arztpraxis: Da war alles, was zu einer normalen Praxis gehörte, aber gleichzeitig befand sich dort eine Zelle, in die ich »im Fall der Fälle« oder bei vertraulichen Gesprächen eingeschlossen wurde.

Mein Job war in erster Linie die Reinigung. Ich putzte den Flur und die Behandlungsräume. Ich desinfizierte Liegen und Werkzeuge. Und ich war mittendrin im Geschehen und bekam so einiges mit. Wahrscheinlich aus diesem Grund gibt es den Job im Lazarett für Insassen heute nicht mehr. Ich war in diesem Knast der letzte Insasse, der im Lazarett gearbeitet hat.

Zu meinen Aufgaben gehörte das Putzen im Archiv. Bin ich neugierig? Ja. Einmal nutzte ich die Gelegenheit, als mir niemand auf die Finger sah, und öffnete einen der vielen grünen Ordner, die mit einem schwarzen Kreuz gekennzeichnet waren. Das waren die Suizidfälle. Einer hatte sich im Waschbecken ertränkt, aber die meisten hatten sich erhängt. Neben allem Entsetzen schwang für mich die Frage mit: Wäre das eine Lösung für mich? Der Gedanke beschäftigte mich lange.

Heute ist es unvorstellbar, dass ich mir Zugang zu solchen Akten verschaffen konnte, aber ich hatte nicht nur den Zugang, sondern auch die Zeit. Genauso unvorstellbar ist es, dass ein Insasse das Methadon für die Drogenabhängigen richtet, aber genau das tat ich.

Viele unserer Patienten waren Menschen, die gerade verhaftet worden waren und bei denen untersucht wurde, ob sie überhaupt haftfähig waren. Wenn sie über Nacht im Lazarett bleiben mussten, war das immer mit größerem Aufwand verbunden, denn dann musste die ganze Abteilung besetzt bleiben. Einmal sah ich eine obdachlose Frau, bei der die Socken in die Füße eingewachsen waren und Maden in den Weichteilen lebten. Sie hatte ihr Tagesgeld von der Sozialhilfe doppelt abgeholt, deshalb war sie eingeliefert worden – eigentlich war sie kein Fall fürs Gefängnis. Dasselbe galt für einen jungen Mann mit Tourettesyndrom. Er wurde wegen eines Verstoßes gegen das Betäubungsmittelgesetz eingeliefert, aber er war definitiv kein Fall für den Strafvollzug. Ich musste ihn auf der Toilette festhalten, damit er die Schüssel traf. Er war arm dran und eigentlich nur seiner Zeit voraus: Heute bekommt man mit seinem Krankheitsbild Cannabis ganz legal, weil es oft das Einzige ist, das hilft.

Meine neue Arbeitsstelle brachte einige Vorteile mit sich: Ich konnte mal eben zwischen Tür und Angel die Ärztin konsultieren oder den Zahnarzt. Schon vor dem Knast hatte ich eine Behandlung begonnen. Die Implantate waren schon gesetzt, aber durch den Stress und das schlechte Essen entzündete sich mein Kiefer und sie wuchsen nicht an. Die Zahnärzte im Knast konnten allerdings nur eine Notversorgung bieten, alles Weitere musste bis zur Entlassung warten. Aber wenigstens warfen sie einen Blick auf mein Gebiss und sorgten dafür, dass es nicht schlimmer wurde.

Kontrollen

Ich begann, meine Erlebnisse im Knast und das, was mich hierhergebracht hatte, aufzuschreiben, denn ich wollte es nicht vergessen. Nach draußen schicken konnte ich meinen Aufschrieb nicht, er wäre todsicher von der Zensur zurückbehalten und an die Staatsanwaltschaft weitergeleitet worden. Also sammelte ich Blatt für Blatt auf meiner Zelle für ein ungewisses »Danach«.

Meine Arbeitszeit im Lazarett ging oft mit dem obligatorischen Trockenduschen zu Ende. Ich kam in einen Duschraum, musste mich komplett ausziehen und die Kleidung wechseln. Dabei kontrollierten mich drei Mann von Kopf bis Fuß inklusive aller Körperöffnungen, damit ich ja nichts aus dem Lazarett in meine Zelle schmuggelte. An Drogen hatte ich kein Interesse, doch ich habe mir einmal heimlich den Ableger einer Grünlilie mitgenommen. Ich setzte sie in einen Joghurtbecher und zog sie in meiner Zelle groß. Sie war ein Symbol des Lebens für mich.

Zum Knastalltag gehörten die sogenannten HK 1 – Haftraumkontrollen. Stichprobenartig kamen Beamte und stellten die Zelle auf den Kopf. Wenn die Kontrollen fair abliefen, dann kamen Anweisungen wie: »Machen Sie mal die Zuckerdose auf und stechen Sie mit Ihrem Messer hinein.« – »Woher haben Sie diesen Gegenstand?« – »Was sind das für Tabletten?«

Bei der unfairen Variante war die Zelle hinterher ein Saustall. Da wurde die Kaffeedose zum Kontrollieren ins Bett ausgeleert und Ähnliches. Ich habe beide Arten von Kontrollen erlebt.

Im Knast wurden übrigens nicht nur wir Knackis kontrolliert, sondern immer wieder auch die gesamte Einrichtung. Eines Tages war ich mit dem Aufseher Wagner im Lazarett allein. Ich wusch und desinfizierte Skalpelle, Scheren und Nadeln. Wagner saß einen Raum weiter und hatte seine Füße entspannt auf dem Tisch liegen. Plötzlich ging eine Seitentür auf, die in den Frauentrakt des Gefängnisses führte, und ein paar Kontrolleure standen im Flur. Sie suchten nach irgendwelchen Missständen, und sie wussten: Bei Wagner wirst du fündig. Immer. In diesem Augenblick stand ich allein im Behandlungszimmer, hatte eine Akte in der einen und ein Skalpell in der anderen Hand. Sofort musste ich beides ablegen und wurde in die Zelle gesperrt.

Und dann bekam Wagner einen Anschiss, den ich durch die geschlossene Stahltür Wort für Wort hören konnte. »Was haben Sie sich denn dabei gedacht? Seit wann bekommen Gefangene Akteneinsicht und dürfen mit Waffen hantieren?«

Wagners Entgegnungen waren eher lahm und nicht sehr überzeugend. »Ich hatte ihn die ganze Zeit im Blick, außerdem weiß ich: Der tut nichts.« Die rote Gesichtsfarbe des Kontrolleurs konnte ich beinahe durch die Tür hindurchsehen, als dieser Wagner die Meinung geigte.

Das war das Ende meiner Zeit im Lazarett. Ich wurde versetzt. Wagner übrigens auch.

Mit dem Gesangbuch in der Hand

Zu meinem Küsterjob gehörte der Besuch der Gottesdienste im Knast. Samstags um fünfzehn Uhr fand der katholische und sonntags um acht Uhr der evangelische Gottesdienst statt. Die Uhrzeiten wurden an die Abläufe im Knast angepasst. Gerade sonntags war der Zeitplan sportlich, denn ich wurde immer schon eine Stunde vor Beginn abgeholt und musste die Kapelle unterm Dach für den Gottesdienst herrichten: Altartisch aufbauen, Kerze und Kreuz daraufstellen, Stühle im Raum verteilen und später Gesangbücher ausgeben. Damit gehörte ich zu den Knackis, die den wenigen Frauen im Knast etwas näher kamen. Aber gerade beim Reichen der Liederbücher wurde ich gut beobachtet – ich hätte ja etwas weitergeben können.

Bei diesen Gottesdiensten habe ich zum ersten Mal verstanden, warum sich dabei das Schwenken von Weihrauch eingebürgert hat. Im Mittelalter waren Körperhygiene und Gerüche sicher noch schlimmer als bei uns im Knast – da war es schon gut, wenn du etwas zum Überdecken hattest.

Wir waren zwar im Knast, aber trotzdem hatte der Gottesdienst immer eine besondere, fast heilige Atmosphäre. Sehr deutlich ist mir das geworden, als wir einmal im evangelischen Gottesdienst Abendmahl feierten. Die Pastorin brachte dazu ein frisches Weißbrot mit und gab es durch die Reihen. Eigentlich war mir klar, dass davon nichts hinten ankommen würde. Die brutalen Kerle, die vorne saßen, würden sich den Mund mit dieser Kostbarkeit vollstopfen … Nein. Das Brot ging durch alle Reihen, und am Schluss fehlte nur eine kleine Ecke des Brotes. Niemand hatte sich vollgestopft. Wir hatten Abendmahl gefeiert.

In dieser Zeit gab mir Horst Dany meine erste komplette Bibel. Sie war brandneu. Bevor ich sie mitnehmen konnte, meinte er jedoch: »Stopp. Das muss jetzt noch rein«, und stempelte »Katholische Seelsorge JVA« hinein. Diese Bibel ist immer noch meine Hausbibel – samt Stempel.

Genug gekämpft

Man könnte nun meinen: Alles klar, es geht aufwärts mit Titus. Aber dem war nicht so. Durch Briefe und Besuche bekam ich mit, wie schlecht es Andrea ging und dass die Firma kurz vor dem endgültigen Aus stand. »Andrea kämpft, aber ich glaube nicht, dass sie es packt«, hörte ich öfter. Für mich schwang dabei immer mit: Und das ist meine Schuld!

Ich kämpfte mit Depressionen und sah kein Licht mehr am Ende des Tunnels. Wofür lohnte es sich noch, zu leben? Die vielen Akten aus dem Lazarett fielen mir wieder ein: So schwer konnte es doch gar nicht sein, Schluss zu machen.

Am 27. Juli 2012 hörte ich draußen Kinder, die krakeelend ins Schwimmbad fuhren, aber hier drinnen fand kein Leben statt. An diesem Nachmittag beschloss ich: Feierabend. Das war's.

Freitags waren wir bereits ab nachmittags unter Nachtverschluss und am Samstag wurden wir eine Stunde später geweckt. Ich hatte also alle Zeit der Welt. So knüpfte ich mir aus meiner Jogginghose und einem Unterhemd einen Strick und hängte ihn an die Fenstergitter. »Ich kann nicht mehr – und ich will nicht mehr.« Das stand für mich fest. So ähnlich schrieb ich das in meinen Abschiedsbrief, den ich auf den Tisch legte. Dabei fiel mir der Stift runter und rollte unters Bett. Ich kniete mich auf den Boden, um ihn aufzuheben, und dachte: »Wo ich schon mal auf den Knien bin, kann ich noch mal kurz alles loswerden, was mich fertigmacht, und dann ist es gut.«

Ich fing an, mit Gott zu reden, und plötzlich brach es richtig aus mir hervor: Ich betete und heulte, betete und heulte. Ich habe vorher noch nie im Leben so lange gebetet; ich wusste gar nicht, dass das geht. Es war ein intensives Hose-Herunterlassen vor Gott.

Das Nächste, woran ich mich erinnere, ist, dass es hell wurde, die Sonne war vor dem milchigen Fenster aufgegangen. Ich kniete immer noch am Bett und wusste gar nicht so genau, ob ich durchgebetet oder zwischendrin geschlafen hatte. Dann hörte ich Geräusche vom Gang: die Lebendkontrolle. Am Fenster hing noch mein Strick, und der Abschiedsbrief lag auf dem Tisch. Das musste schleunigst verschwinden. Ich griff beides, warf es ins Klo und spülte nach. Dann setzte ich mich mit der Bibel und dem Losungsbuch an den Tisch. Ich las die darin angegebenen Tagesverse und schrieb in meine Bibel: »Diese Nacht war der Horror, doch jetzt bin ich mit Gott auf Du und Du.«

Es kam kein strahlendes Licht vom Himmel, stattdessen drehte sich der Schlüssel in meiner Zellentür und ein Beamter schrie mich an, was ich um diese Uhrzeit schon so wach machen würde. Nichts hatte sich geändert. Und doch war auf einmal alles anders. Ich fühlte mich wie an einem von diesen Wintertagen, die noch ganz in die kalte Jahreszeit gehören, an denen man aber trotzdem riecht und hört und spürt, dass der Frühling kommt.

Es fällt mir schwer, zu beschreiben, was in dieser Nacht passiert ist, aber ich bin von Herzen dankbar, dass dieser Zustand bis heute anhält. Ich wurde am nächsten Tag nicht entlassen, aber ich hatte plötzlich eine andere Einstellung zum Leben, ich hatte das Leben selbst. Johannes drückt das in einem Brief in der Bibel so aus: »Wer den Sohn hat, der hat das Leben« (1. Johannes 5,12). Genau das hatte ich erfahren.

Heute bin ich überzeugt, dass ich diesen totalen Absturz brauchte, dass ich sonst nie zu Gott gefunden hätte. Vor einer Weile nahm ich einen Satz Hammer mit auf die Kanzel, um das in meiner Predigt zu illustrieren: »Der eine braucht nur so ein leichtes Anpiksen wie von dem Glaserhammer hier; für den Nächsten ist ein Schlag mit dem Zimmermannshammer völlig ausreichend; ich habe den Zehn-Kilo-Vorschlaghammer gebraucht, sonst hätte sich bei mir gar nichts geändert.«

Was mein Leben in den Wochen darauf völlig umgekrempelt hat, war keine neue Situation, es war die Zusage Gottes: »Ich hab mit dir noch etwas vor.« Das hatte ich gehört und verstanden. Man kann das jetzt Bekehrung nennen, für mich war es erst einmal ein Deal. Ich sagte Gott: »Wenn du es noch einmal mit mir wagst, dann will ich es auch mit dir wagen.«

Es gibt so viele Punkte, bei denen Gott nicht stolz auf mich sein kann, so vieles, was nicht hätte sein müssen, aber in dieser Nacht begriff ich, dass er trotzdem voll und ganz auf meiner Seite steht, mir vergibt und mich gebrauchen möchte. Vielleicht habe ich deswegen heute für viele Menschen Verständnis, die von anderen abgelehnt werden, und kann ihnen offen begegnen. Das hat übrigens schon damals im Knast begonnen.

FREI IM KNAST

Ich saß immer noch im Knast. An meiner Zellentür stand immer noch Titus Schlagowsky. Aber ich war trotzdem jemand anderes, denn ich hatte plötzlich einen ganz anderen Draht zu Gott und zu den Menschen um mich herum. Ich machte keine Werbung deswegen, aber irgendwie müssen die Leute gemerkt haben, dass sie mir vertrauen konnten, denn von da an wollten mir etliche ihr Herz ausschütten. Außerdem wusste ich nun, dass Gott mich gebrauchen wollte.

Nachts in einer anderen Zelle

Manchmal hatte ich das Gefühl, dass ich so etwas wie ein Mülleimer für andere wurde. Das klingt jetzt negativer, als ich es meine, aber Tatsache ist, dass andere Knackis ihren Dreck und ihre Schuld bei mir abluden. Es begann damit, dass einer der Wärter eines Abends meinte: »Du, Schlagowsky, der Gerfried möchte einmal dringend mit dir reden.« Gerfried kannte ich noch vom Rommé-Spielen auf Abteilung 6.

»Und wie soll das gehen?«, fragte ich. »Ich kann ja schlecht da rüberspazieren, außerdem sind Zellenbesuche sowieso verboten.«

»Ich hab den Eindruck, es ist wichtig. Ich hab Wochenenddienst, ich kann da was tun. Aber das darf nicht rauskommen, sonst gibt's Ärger.«

»Wenn das so wichtig ist, bin ich dabei.«

Nach dem Nachtverschluss um zehn Uhr brachte mich der Aufseher zu Gerfried und ließ uns allein. Gerfried saß erst einmal da und wusste nicht, wie er anfangen sollte.

»So, Meister, was gibt es denn so Wichtiges?«, fragte ich ihn.

»Du weißt, weswegen ich im Bau bin, Titus – aber das stimmt alles nicht. Ich habe keine Funkgeräte manipuliert und auch keinen Polizeifunk abgehört. Das habe ich erfunden. Ich habe mich über Jahre an meinen Stiefkindern vergangen.«

Da hatte er sich den Richtigen als Gesprächspartner ausgesucht, denn dafür hatte ich gar kein Verständnis. Sexualstraftäter konnten zwischen Isolationshaft oder gemeinsamer Unterbringung im Knast wählen. Gerfried hatte das Letztere genommen, und nun zerbrach er schier an der Heimlichkeit, daran, dass er niemandem irgendetwas erzählen konnte. Aber an diesem Abend brachen die Dämme. Er erzählte mir alles, mehr, als ich jemals wissen wollte. Es dauerte Stunden. Immer wieder öffnete der Beamte zwischendrin die Tür und schaute nach, ob noch alles in Ordnung war. Am Schluss fragte ich Gerfried: »Was willst du jetzt von mir? Die Absolution kann ich dir nicht erteilen, dafür ist unser Chef da oben verantwortlich.« Ich bot ihm an, das Vaterunser mit ihm zu beten. Er nickte. Dann klopfte ich an die Tür, um den Wärter zu rufen. Die Tür ging sofort auf, er musste schon gewartet haben.

Zum Abschied sagte Gerfried: »Vielen Dank, dass du dir meine ganze Geschichte angehört und für mich gebetet hast, aber eines muss ich dir noch sagen: Das, was du angestellt hast, geht gar nicht. Du kannst doch nicht unseren Sozialstaat bescheißen. So was gehört sich nicht. Darunter leidet das ganze System.«

Am liebsten hätte ich ihm eins auf die Backe gegeben. Er meinte das ernst! Ich antwortete: »Ja, ich habe unserem Sozialstaat geschadet, aber du hast zwei Menschenleben zerstört.«

Der Aufseher war genauso entsetzt wie ich. Er warf die Tür zu, schloss sie ab und fragte: »Was meinst du dazu?«

»Gar nichts mehr. Schließen Sie mir bitte meine Hütte auf, ich will hier weg.«

Das war allerdings noch nicht das Ende der Geschichte. Viele Knackis schauten frühmorgens fern, weil da im Videotext des SWR aktuelle Gerichtsurteile angezeigt wurden. Dabei wurden zwar nie Namen genannt, aber Knackis sind ja nicht dumm. Sie achteten genau darauf, wer an diesem Tag auf Transport ins Gericht gegangen war. Und dann kam der Tag, an dem nur ein Prozess von Kindesmissbrauch verhandelt wurde – und der Einzige auf Transport war Gerfried. Jetzt wusste jeder Bescheid, und er konnte seine Zelle nicht mehr verlassen.

Jeder, der daran vorbeiging, »stolperte« kurz und trat gegen die Tür. Es war das klare Signal: »Lass dich nur nicht draußen blicken …«

Gerfried tauchte nie wieder auf und wurde so bald wie möglich verlegt.

Keine Luft

Etwas ganz anderes geschah kurz darauf im Gottesdienst. Die Männer waren schon gegangen, anschließend gaben die Frauen eine nach der anderen ihre Gesangbücher ab. Plötzlich sackte direkt vor mir eine junge Frau zusammen und blieb bewusstlos auf dem Boden liegen. Keiner wusste, was zu tun war.

Es war mir strengstens verboten, eine der Frauen zu berühren, die bei uns in den Gottesdienst kamen. Eiserne Knastregel, doch einer der Wärter rief: »Schlagowsky, tun Sie doch was.«

»Das darf ich nicht. Ruckzuck habe ich dann ein Diszi am Hals.« Solch ein Disziplinarverfahren mit Haftverschärfung und Eintrag in der Akte war das Letzte, was ich wollte, aber ich schaute immerhin genauer hin. Aufgrund meiner Zeit im Lazarett sah ich, dass die Lage ernst war: »Ich glaube, die atmet nicht mehr. Rufen Sie sofort die Ärztin.« Einer tat es, ein anderer schaute unruhig in meine Richtung: »Machen Sie doch was.«

Ich sah sie genauer an. Ich kannte sie vom Sehen. Es war eine Entführerin, die zusammen mit ihrem Mann hier im Knast war. Sie hatten gemeinsam ein Baby verschleppt und waren mit dem Kind im Ausland untergetaucht. Ich meinte: »Das dauert zu lange, bis die Ärztin kommt. Sie wird schon blau.« Die Beamten antworteten: »Wir versprechen Ihnen, dass Sie kein Diszi bekommen, aber tun Sie endlich was.«

Ich beugte mich zu der Frau hinunter und öffnete ihren Mund. Sie war ohnmächtig geworden und ihre Zunge war nach hinten gefallen, sodass sie keine Luft mehr bekam. Ich konnte die Zunge nach vorn holen und gab ihr einen leichten Klaps. »Hmmm«, machte sie und atmete wieder. Um mich herum atmeten alle erleichtert auf. Schnell trat ich von der Frau zurück, und im nächsten Moment kam die Ärztin. Ich wurde ohne weiteren Kommentar in meine Zelle gebracht – um die Kerzen in der Kapelle kümmerte sich an dem Tag wohl jemand anderes.

Am gleichen Nachmittag klopfte es an meiner Zellentür. Ein Wärter stand dort zusammen mit dem Mann der Gottesdienstbesucherin. Der nahm mich in den Arm und dankte mir dafür, dass ich seiner Frau das Leben gerettet hatte. Natürlich bekam ich kein Diszi.

Doppelt frei

Zu meiner neu gewonnen inneren Freiheit kam auch eine größere äußere Freiheit. Ich durfte ja nicht mehr im Lazarett arbeiten, und der Job als Küster galt nicht als Arbeit, deshalb kam ich zu den Hausarbeitern. Das empfand ich als großen Luxus, denn nun konnte ich mich von morgens um sieben bis nachmittags um halb vier beinahe frei in der Abteilung bewegen.

Ich putzte, transportierte und gab Essen aus. Das war eine besondere Kunst. Nicht die Essensausgabe an sich, denn es wurde für die Mehrheit alles in eine Schüssel zusammengeschüttet, aber die verschiedenen Gerichte. Die meisten bekamen Normalkost, aber je nach Religion erhielt man Spezialessen. Ich hatte schon mitbekommen, dass dieses Thema unter Anstaltsleitern nicht beliebt war: Wenn einmal das falsche Essen ausgegeben wurde, konnte das entweder zu Handgreiflichkeiten oder zu juristischen Auseinandersetzungen führen.

Beim Verteilen von Kartoffelsuppe machte ich da einmal einen schwerwiegenden Fehler. Nach der Suppe gab es mit der Zange jeweils eine Wurst hinein – mit der Schweinezange die Schweinswurst und mit der Rinderzange die Rindswurst. Was soll ich sagen, ich stand vor Feisal, einem Muslim, und gab ihm versehentlich seine Rindswurst mit der Schweinezange. So schnell konnte ich gar nicht gucken, wie ich die Suppe im Gesicht hatte. Der Wärter neben mir schloss ihn erst einmal weg, aber noch im Weggehen zischte Feisal mir zu: »Dich bring ich um.«

»Was hast du denn angestellt?«, fragte der Wärter.

»Ich hab die Zangen verwechselt.«

»Ach, du Scheiße«, entfuhr es ihm. »Du weißt schon, dass der Kerl hammerschlecht drauf ist, oder? Der hat sich nicht nur mit einem geprügelt.«

Was kann man in so einer Situation tun? Ich hätte den Hofgang verschieben können, aber das wäre mir als Schwäche ausgelegt worden, also ging ich. Ich stand gerade erst im Freien, als ich Feisal von der anderen Seite schon mit ein paar Freunden auf mich zurennen sah. »Okay«, dachte ich, »dann bin ich mal gespannt, was passiert«, denn ich wollte weder den Schwanz einziehen noch wollte ich mich prügeln.

Plötzlich kam von der anderen Seite Alexej mit seinen Kumpels. Er ließ Feisal gegen seinen Arm laufen, taxierte ihn kurz und fragte: »Was willst du?«

»Das geht dich einen Dreck an, den mach ich platt.«

»Dem da tust du gar nichts. Wenn du ihm etwas tust, dann schadest du meinem nächsten Antrag, und das willst du auf keinen Fall.« Damit wedelte der Russe mit seiner Hand und verscheuchte ihn: »Dawai, dawai.«

Feisal und seine Leute zogen ab, und Alexej drehte sich um und lächelte: »Ich hab's dir gesagt: Dir passiert hier nichts.«

Kurz darauf bat mich Alexej um einen Gefallen: »Du bist doch jetzt Hausarbeiter. Wenn Russen neu in den Knast kommen, muss ich das wissen. Gib mir Bescheid, damit wir ihnen beim Einstieg helfen können.« Die Russen hielten wirklich zusammen!

Den Gefallen tat ich Alexej gern. Ich schmuggelte jedoch nichts, sondern klärte das mit den Beamten ab. Als zwei neue Russen kamen, fragte ich sie, was sie brauchten. »Tabak und Tee.« Alexej zahlte, ich besorgte das Gewünschte, die Wärter waren einverstanden, und die Neuen bekamen ihre Ware.

Hilfsprojekt der anderen Art

Ich hatte mir außerdem eine Art Hilfsprojekt ausgedacht, das ich allerdings schwarz durchzog. Neue Gefangene bekamen in der Regel ein kleines Probiertütchen mit Duschgel. Das reichte natürlich nur für eine Anwendung. Als Hausarbeiter hatte ich jedoch einen Fünf-Liter-Kanister mit Seife bei mir auf dem Wagen und weitere standen im Materialraum. Damit befüllte ich leere Duschgelflaschen und stellte sie den Neuen hin: »Geschenk des Hauses.« Ich wäre in meinen ersten Tagen froh gewesen, wenn ich solche Seife gehabt hätte, auch wenn sie nicht nach Aprikose roch.

Ein anderer Hausarbeiter wurde allerdings bei einer Haftraumkontrolle erwischt. Er hatte eine ganze Batterie an Haarshampoo-Flaschen bei sich stehen. Die Beamten sagten ihm auf den Kopf zu: »Das ist zu viel. Das können Sie nie bestellt haben.« Sie zogen eine Probe und stellten fest: »Das stammt wohl aus dem Reinigungsraum und ist Anstaltseigentum.« Um das Ganze nicht allein auszubaden, verpetzte der Kollege mich: »Der Schlagowsky macht das aber auch.«

Minuten später standen die Beamten bei mir in der Zelle. »Schlagowsky, haben Sie Seife aus dem Kanister in Shampoo-Flaschen gefüllt und sie an andere Häftlinge abgegeben?«

»Jawohl. Das habe ich.«

»Was haben Sie damit gemacht?«

»Ich habe neuen Häftlingen Seife gegeben, und zwar in den letzten Tagen in dieser Zelle und in jener hier.«

»Was haben Sie dafür bekommen?«

»Nichts. Ich will bloß, dass sie nicht stinken wie die Schweine und sich waschen können.«

Der eine Beamte lächelte: »Wissen Sie was, Sie waren ehrlich, bei Ihnen zieht das nichts nach sich. Wir gehen jetzt wieder zu Ihrem

Kollegen. Der kriegt eins auf den Sack, weil er Anstaltseigentum geklaut und Sie verpfiffen hat.«

Ich fand das fair. Der andere Knacki hatte damit Geld verdient, aber ich hatte die Seife umsonst verteilt. Es ging mir dabei einfach um ein Stück Menschenwürde im Knast. Die Geschichte landete nicht mal in meiner Akte.

Mein Prozess

Irgendwann ging es auch inhaltlich weiter, und ich bekam einen Prozesstermin. Am ersten Tag brachte mich die grüne Minna ins Landgericht. Dort wurde ich zunächst in einer der Zellen im Keller verwahrt. Die Stimmung war sehr angespannt, weil am gleichen Tag der Prozess gegen eine Gruppe von Neonazis laufen sollte. Einige von ihnen hatte ich im Gefängnis als relativ normale Leute kennengelernt, aber hier ging es ja um mehr als die persönliche Seite: Das Gerichtsgebäude war abgesperrt, Scharfschützen waren auf den Dächern positioniert, und die Hafträume im Keller waren weitestgehend verteilt.

Ich hätte mir meine Zivilkleidung wiedergeben lassen können, aber ich ging in Haftkleidung in den Gerichtssaal. Wegen der Beschränkungen durch den Naziprozess musste ich gefesselt durch den öffentlichen Bereich des Gerichts gehen, in Handschellen und mit zwei Beamten links und rechts. Dabei sah ich ein Mädchen mit seiner Mutter. Ihren entsetzten Blick auf mich kann ich bis heute nicht vergessen.

Im anschließenden Schöffengericht wurde zweieinhalb Stunden lang die Anklage verlesen. Ein Richter und zwei Schöffen würden am Schluss das Urteil fällen. Eigentlich war ich nach der Lesung bereits verurteilt, aber das wollte ich zu diesem Zeitpunkt noch nicht einsehen. Mir war es wichtig, zu meiner Schuld zu stehen, aber auch darzustellen, dass ich zu keiner Zeit im großen Stil in die eigene Tasche gewirtschaftet hatte – doch darum ging es nicht.

Meine Frau, meine Schwester und mein Vater standen ebenfalls vor Gericht. Ihr Fall wurde separat verhandelt, aber natürlich waren sie bei meiner Verhandlung dabei. Wir waren als »Familienbande« angeklagt. Sie waren weder vorbestraft noch an der Steuerhinterziehung beteiligt, also kamen sie relativ schnell aus der Schusslinie. Im Endeffekt wurden sie alle zu Bewährungsstrafen verurteilt. Auf eine gewisse Weise genoss ich es, meine Familie zu sehen und unter normal angezogenen Leuten zu sein. Ich durfte meine Frau in den Arm nehmen und sah sie viel länger als sonst – die Besuchszeit im Gefängnis ist einmal monatlich eine Stunde. Andererseits spürte ich von Minute zu Minute, wie sich die Schlinge um meinen Hals weiter zuzog, und so manche Hoffnung, die ich mir gemacht hatte, löste sich in nichts auf.

Am zweiten Verhandlungstag hätten wir die Gelegenheit gehabt, unsere Seite darzustellen, aber wie sollte das gehen? Die gesamten Unterlagen waren bis jetzt unter Verschluss gewesen, wegen des Umfangs hatte mein Anwalt gar keine Möglichkeit gehabt, die Informationen zu beschaffen, die er gebraucht hätte. Die Anwältin meiner Frau redete schließlich Klartext mit mir: »Wir müssen irgendeinen Deal machen. Die wollen Sie unbedingt im Knast sehen.«

»Ich habe gedacht, am Ende soll ein gerechtes Urteil stehen. Dazu muss man doch erst einmal erklären, wie es überhaupt zu der Steuergeschichte gekommen ist.«

Sie schaute mich nur an: »Was wollen Sie denn? Wer soll das denn alles aufarbeiten?«

Natürlich hatte sie recht. Also blieb es dabei, dass ich von vornherein verurteilt war, und es blieb bei drei Verhandlungstagen. Am

Schluss kam die Staatsanwaltschaft mit einem Angebot für mich: »Herr Schlagowsky, wir könnten Ihnen mit dem Strafmaß deutlich entgegenkommen, wenn Sie uns andere Beteiligte an Ihrem Steuerverbrechen nennen würden.«

Es ging um die Lieferanten, die nicht auf einer Rechnung bestanden hatten, als ich schon nicht mehr übers Konto bezahlen konnte. Es ging um meine Freunde, die mir geholfen hatten, als mir das Wasser schon bis zum Hals stand. Auf keinen Fall würde ich sie ausliefern. Ich kooperierte nicht. Die Bewährungszeit nach meiner Vorstrafe war gerade noch nicht abgelaufen. Deshalb traf mich die volle Härte des Gesetzes. »Titus Schlagowsky, im Namen des Volkes ergeht folgendes Urteil …« Als der Richter fertig war, hatte er mich zu drei Jahren und drei Monaten Haft verurteilt. Ich hatte schon damit gerechnet, aber ich war trotzdem am Boden zerstört.

Im Keller

Ein Polizist, der am Gericht arbeitete, brachte mich in den Keller. »Hören Sie mal zu, es gibt da ein Problem. Wegen des Naziprozesses ist alles voll. Sie müssen entweder gefesselt bis heute Abend im Publikumsbereich warten oder Sie teilen sich die Zelle mit jemandem.«

»Kann ich mir den aussuchen?«

»Nein, aber Sie können sicher sein, dass wir Sie auf dem Bildschirm haben – Ihnen kann gar nichts passieren.«

Natürlich ging ich lieber in die Zelle. Ich bekam noch ein Tütchen mit Brot und Apfel mit und dann ging die Tür auf. Drinnen erwartete mich ein bekanntes Gesicht, ein Wirt aus der Stadt.

»Na so was«, meinte er, »auch vor Gericht?«

»Ja, genau wie du.«

»Und wie war's?«, fragte er mich.

»Ich hab mein Urteil bekommen: drei Jahre, drei Monate.«

»Geil!«, rief er. »Ich hab mein Urteil auch.«

»Wie viel hast du bekommen?«

»Lebenslänglich.«

Na, hervorragend. Jetzt saß ich neben einem, dem alles egal war, weil er gerade die Höchststrafe bekommen hatte. Aber es gab keine Probleme.

»Magst du eine rauchen?«, fragte er.

»Klar, aber das ist hier doch verboten, und die haben uns auf dem Bildschirm.«

»Ich möchte den sehen, der hier reinkommt und mir das Rauchen verbietet«, antwortete er, zog sich seelenruhig eine Packung Zigaretten aus der Hose, und dann rauchten wir.

Die letzten Wochen

Nach der Urteilsverkündung dauert es meistens ein paar Wochen, bis das Urteil schriftlich in den Knast kommt – und dann wird man verlegt. Ich hatte mir schon überlegt, wie es weitergehen würde. Zuerst würde ich in einen entfernteren Knast geschickt werden, dann wollte ich einen Antrag auf »wohnortnahe Verlegung« stellen und hoffentlich bald in einen wechseln, wo ich näher bei meiner Familie wäre. Aber das Urteil kam nicht.

Mein Alltag auf dem Berg lief weiter: Ich war immer noch Hausarbeiter. Sehr oft kamen Leute zu mir und wollten über ihre Probleme reden, nicht nur die Gefangenen, auch Wärter brauchten mal ein offenes Ohr. Das war natürlich ziemlich heikel, denn solche Nähe war eigentlich verboten. Aber durch diese Nähe wurde auch manches möglich. Mir war klar, dass ich meine angefangene Autobiografie beim Umzug nicht mitnehmen durfte. Doch ich konnte sie auch schlecht in die Hauspost geben, weil sie dann zensiert würde. Als ich einmal mit einem der Wärter darüber sprach, fragte er grinsend: »Hast du einsvierzig?«

»Sie meinen eine Briefmarke?«

Ein paar Minuten später kam er wieder zu mir und gab mir einen großen Umschlag. Ich legte die Blätter hinein, frankierte ihn und adressierte ihn an Andrea. Der Beamte nahm ihn mit und steckte ihn nach Dienstschluss in einen öffentlichen Briefkasten. So waren die Jungs, sie konnten manchmal unmöglich sein, aber viele waren schwer in Ordnung.

Einmal pro Woche durfte ich für zehn Euro fünf Minuten lang mit Andrea telefonieren. Ich nutzte jede Gelegenheit dafür, aber es ging ganz schön ins Geld.

In diesen letzten Wochen verpasste ich keinen Gottesdienst und kein Bibelgespräch. Diakon Dany war mir in dieser Zeit eine Riesenhilfe. Er stand mir mit Rat und Tat zur Seite, betete mit mir und hatte Verständnis für mich. Bei einem Besuch zeigte er auf sein Telefon und meinte: »Ich muss gerade noch etwas fertig machen, wenn Sie so lange mit jemandem telefonieren möchten …« Klar wollte ich.

Die Wochen gingen ins Land und mein Urteil kam immer noch nicht. Ich beschwerte mich. Als es schließlich kam, legte ich Widerspruch ein – nicht gegen das Urteil, aber gegen den Ort. Ich wollte nicht wochenlang in der Ferne bleiben, hundertdreißig Kilometer weit weg von Andrea. Daher begründete ich meinen Einspruch mit der Verzögerung und beantragte, direkt in den näher gelegenen Knast verlegt zu werden. Es klappte. Nun würde ich ins »richtige« Gefängnis umziehen.

VERLEGT

Es war Zeit, auf dem Berg auszuchecken. Ähnlich wie im Hotel hieß das: alles mitnehmen, was meins ist; alles dalassen, was ins Haus gehört. Gekommen war ich mit meiner Jacke über der Schulter, jetzt hatte ich einen halben Hausstand. Meine Haftkleidung gab ich wieder in der »Kammer« ab, aber meine Tasse, meinen Wasserkocher und vor allem meine Bibel und die vielen christlichen Bücher, die ich inzwischen besaß, nahm ich mit.

Als ich abgeholt wurde, musste ich mich in Transportkleidung und mit Hamburger Fessel bereithalten – das war eine spezielle Kombination aus Hand- und Fußfessel, die das Weglaufen unmöglich machen sollte. Der Bus hatte eine größere Strecke vor sich, auf der er verschiedene Gefangene einsammelte und ablieferte. Manche waren so tagelang durch Deutschland unterwegs, um zum Beispiel zu einem Gerichtstermin gebracht zu werden. Zum Glück würde ich nur eine Station weiterfahren.

Endlich fuhr der Reisebus mit den verkleinerten Fenstern durch die Sicherheitsschleuse in den Hof des Knasts. Als das innere Tor hinter ihm zufiel, traute ich meinen Ohren nicht; die Knackis darin sangen. Nicht schön, aber laut klang es: »Weißgrüner Partybus – Schalalalala.«

Nachdem der Fahrer die Tür geöffnet hatte, wurde ich noch einmal genau durchsucht, als ob ich seit meiner letzten Untersuchung irgendwo irgendetwas hätte herbekommen können. Dann wurde ich zu meinem Sitz gebracht und fixiert. Es war ein Fensterplatz. Dadurch hatte ich bei der Fahrt einen Blick auf die Autobahn und auf Bäume und Sträucher am Weg. Das waren beinahe Urlaubsgefühle, denn so ein Anblick wird einem im Knast richtig wertvoll.

Ein ganz anderes Kaliber

Angekommen im neuen Knast ging das bekannte Prozedere wieder los. Allerdings war diese JVA eine ganz andere Hausnummer als bisher, hier saßen über sechshundert Mann. Viele von ihnen waren schwere Jungs. Kein Wunder, dass dieser Knast hervorragend organisiert war. Ich wurde wieder in einer »Kammer« ausgestattet, kurz untersucht und danach von einem Hausarbeiter mit Rollwägelchen zu meiner Transportzelle begleitet. Der Ablauf war strukturierter, die Gänge waren breiter, das ganze Haus war moderner. Aber als ich in die Vier-Mann-Zelle schaute, in der ich erst einmal bleiben sollte, war klar, dass auch dieser Knast dreckig war. Ich war zwar allein in der Zelle, doch die war so versifft, dass ich am liebsten gar nichts angefasst, geschweige denn mich aufs Bett gelegt hätte.

Trotzdem hatte dieser Knast viele Vorteile: Vor den Fenstern waren keine zusätzlichen Plexiglasscheiben. Ich konnte also herausschauen und sogar lüften. Das Essen war kein Fraß, sondern in Ordnung. Auch hier kochten Häftlinge, aber offensichtlich hatten sie ein besseres Budget. Ich setzte mich so bald wie möglich hin und schrieb meinen ersten Antrag: Bitte um Verlegung in meine endgültige Zelle. Relativ schnell erhielt ich die Antwort: Antrag genehmigt.

Die JVA war kreuzförmig aufgebaut, vom Mittelpunkt soll man alles im Blick behalten können. Ich wurde beim Umzug in den dritten Stock gebracht und dann in den C-Flügel. Ganz am Ende befand sich mein neues Zuhause, C 317. Hier sollte ich die nächste Zeit verbringen. Mit sehr gemischten Gefühlen betrat ich den Raum.

Man sah natürlich, dass das hier ein Knast war, aber die Ausstattung war erheblich besser als in der Transportzelle und in der Untersuchungshaft: Da gab es ein Wandbrett, wo ich Fotos aufhängen konnte, einen Fernsehschrank, ein ansehnliches Bett und einen Holzspind. Es gab eine ordentliche Toilette, einen Spiegel und sogar einen kleinen Kühlschrank.

Einerseits genoss ich dies, denn nach den letzten Monaten war es schon Luxus für mich, einfach so in einen Spiegel schauen zu können. Andererseits war da nichts, worum man die Insassen hätte beneiden können, denn Freiheit ist viel wichtiger als ein paar Möbelstücke.

»Ich weiß gar nicht, was du hast, denen geht es doch gut. Sie haben mehr als viele andere«, ist ein typisches Statement von jemandem, hinter dem die Tür noch nie zugefallen ist. Hinter mir war sie zugefallen, ich war angekommen, und ich musste mich daran gewöhnen, dass ich hier viel Zeit verbringen würde.

Neue Mitbewohner

In meinen ersten Tagen kamen ein paar Russen auf mich zu und fragten: »Bist du Titus und warst du auf dem Berg?«

»Ja, warum fragt ihr?«

»Liebe Grüße von Alexej. Wenn du irgendetwas brauchst, dann melde dich bei uns. Ebenso wenn es irgendwo Schwierigkeiten geben sollte.«

Ich staunte, wie effektiv der Buschfunk war. Die Russen waren unwahrscheinlich gut organisiert.

In den nächsten Wochen lernte ich einige Knastgrößen kennen, die ich schon einmal im Fernsehen gesehen hatte. Das geschah manchmal ganz zufällig. Es war Winter und ich hatte die typische Knastfrisur: oben ohne. Manchmal fror ich deshalb am Kopf. Als ich einige Knackis mit selbst gestrickten Mützen sah, fragte ich deshalb direkt nach: »Wo gibt's die guten Stücke?«

»Die sind von Wolf, aber ich würde dir nicht raten, zu ihm hinzugehen.«

Was sollte ich denn sonst machen? Natürlich ging ich zu ihm hin. Als ich ihn das nächste Mal sah, sprach ich ihn an. Er hatte einen völlig leeren Blick und schaute in die andere Richtung – ich habe noch nie jemanden so Kaltes erlebt.

»Wer will was von mir?« Er drehte den Kopf nicht einmal in meine Richtung.

»Ich. Ich hätte gern so eine Mütze.«

»Macht zwei Päckchen Tabak. Du bist neu hier, also zahlst du im Voraus.«

»Okay, ich bring sie dir zum nächsten Hofgang mit.«

Damit ging ich erst einmal ein doppeltes Risiko ein. Rauchen war im Hof verboten. Wenn die Wärter die geschmuggelten Zigaretten gefunden hätten, wären sie weg gewesen. Zum anderen konnte Wolf hinterher immer behaupten, sich nicht daran zu erinnern, jemals Zigaretten von mir bekommen zu haben. Aber es klappte alles. Ich gab ihm die zwei Päckchen und hatte wenige Tage später eine nagelneue Mütze bei mir in der Zelle auf dem Kopfkissen liegen. Ich habe nie herausgefunden, wer sie dort deponiert hatte.

Wolf war eine Berühmtheit im Knast. Einmal hatte er im Gefängnis Mist gebaut und sollte in den Sicherheitstrakt verlegt werden. Erst weigerte er sich, dann zog er sich nackt aus und rieb sich mit Speiseöl ein – vier Wärter scheiterten daran, ihn aus der Zelle zu holen. Danach ließ man ihn wohl in Ruhe. Er saß schon viele Jahre wegen Mordes, hatte mehrere Frauen bestialisch umgebracht. Während meiner Zeit im Gefängnis wurde sein Fall noch einmal nachverhandelt, denn aufgrund von DNA-Spuren konnte man ihm weitere Taten nachweisen.

Der Mann war so kalt wie ein Eisblock, aber seine Mütze war schön warm. Und als ob es bei ihm noch nicht genug Ungereimtheiten gegeben hätte, saß er regelmäßig im Gottesdienst.

Einmal Schreiner, immer Schreiner

Auch hier mussten die Knackis arbeiten, und um eine Beschäftigung zu haben und Geld zu verdienen, hatte ich mich um Arbeit beworben. Da ich Schreinermeister bin und der Knast eine Schreinerei als Eigenbetrieb hatte, wollte mich die Anstaltsleitung dort haben. Ich schrieb nach Hause, ließ mir meinen Meisterbrief zuschicken und konnte anfangen.

In der Schreinerei traf ich ein paar bekannte Gestalten wieder, allen voran Claas, den alten Holländer, mit dem ich im anderen Knast so manche Stunde Rommé gespielt hatte. Da er kein Deutscher war, musste er nur die Hälfte seiner Strafe hier absitzen, anschließend würde er nach Holland verlegt werden. Cannabisbesitz wird dort nicht so streng bestraft wie hier, deshalb war der ertappte Drogenkurier dort später direkt Freigänger. Auch den Betrüger Joey traf ich wieder.

Der Knacki in meiner Nachbarzelle hieß Schein. Mit der Körperhygiene nahm er es nicht so genau. Ich roch ihn schon, wenn wir beide unsere Fenster geöffnet hatten. Kein Wunder, dass sich so ein blöder Spruch etabliert hatte: »Der Schein stinkt wie ein

Schwein.« Einmal waren wir beide mit ein paar anderen in der Mannschaftsdusche im Gang, als plötzlich Knackis dort waren, die nicht dahin gehörten. Wie sie das geschafft hatten, weiß ich nicht. Mir und zwei anderen tippten sie auf die Schulter und zischten: »Raus!« Ich hatte mich zwar gerade erst eingeseift, aber mir war nicht nach Diskutieren zumute. Daher schmierte ich den Schaum ins Handtuch und war weg.

Drinnen nahmen die Kerle meinen Zellennachbarn auseinander. Erst später hörte ich, wie es dazu gekommen war. Er war ein Kifi, ein Sexualstraftäter, der verdeckt bei uns untergebracht war, und sie hatten es herausbekommen, diesmal allerdings nicht durchs Fernsehen. Ein Beamter hatte zu Schein gesagt: »Schein, Sie stinken wirklich wie ein Schwein. Sie gehen jetzt duschen.« Schein hatte den Beamten mit einem blöden Spruch abgefertigt und sich geweigert. Als dieser die Tür abschloss, standen da ein paar Hausarbeiter, die alles mitbekommen hatten. Der Beamte zuckte mit den Achseln und meinte halblaut: »Immer dasselbe Problem mit diesen Kinderschändern …« Das war's. Schein kam ins Krankenhaus und danach nie wieder in den C-Flügel.

In der Schreinerei arbeitete ich mit üblen Typen zusammen, mit Straftätern, die völlig zu Recht für eine sehr lange Zeit hinter Gittern waren. Für mich waren es einfach Menschen, und mit den meisten kam ich gut klar. Weil wir als Schreinerei auch Außenaufträge hatten, begegnete ich außerdem Leuten, die ich durch meine Berufstätigkeit von früher kannte. »Guten Tag, Herr Sonntag«, begrüßte ich einmal jemanden freundlich, der aus beruflichen Gründen in unsere Werkstatt kam, aber er schaute durch mich hindurch, als ob ich Luft wäre. Er kannte mich nicht mehr, wollte mich nicht mehr kennen. Das tat schon weh, aber es zeigte mir, dass die sogenannten Freien oft ebenfalls gefangen sind in Vorurteilen und Ablehnung. Da hatte ich eine größere Freiheit im Herzen.

Das empfand ich später sehr stark, als ich draußen Gottesdienste besuchte. Da war jeder darauf bedacht, möglichst gut dazustehen, aber im Knast funktioniert so etwas nicht. Du weißt genau, dass die Leute neben dir etwas ausgefressen haben. Alle. Ausnahmslos. Immer wieder musste ich an den Satz von Diakon Dany denken: »Ich verurteile die Tat, aber nicht den Menschen.« Es hat mich nur selten interessiert, was andere auf dem Kerbholz hatten, auch wenn ich es oft trotzdem hörte.

Die Arbeit in der Schreinerei tat mir gut – allein schon der Geruch des Holzes, wenn wir morgens in die Werkstatt kamen. Einmal fragte mich ein Mithäftling, ob ich ihm das Drechseln zeigen könnte. Wir hatten zwar ein paar Außenaufträge, aber insgesamt war die Arbeit eher Beschäftigungstherapie als Dauerstress, also zeigte ich ihm, wie man an der Drechselbank arbeitet. Der Typ war ein Riese, er hatte Schuhgröße 54. Weil er schon lange im Knast war, hatte er ein paar Vergünstigungen, beispielsweise fuhr er ab und an zu Sportwettkämpfen in andere Gefängnisse.

Wir kamen ins Gespräch, und er erzählte mir, warum er saß: »Ich hab früher Drogen genommen. Und wenn ich auf'm Trip war, wusste ich nicht, was ich tat. Einmal hab ich Stress mit dem Dealer bekommen und ihn umgebracht. Das hätte wahrscheinlich gar keine große Strafe gegeben, aber meine Freundin keifte immer an mir rum. Wir liefen gerade in Mainz über eine Bahnbrücke. Da hab ich sie auf die Schienen geworfen.«

Schrecklich, wie Drogen Menschenleben zerstören! Es war verständlich, dass er dafür einige Jahre bekommen hatte, aber ich fragte dennoch nach: »Gab es keine Erleichterung wegen Unzurechnungsfähigkeit, weil du auf Drogen warst?«

Er antwortete mit seiner langsamen Sprechart: »Die hätte es wohl gegeben. Aber meine Freundin hat noch gezappelt. Da bin ich runtergegangen, hab sie hochgetragen und noch einmal runtergeworfen ...«

Das waren die Typen, mit denen ich zusammenarbeitete. Und wenn ich auf das scharfe Eisen in seiner Hand sah, war ich froh, dass er keine Drogen mehr nahm, obwohl man die im Knast genauso bekam wie draußen.

Gewalt und Kameradschaft

Gewalt war im Knast immer ein großes Thema. Gerade zwischen jüngeren Gefangenen kam es regelmäßig zu Schlägereien. Wenn es dann Alarm gab, mussten alle stehen bleiben, wo sie gerade waren, und ihre Hände an die nächste Wand legen. Das war das Zeichen: »Ich war's nicht, und ich kooperiere.«

Einmal kam ein Wärter auf mich zu und meinte: »Schlagowsky, wir müssen mal reden. Es gibt da jemanden, der hat Angst vor Ihnen.«

Ich musste fast lachen. »Vor mir? Was ist denn da los?«

»Das ist ein Ex-Mieter von Ihnen, der Sie mal beschissen hat – und jetzt fürchtet er Ihre Rache.«

So langsam fiel der Groschen. »Herbert die linke Bazille« wurde er in Nochern genannt. Er hatte für längere Zeit eine Halle von mir gemietet. Ein Nachbar hatte mich damals vorgewarnt: »Es würde mich wundern, wenn du dein Geld siehst.«

Er hatte recht behalten. Ich sah es nicht. Im Endeffekt hatte Herbert fast 100 000 Euro Schulden bei mir, außerdem hatte er als Hehler meine Halle für seine krummen Geschäfte verwendet.

Er hatte mich sofort wiedererkannt, ich dagegen hatte nicht mit ihm gerechnet, außerdem saß er inzwischen im Rollstuhl, sodass ich ihn nicht erkannt hatte. Diese Situation und seine Angst sorgten dafür, dass meine Bewegungsfreiheit im Knast eine Weile stark eingeschränkt wurde.

»Wieso sitzt der eigentlich im Rollstuhl?«, fragte ich den Beamten. »Der hatte doch nie was an den Beinen.«

»Das nicht, aber er hat auch hier drin nicht mit dem Bescheißen aufgehört. Er hat den anderen Häftlingen das Leergut geklaut und die Pfandflaschen beim Kaufmann zu Geld gemacht.«

Draußen hätte er für fünfundzwanzig Cent pro Flasche wohl nur ein müdes Lächeln geerntet, hier drin war Kameradendiebstahl eine ernste Sache. Sie kamen ihm auf die Schliche, beförderten ihn in ein Treppenhaus, in dem keine Kamera installiert war, steckten seine Beine durchs Geländer und brachen sie ihm. Ich hatte Glück: Nach kurzer Zeit glaubte man mir, dass ich ihm nichts antun würde, und ich konnte mich wieder normal bewegen.

Der Umschluss funktionierte hier ganz anders als in meinem ersten Knast. Es gab zwar auch Gemeinschaftsräume, aber in der Regel wurden einfach die Zellen aufgeschlossen und die Häftlinge konnten sich gegenseitig besuchen. Maximal drei pro Raum waren erlaubt – das reichte für Skat oder um gemeinsam ein Fußballspiel zu schauen. Ich war bei etlichen Kollegen auf der Zelle, und die meisten waren sauber und ordentlich. Da es jeweils nur einen Stuhl gab, legten sie normalerweise eine Decke aufs Bett: Man setzte sich nicht mit seiner Hose auf ein fremdes Bett; da waren viele empfindlich.

Traurig-schöne Weihnachten

Trotz Arbeit und einer einigermaßen guten Zelle war die Zeit um Weihnachten besonders schwer. Die Knastleitung organisierte zwar Weihnachtsfeiern in den Arbeitsgruppen, aber es war eben nicht zu Hause. Außerdem wurde dafür ganz ordentlich gesiebt. Man muss wissen: Im Knast raucht fast jeder. Bei der Arbeit oder auf dem Hofgang ist Rauchen allerdings verboten, nur in der Zelle kannst du qualmen, solange du willst. Viele nehmen sich deshalb eine Kippe mit zur Arbeit und rauchen heimlich auf dem Klo – das wird meistens geduldet, obwohl es jeder weiß. Am Tag unserer Weihnachtsfeier in der Schreinerei wurde meine ganze Mannschaft gefilzt, und jeder, der eine Zigarette dabeihatte, kam unter Verschluss. Dafür wurde an der Zellentür ein Schloss befestigt, damit alle wussten: Der darf weder auf den Hof noch zum Umschluss – und schon gar nicht zur Weihnachtsfeier. Das Essen bei der Feier kam von außerhalb von einem chinesischen Imbiss; es war superlecker und toll gewürzt, aber wir konnten es nur mit der halben Belegschaft genießen.

Weihnachten war schon sehr besonders. Andrea hatte es tatsächlich geschafft, am ersten Weihnachtsfeiertag einen Besuchstermin zu bekommen. Es war ein echtes Geschenk, eine Stunde mit ihr verbringen zu können.

An Heiligabend waren dagegen keine Besuche möglich. An diesem Tag kippte die Atmosphäre im Knast. Erwachsene Männer standen mit Tränen in den Augen da, es gab viel unnötiges Geschrei, und manche brüllten quer über den Gefängnishof: »Gott, wo bist du?« Ansonsten war es ein deprimierend stiller Tag. An Heiligabend passierte selbst mit den hartgesottensten Knackis etwas. Selbst diejenigen, die schon ewig im Knast saßen und nichts zu verlieren hatten, wurden plötzlich weich. Etwas Vergleichbares habe ich dort nie erlebt.

Nun bekam ich auch mit, wie viele Geschäfte Lebensmittel, die sie nicht mehr verkaufen konnten, Heiligabend ab Mittag abgeben. Neben Altenheimen und Behinderteneinrichtungen werden Knäste damit bedacht – für uns bedeutete das Luxus pur. Plötzlich hatten wir Lebkuchen und Schokoladenweihnachtsmänner zum Naschen, es gab Gänsekeule und Entenbrust mit Klößen und zum

Nachtisch einen edlen Joghurt und frisches Obst. Natürlich haben nicht sechshundert Mann jeweils alles erhalten, aber es war genug, dass jeder etwas bekam.

Gleichzeitig gab es Weihnachtspakete. Die Angehörigen durften uns ein Päckchen mit Kaffee, Tabak und Süßigkeiten schicken. Andrea hatte mir solch ein Päckchen gepackt, und ich habe es genossen. Leider wurde die Gelegenheit von etlichen missbraucht, die dann Werkzeuge, Waffen oder Drogen mitschicken wollten. Deshalb gehöre ich zu den Letzten, die solch ein Weihnachtspaket bekommen haben. Meine Eltern waren hier echte Schätze. Ich hatte ihnen zwei Namen von Mitgefangenen gegeben, die keinerlei Angehörige außerhalb hatten: Claas, der Holländer, und ein Türke, der ein paar Zellen neben mir lebte. Mit viel Liebe packten sie auch ihnen ein Weihnachtspäckchen. Als ein Wärter vorbeikam und ihnen sagte: »Da liegt übrigens ein Päckchen für Sie zur Abholung bereit«, war das für sie ein echtes Highlight. Beide haben sich mit einem herzlichen Brief bei meinen Eltern bedankt.

An Silvester wurde unser Knast von Beamten geradezu überschwemmt: allgemeine Alkoholkontrolle. Jeder musste ins Röhrchen pusten. Die dreißig oder vierzig Insassen, die deutliche Promille hatten, mussten erklären, woher sie ihren Schnaps hatten, denn es ging nicht um ein einzelnes Bier, sondern um Hochprozentiges. In den folgenden Tagen hagelte es HK 1. Es kam eine Haftraumkontrolle nach der anderen. Einige wurden erwischt, doch sie gaben natürlich nicht preis, woher sie ihren Schnaps bezogen.

»Hier werden Sie geholfen«

Meinen Draht nach oben wollte ich weiter pflegen, daher besuchte ich regelmäßig die Gottesdienste. Hier gab es eine eigene Anstaltspfarrerin. Sie betrachtete uns Gefangene als »ihre Jungs« und riss sich alle Beine für uns aus. Oft sah ich schon morgens früh Licht in ihrem Büro und noch abends spät lief sie durchs Haus. Sie schien eher im Knast zu Hause zu sein als woanders. Ich weiß nicht, ob sie überhaupt ein Privatleben hatte.

Sie hatte eine klare Linie, aber sie war unwahrscheinlich beliebt. Das lag sicher auch daran, dass sie einfach da war. Wer etwas brauchte, der konnte sich an sie wenden. Sie ließ einen nie lange warten und regelte Dinge gern auf dem kurzen Dienstweg. Als beispielsweise meine Oma starb, brauchte ich eine Beileidskarte und schrieb der Pfarrerin einen Antrag dazu. Noch am gleichen Tag lag die Karte auf meinem Kopfkissen, ohne dass sie ein Wort darüber verlor. Klassisch war die Anfrage, ob ich »mal reden« könnte. Das bedeutete im Klartext: »Ich hab grad familiäre Probleme.« Wenn ich an solchen Tagen zu ihr ins Büro kam, konnte ich ihr mein Herz ausschütten. Zusätzlich fragte sie oft: »Haben Sie noch Geld zum Telefonieren?« Wenn nicht, dann hielt sie mir so manches Mal den Telefonhörer entgegen.

Doch ich erhielt nicht nur Hilfe, ich gab sie auch gern weiter. Inzwischen bekam ich zum Beispiel viel Post – es verging eigentlich kein Tag ohne einen Brief. Manche Schreiben waren ermutigend für mich, aber viele Leute wendeten sich an mich – im Knast! –, um Hilfe von mir zu bekommen. Tagsüber hatte ich oft nicht genug Zeit, all diese Briefe zu beantworten, deshalb ließ ich manche Umschlusszeit sausen, und manchmal schrieb ich die halbe Nacht. Die Beamten, die morgens meine Briefe abholten und nachmittags neue brachten, sagten nur: »Schlagowsky, du hast 'ne Meise.«

Auch hier im Knast ging es wieder mit Gesprächen los. Eines Abends um zehn klopfte es an der Zellentür. Es war längst Nachtverschluss, aber dann kam Mario rein. Er war ein großer Kerl, ein Rumäne und verheiratet mit einer wunderschönen Frau. Mario hatte in seinem Urteilsspruch so ziemlich das gesamte Gesetzbuch stehen, und dieser Typ stand verlegen vor mir und sagte: »Ich muss mal mit dir reden.« Der Beamte dahinter hatte wie viele hier im Bau großen Respekt vor dem Rumänen und seinem Einfluss. Er schaute fragend in meine Richtung. »Geht klar«, meinte ich. »Mach das Loch zu.«

Dann hockte sich Mario auf den Stuhl in meiner Zelle und fing an auszupacken. Er brauchte jemanden zum Reden, jemanden, der mit Schuld umgehen konnte. Und er erzählte über zwei Stunden ohne Punkt und Komma. Anschließend sah er mich bittend an: »Kannst du mir vergeben?«

»Sorry«, antwortete ich, »falsche Fraktion. Ich bin nicht katholisch, ich vergebe gar nichts. Aber Gott kann dir vergeben. Sag ihm einfach, was dich belastet, und ich mach am Schluss den Deckel drauf und bete noch für dich.«

Ich ahnte nicht, was ich mit meinen Worten provoziert hatte. Mario betete wirklich! Und er erzählte Gott noch einmal detailliert genau das, was er mir vorher schon gesagt hatte. Nach einer halben Ewigkeit war er fertig. Ich betete noch für ihn und schloss mit einem Vaterunser ab.

Mario war mir echt dankbar, aber trotzdem schaute er mich jetzt durchdringend an: »Wenn von diesem Gespräch hier irgendetwas an die Öffentlichkeit dringt, bist du ein toter Mann.« Und genau so meinte er das.

Dann donnerte er gegen die Tür. Der Beamte, der Stunden davorgestanden und wahrscheinlich um seinen Job gezittert hatte, riss sie auf. »So!«, verkündete Mario. »Jetzt geh ich zurück in mein Loch.«

Die beiden verschwanden, und ich versuchte, in dieser seltsamen Nacht wenigstens noch etwas Schlaf zu bekommen.

Aber wenn ich ehrlich bin, dann waren es genau diese Begegnungen, die meinem Knastaufenthalt wenigstens etwas Sinn gaben.

DIE SACHE MIT DEN UNTERHOSEN

Eine Geschichte begleitete mich noch aus der ersten Zeit in Haft: meine Implantate. Ich hatte weiterhin Zahnschmerzen, wie ich sie mir vorher nicht hatte vorstellen können. Die Implantate waren entzündet, und ich hatte ein ganz dickes Gesicht. Natürlich ging ich regelmäßig zum Anstaltszahnarzt, aber sein Urteil war immer dasselbe: »Sehen Sie zu, dass das draußen behandelt wird. Hier drinnen kann ich gar nichts machen.« Meine Schmerztabletten, die ich zum Glück immer noch bekam, linderten das Ganze wenigstens etwas, aber das reichte nicht.

Eines Nachts beschloss ich, dem Problem ein Ende zu machen. Ich wartete bis zum Nachtverschluss, dann schnappte ich mir meine Nagelschere, benutzte sie als Zange und zog mir die vereiterten Implantate aus dem Kieferknochen. Ich weiß nicht, ob die Wärter gehört haben, wie ich schrie, aber es kam niemand. Als alles draußen war, ging es mir besser.

Nach einer Weile kam die erste Vollzugskonferenz auf mich zu, für mich war das Neuland. Am 9. Januar 2013 sollte sie stattfinden, deshalb musste ich vorher zu Gesprächen zum Psychologen und zu meinem zuständigen Sozialarbeiter, die mich einschätzen sollten. In Deutschland wird die Untersuchungshaft auf das eigentliche Strafmaß angerechnet, und wer noch nie im Strafvollzug war, hat das Anrecht auf eine Zweidrittelstrafe. Für mich bedeutete das, dass ich die Möglichkeit hatte, bei einer Strafe von drei Jahren und drei Monaten nur zwei Jahre und zwei Monate abzusitzen und den Rest zur Bewährung zu bekommen.

Außerdem gibt es die Chance auf Halbstrafe. Dabei kann man die Haft bereits nach der Hälfte der verbüßten Strafe verlassen, und der Rest wird zur Bewährung ausgesetzt. Das funktioniert allerdings nur, wenn man sich im Knast nichts zuschulden kommen lässt. Wiederholungstäter müssen grundsätzlich die komplette Strafe absitzen.

Die Menschen, die an der Vollzugskonferenz beteiligt waren, waren so unterschiedlich, wie man es sich nur vorstellen kann. Der Psychologe rauchte Pfeife, als gelte es sein Leben, und hatte damit seinen ganzen Bart gelb verfärbt. Der Sozialarbeiter war ein freundlicher, zugewandter Typ. Aber ich wollte sie ja beide nicht heiraten.

Nach dem Gespräch legte der Psychologe eine dünne Akte auf den Tisch und meinte: »Jetzt wird es unangenehm für Sie. Wir haben da einen Vorschlag, den Sie sicher annehmen werden, auch wenn es Ihnen nicht gefällt.«

Ich schluckte. »Aber ich darf schon wissen, worum es geht, oder?«

»Natürlich. Wir haben hier Unterlagen eines Notars von ihrer Ex-Frau und ihren beiden Kindern. Sie wollen alle den Mädchennamen ihrer Mutter annehmen und nicht länger Schlagowsky heißen.«

Damit hatte ich überhaupt nicht gerechnet. Erst später erfuhr ich, dass Naemi und Esra in der Schule massive Probleme meinetwegen bekommen hatten. Unser Verhältnis war sowieso angespannt, und mit dieser Initiative traten sie die Flucht nach vorn an.

Schnell reichte mir der Psychologe einen Kugelschreiber und fuhr fort: »Sicher wollen Sie sich für die Zukunft nicht alles verbauen …«

Ich fühlte mich wie in Trance, aber ich unterschrieb. Während ich zurück in die Zelle und später zum Duschen ging, fehlten mir die Worte. Die anderen merkten natürlich sofort, dass etwas passiert war, denn normalerweise ist das Duschen die Zeit für fröhliches Plaudern.

Als ich es erzählte, machte einer nach dem anderen seine Dusche aus. Und der alte Claas, der riesige Mario und ein paar andere kamen einfach zu mir und nahmen mich in den Arm, nackt wie wir alle waren. So standen wir eine Weile, und die anderen weinten mit mir. Das werde ich nie im Leben vergessen!

Als es in der Dusche verdächtig still wurde, löste das draußen bei den Beamten Alarmstufe rot aus. Ein paar stürmten hinein, aber Mario fand schnell zu seiner alten Form zurück und brüllte: »Verschwindet. Und macht die Tür hinter euch zu.«

Wenn ich heute davon spreche, dass ich gehalten und getragen bin, dann habe ich immer noch dieses Bild in der Dusche vor Augen. Ich war damals nicht allein. Gott hatte seine Finger mächtig im Spiel, und es war schon spannend, wen er sich alles aussuchte, um seine Liebe und seinen Trost weiterzugeben.

Dann kam die Auswertung der Vollzugskonferenz. Die Beurteilungen durch den Psychologen und den Sozialarbeiter fielen freundlich aus, und ich rechnete mir schon Chancen auf eine

Haftverkürzung aus, doch die Leiterin meiner Abteilung im Knast machte mir einen dicken Strich durch die Rechnung. »Bei dem Strafmaß, das Sie mitbringen, fangen wir jetzt gar nicht an, schon über Lockerungen nachzudenken. Wir wollen Sie erst einmal kennenlernen. Ihren Antrag auf Umzug ins Freigängerhaus werden wir frühestens in einem halben Jahr prüfen.«

Ich war nach dieser Ansage ziemlich frustriert. Fast ein Jahr war ich schon in Haft. Halbstrafe kam wahrscheinlich nicht infrage – das gab es zu selten. Aber wenn ich die üblichen neun Monate im Freigängerhaus bleiben konnte, hätte ich eigentlich schon im März dorthin wechseln können.

Beim Waschen erwischt

Auch in diesem Knast hatte ich fünf Garnituren Unterwäsche bekommen. Die sollten jeweils für eine Woche reichen. Nun hat eine Woche ja bekanntlich mehr als fünf Tage, also wusch ich regelmäßig Unterhosen, damit ich jeden Tag eine frische anziehen konnte. Allerdings verstieß ich damit gegen die Haftordnung. Ich hatte sogar unterschreiben müssen, dass das Waschen von Kleidung in der Zelle verboten ist. So wartete ich immer bis zum Nachtverschluss, wusch dann Unterhose und Socken durch und hängte sie nachts über die Heizung. Ich musste nur morgens schnell genug sein und sie wieder abhängen.

Einmal kam ein Wärter nach dem Nachtverschluss noch einmal in meine Zelle. Ich stand gerade am Waschbecken und schrubbte meine Wäsche.

»Was machen Sie denn da?«, fragte er streng.

»Wonach sieht es denn aus?«, fragte ich zurück.

»Das ist verboten, dafür bekommen Sie ein Diszi.«

»Weshalb kommen Sie eigentlich jetzt noch auf meine Zelle?«

»Hier«, er gab mir einen Brief. »Den haben wir vergessen, Ihnen zu geben.«

Ich nahm den Brief und sagte zu dem Beamten: »Wissen Sie was? Wenn Sie mir ein Diszi verpassen, dann schreibe ich einen Hundertneuner.« Das war eine Dienstaufsichtsbeschwerde, die zwangsläufig bis zur Anstaltsleitung ging.

»Tun Sie, was Sie nicht lassen können«, meinte der Wärter und ging. Er schrieb sein Diszi. Also schrieb ich meine erste Dienstaufsichtsbeschwerde.

Beim Diszi gibt es eine kurze Anhörung. Natürlich war ich geständig: »Ja, ich habe gegen die Hausordnung verstoßen und in der Zelle gewaschen. Ich weigere mich, dreckig wie ein Schwein durch den Tag zu gehen, und wechsle meine Wäsche täglich. Wenn der Knast es nicht schafft, mir ausreichend Unterhosen zu geben, muss ich sie weiterhin waschen. Das werde ich auch in Zukunft nicht ändern, deshalb möchte ich ein Gespräch mit jemandem von der Anstaltsleitung.« Das war keine Antwort, sondern eine Kriegserklärung.

Ein paar Tage später in der Schreinerei erklang die Durchsage: »Gefangener Schlagowsky zu Dr. Berger.« Meine Kollegen fuhren zusammen: Zu Berger zitiert zu werden, war definitiv schlecht. Er schien ständig unter Strom zu stehen, konnte schnell explodieren und galt als extrem streng.

»Wer bei dem landet, der hat anschließend nichts mehr zu lachen«, gaben mir meine Kollegen mit auf den Weg.

Zwei Beamte wurden abgestellt, um mich zu begleiten, denn ich ging ja in den »zivilen« Teil des Knastes. An diesem Tag durchquerte ich Türen, durch die ich noch nie gekommen war. Schließlich landete ich im Büro von Dr. Berger. In der Mitte stand ein großer Besprechungstisch. Ein Blick zeigte mir: unsere Machart.

Der stammte aus der Schreinerei. Berger saß hinter einem riesigen Stapel Akten.

Die Wärter durchsuchten mich kurz, dann sagten sie in seine Richtung: »Der Gefangene Schlagowsky ist hier.«

»Hmmm«, nahm Berger mich zur Kenntnis. Dann hob er den Kopf und fixierte die Beamten: »Na, er wird mich schon nicht auffressen. Sie können gehen. Raus.«

»In Ordnung, wir warten vor der Tür.«

»Ich hab gesagt: raus!«

Die beiden zogen sich zurück, und ich dachte: Nur den Mund halten – hier ist dicke Luft.

Berger schloss eine Akte, legte sie zur Seite und blätterte schon in der nächsten. Dann hielt er inne und fragte: »Sie sind ja noch da. Worum geht's denn eigentlich?«

»Es geht um Unterhosen.«

Jetzt schaute er hoch: »Sagen Sie mal, sind Sie verheiratet?«

»Ja.«

»Haben Sie Kinder?«

»Ja.«

Berger fragte weiter: »Was machen Sie denn draußen?«

»Ich bin Schreiner.«

»Selbstständig?«

»Ja.«

»Weswegen sind Sie hier?«

Vorsichtig antwortete ich: »Ich glaub, das steht in meiner Akte …«

Berger schnappte: »Ich hab gefragt, weswegen Sie hier sind.«

»Steuerhinterziehung.«

Berger blätterte in den Akten. Es herrschte Stille – und ich wollte nicht derjenige sein, der sie zuerst unterbrach. »Weswegen sind Sie noch mal bei mir?«, fragte Berger plötzlich in meine Richtung.

»Es geht um Unterhosen. Ich hab da ein Problem …«

»Moment mal, was machen Sie eigentlich in meinem Knast?«

»Na ja, ich hab nicht darum gebeten herzukommen.«

»Das ist mir schon klar. Wie lange haben Sie?«

»Drei Jahre und drei Monate.«

»Und wie lange sitzen Sie schon?«

»Seit letztem März.«

Berger versank wieder in seinen Akten. Er tat, als wäre ich gar nicht da. Schließlich schaute er mich wieder an: »Weswegen sind Sie jetzt hier?«

»Es geht um Unterhosen.«

Er schaute mich durchdringend an: »Ich werde mich garantiert nicht mit Ihnen über Unterhosen unterhalten. Wissen Sie was? Lassen Sie sich ins Freigängerhaus verlegen. Ich will Sie hier nicht mehr sehen. Ich schreib Ihnen einen Zettel, und es ist gut. Raus jetzt!«

Die Beamten kamen zurück und fragten, was sie tun sollten. »Der Mann ist zu entlassen. Er kommt ins Freigängerhaus. Und jetzt raus.«

Draußen vor der Tür schauten wir uns verblüfft an.

»Wie war das? Sie sind wegen Unterhosen hergekommen und gehen jetzt direkt ins Freigängerhaus?« Der Wärter schüttelte den Kopf. »So etwas gab es hier noch nie.«

So kam ich entgegen aller Psychologen, Sozialarbeiter und Abteilungsleiterinnen innerhalb von zwei Wochen ins Freigängerhaus. Meine Mitgefangenen wollte ich erst einmal nicht neidisch machen, aber kurz bevor ich ging, stellte ich abends beim Umschluss Kaffee und Schokolade auf den Tisch.

»Mensch, hast du im Lotto gewonnen?«, fragten sie mich.

»Nein, das ist mein Ausstand. Die wollen mich hier nicht mehr. Ich geh ins Freigängerhaus.«

Das gab ein Hallo – und natürlich wollten sie die ganze Geschichte hören.

Am nächsten Morgen kam ein Wärter mit dem obligatorischen Rollwägelchen vorbei: »Schlagowsky, Zelle räumen.«

Das hörte sich wunderbar an. Schnell packte ich meine Siebensachen, ging wieder in die »Kammer«, um meine eigene Kleidung zu holen, und da kam auch schon der stellvertretende Leiter des Freigängerhauses, um mich mitzunehmen. Während ich den Wagen mit meinen ganzen Utensilien schob, grinste er in meine Richtung und meinte: »Ihre Story hat sich schon rumgesprochen. Sie sind der Unterhosenfreak.«

»Na, das wusste ich nicht, dass das solche Kreise zieht.«

»Mann, so etwas ist hier noch nie vorgekommen. Was haben Sie bei dem denn für einen Tag erwischt?«

»Keine Ahnung«, antwortete ich, »aber ich habe nichts gegen das Ergebnis.«

Während wir weiter Richtung Freigängerhaus gingen, dachte ich: »Typisch Gott. Das ist genau seine Handschrift.«

DER ZAUN WIRD NIEDRIGER

Ich hätte jubeln können! So müssen sich Urlauber fühlen, die auf ihr Vier-Sterne-Hotel zugehen!

Das Freigängerhaus lag zwischen dem Knast und dem Fußballplatz des heimischen Vereins, und wir erreichten es zu Fuß in drei Minuten. Es sah aus wie ein normales Mietshaus, ein bisschen wie ein Plattenbau aus dem Osten, aber moderner. Balkone gab es nicht, auch keinen Swimmingpool im Garten, aber die Fenster waren nirgendwo vergittert, und der Zaun war so niedrig, dass ich drüberspucken konnte. Drinnen neben der Eingangstür war eine Art Portiersloge, ein Glaskasten, in dem ein Beamter mit Uhr saß – und diese Uhr spielte im offenen Vollzug eine entscheidende Rolle. Denn nach Absprache durfte ich jetzt raus, aber ich musste pünktlich zurück sein. Und pünktlich bedeutete: PÜNKTLICH.

Ich durfte sogar wieder ein Handy haben, allerdings war es nur für draußen gedacht. Wenn ich ins Haus kam, musste ich es abgeben. Natürlich durfte ich auch im Knast nicht damit fotografieren.

Neue Leute

Zur Abwechslung kam ich hier wieder in eine Zweimannzelle. Ich war mit Enis Meksi zusammen, einem Albaner, der so war wie ein schwieriges mathematisches Problem: unberechenbar. Er konnte die Freundlichkeit in Person sein und im nächsten Moment explodieren. Wir haben zusammen gelacht, geredet, und plötzlich war es, als ob zwischen uns Stacheldraht aufgezogen worden wäre. Das war am Anfang sehr anstrengend.

»Warum muss ich immer mit solchen Pflegefällen wie dir auf der Stube sein?«, fragte ich ihn. Aber was sollte er darauf schon antworten … Er zeigte mir seine Grenzen, und ich machte ihm klar, was bei mir gar nicht geht, danach kamen wir einigermaßen zurecht.

Meksi schlug mir vor, wieder als Hausarbeiter zu beginnen. Ich wollte lieber nach Hause, und es wäre tatsächlich möglich gewesen, im eigenen Laden zu arbeiten, aber meine zuständige Psychologin meinte: »Noch nicht.« Eine Arbeitsstelle in einer externen Firma fand ich nicht, so war die Hausarbeit gar nicht verkehrt.

Im Freigängerhaus lernte ich Jörg kennen. Er war früher bei der Bundeswehr gewesen und ein hoch dotierter Offizier. Bis auf seine grauen Haare passte er da immer noch hundertprozentig hinein. Er war zwar um die sechzig, aber wenn er auf der Hantelbank Gewichte drückte, dann lagen da hundertvierzig Kilo und mehr auf. Er war bei spektakulären Aktionen im In- und Ausland dabei gewesen. Was ich nur aus den Nachrichten kannte, hatte er selbst erlebt. Im Dienst hatte er alles an Auszeichnungen bekommen, was die Bundesrepublik einem ihrer Helden vermachen kann.

Wie das so üblich ist, wurde er bereits in relativ zartem Alter in Pension geschickt. Von seinem Ersparten und der Pension eröffnete er zwei Fitnessstudios. Soweit ich das beurteilen kann, liefen sie ganz gut. Nur in seiner Ehe gab es Probleme. Es hört sich an wie ein Klischee, aber irgendwann kam er heim und fand seine Frau im Bett mit einem anderen. Jörg griff nicht zur Schrotflinte, die er nicht hatte, sondern warf den Mann hinaus. Dann packte er die Sachen seiner Frau in einen Koffer und setzte sie mitsamt ihrer Habe vor die Tür. Sie jammerte und redete, aber er war Soldat: Er zog das durch. Als sie noch einmal auf ihn zuging und reden wollte, schubste er sie weg. Ein Nachbar bestätigte als Zeuge, dass er nicht besonders grob gewesen war, doch sie taumelte rückwärts und fiel so unglücklich, dass sie sich das Genick brach.

Jeder andere wäre wegen Totschlags oder Körperverletzung mit Todesfolge angeklagt worden, doch nicht so Jörg. Als ausgebildeter Kämpfer wurde er wegen Mordes verurteilt. In seinen bis dahin vierzehn Jahren Haft hatte er eine absolut saubere Akte behalten – das behauptete er nicht nur, er hat sie mir gezeigt. Er stand zu seiner Schuld und saß seine Zeit ab.

Jörg zeigte mir wieder einmal, dass die Kategorien, nach denen wir Menschen einteilen, verkehrt sind. Ein Mörder muss nicht schlechter sein als andere.

Wir beide verstanden uns gut. Nach der Entlassung vertrat er mich sogar ein paarmal hinter dem Tresen in der Kneipe in Nastätten. Inzwischen ist er leider verstorben.

Im Freigängerhaus war auch Balinski. Er kam aus Berlin und war von seinen Eltern ausgesetzt worden. Nach der Waisenhauskarriere bekam er von einem Unternehmer die Chance, dort seine Ausbildung zu machen. Der Chef hatte ihm viel ermöglicht und ihn fast adoptiert, doch als er starb, war der Juniorchef an der Reihe. Der witterte Konkurrenz in Balinski und setzte ihn vor die Tür. Einen Tag später brannte die Firma. Balinski kam dafür in den Knast und anschließend an die Mosel. Dort arbeitete er bei einem Winzer. Der bekam bald mit, dass er eine »Vergangenheit« hatte, und bezahlte ihn einfach nicht mehr. Einen Tag später brannte das

Weingut. Wenn ihn irgendjemand hereinlegte, dann griff Balinski zum Feuerzeug und die Hütte brannte.

Das Besondere bei ihm war: Eigentlich war er schon längst frei. Balinski hatte seine Strafe abgesessen und hätte gehen können, aber er zuckte nur die Achseln: »Wohin soll ich denn gehen? Das hier ist mein Zuhause.«

Natürlich sagte ihm die Hausleitung deutlich, dass er nicht nur gehen konnte, sondern auch gehen musste, doch er weigerte sich.

»Ich will hierbleiben. Ich will weiter im Garten arbeiten.«

»Wenn Sie nicht freiwillig gehen wollen, müssen wir Sie zwangsräumen.«

»Ach ja?«, fragte Balinski. Er griff in die Tasche und ließ sein Feuerzeug aufschnappen. »Und dann?«

Er durfte bleiben. Unter einer Bedingung: Wenn er zu alt für den Knast wird, muss er in ein Pflegeheim.

Post vom Finanzamt

Eigentlich war jetzt erst einmal alles abgesteckt. Ich konnte nicht zu Hause arbeiten, aber ich durfte immer mal wieder heimfahren. Es begann mit eintägigen Heimfahrten. Um Punkt 17 Uhr musste ich wieder auf der Matte stehen. Und 17.01 Uhr hätte bedeutet: Gespräche, Strafen, Probleme und Rücksendung in den geschlossenen Vollzug. Natürlich kam ich nie zu spät.

Bald durfte ich auch fürs Wochenende heim und fühlte mich dabei wie ein König.

Irgendwann bekam ich Post vom Finanzamt. Damit hatte ich hier im Knast nicht gerechnet: Sie hatten mich aus dem Leben herausgerissen und für meine Steuerhinterziehung hinter Gitter gebracht. Was wollten sie jetzt?

Es war ein völlig »normales« Schreiben, in dem mich das Finanzamt aufforderte, bis in wenigen Wochen meine ausstehenden Jahresabschlüsse vorzulegen. »Wenn Sie dieser Aufforderung nicht nachkommen, kann ein Zwangsgeld gegen Sie verhängt werden.« Ich fühlte mich wie im falschen Film. Weit über ein Jahr war ich jetzt im Knast. Ich durfte nicht in meine Firma. Meine gesamten Unterlagen lagen im Prinzip schon beim Finanzamt. Und jetzt sollte ich mein Einkommen erklären? Wie denn? Ich schrieb Anträge und sprach mit der Hausleitung und meiner Psychologin. Und tatsächlich wurden meine Unterlagen daraufhin ins Freigängerhaus geschickt und in einen separaten Raum gebracht. Ich war wahrscheinlich der erste und einzige Knacki, der dort sein eigenes Büro hatte.

So saß ich jetzt regelmäßig über meinen Unterlagen und versuchte, meine fehlenden Jahresabschlüsse zusammenzubekommen. Das meiste konnte ich im Freigängerhaus erledigen, doch einige Akten waren in Nochern. Also stellte ich den Antrag, auch dort im Büro arbeiten zu dürfen. »Stattgegeben!« In den kommenden Wochen war ich mehr zu Hause als im Knast, aber ich musste natürlich jeden Abend wieder pünktlich zurück sein.

Einmal gab es einen Unfall auf der Strecke und der Verkehr wurde weiträumig umgeleitet. Ich fuhr sofort rechts ran und rief im Knast an: »Hier Titus Schlagowsky. Ich bin auf dem Heimweg, aber es gab einen Unfall. Ich muss eine Umleitung fahren und werde nicht ganz pünktlich sein.« Der Wachhabende notierte meinen Anruf; er kontrollierte, ob die Angaben stimmten, und als ich ankam, nickte er mir nur kurz zu. Hätte ich mich nicht gemeldet, wäre ich wieder im geschlossenen Knast gewesen.

Angst als Begleiter

Das Leben im Freigängerhaus war eine Riesenerleichterung gegenüber dem geschlossenen Knast, aber natürlich war ich noch nicht draußen. Wenn ich wieder ins Haus zurückkam, blickte der wachhabende Beamte immer auf seine Uhr. Wäre ich zu spät gekommen, hätte ich wieder über die Straße gehen und im großen Bau gegenüber einchecken können.

Dasselbe galt für Alkohol. Wenn ich übers Wochenende nach Hause gehen konnte, arbeitete ich dort abends in der Kneipe. Und ich trank Wasser. Denn gerade nach einem Sonderurlaub übers Wochenende kam ganz oft die Aufforderung: »Kommen Sie doch mal eben mit. Pusten Sie ins Röhrchen.« Hätte ich Promille gehabt, wäre ich weg gewesen. Ich habe zig Leute erlebt, denen genau das passiert ist.

Auch ein Handy auf der Zelle war ein absolutes No-Go. Ab und zu lief ein Spürtrupp mit Handyortungsgeräten über den Flur. Wenn sie eines fanden, wurde der Besitzer sofort zurückgeschickt. Einen Antrag auf Hafterleichterung oder offenen Vollzug brauchte er die nächsten Monate nicht mehr zu stellen.

Meine ersten Ausgänge dauerten natürlich noch keinen ganzen Tag. Es begann damit, dass ich einmal vier Stunden weggehen durfte. Ich wählte den Sonntag und ging in die Kirche. In die Knastkirche durfte ich von außen nicht, also lief ich die vier Kilometer in die Nachbarstadt und besuchte dort einen Gottesdienst. Meinen Mitgefangenen wurde das direkt vorgehalten: »Nehmt euch ein Beispiel am Schlagowsky. Wenn der freibekommt, dann marschiert er zu Fuß in die Kirche. Der geht nicht shoppen …«

Natürlich ging ich auch einkaufen, aber es fühlte sich nicht gut an. Irgendwie hatte ich das Gefühl, auf meiner Stirn stände »Knacki« – es war mehr ein Spießrutenlaufen als normales Einkaufen.

Und ich war in der Stadt ziemlich bekannt. Immer wieder traf ich ehemalige Kunden, Mitarbeiter oder Bekannte, die mich begrüßten und fragten: »Oh, bist du schon draußen?«

»Noch nicht ganz. Ist nur Freigang.« Das fiel mir nicht leicht.

Die schöne Seite war, dass ich mich ganz normal mit Andrea in der Stadt verabreden konnte, um mit ihr ein Eis zu essen. Als wir dort einmal zusammensaßen, kam ein Mann vorbei und grüßte typisch für die Region: »Ei guude, Titus.«

»Ei guude, wie?«

Wir redeten kurz, dann zog er weiter. Andrea meinte: »Das ist aber ein netter Kerl.«

»Na ja«, antwortete ich. »Wie man's nimmt. Er hat mit zwei Kumpels eine Art Firma gegründet, die Nobelautos geklaut und sie mit neuen Papieren weiterverkauft hat. Als die Sache aufflog, hat er allein die Schuld auf sich genommen. Nach dem Knast ist er zu seinen alten Kumpels gegangen, aber die haben ihn nur angelächelt: ›Sorry, Kleiner. Wir haben jetzt eine GmbH als legale Firma gegründet. Du bist draußen.‹ Da hat er sie gekillt und mit einem Zweihundertliterfass voll Beton im Hafen von Duisburg versenkt. Er wusste ja nicht, dass ausgerechnet diese Ecke des Hafens vierzehn Tage später zur Sanierung freigegeben und trockengelegt werden würde.«

Er bekam lebenslänglich mit anschließender Sicherungsverwahrung. Andrea schaute ihm sehr nachdenklich hinterher. Das war der »freundliche Kerl von nebenan«.

Es war sehr schön, regelmäßig nach Hause zu können, aber die Angst ging immer mit. Es musste ja nur eine Kleinigkeit passieren, damit ich wieder in den geschlossenen Vollzug kam.

Als ich eines Morgens nach Nastätten fuhr, ging ich zum Hintereingang unseres Cafés. Da stand alles voll mit Polizisten und Polizeiautos. »Das war's wohl«, dachte ich resigniert, als ich meine

Hände gegen die Wand legen musste und ausgefragt wurde. Ich konnte mir nur nicht erklären, was der Grund sein sollte.

»Ausweis!«, forderte ein Beamter.

»Hab ich nicht. Ich hab nur das hier«, antwortete ich und gab dem Beamten meine Papiere mit der Überschrift JVA. Meinen Personalausweis hatte ich bei der Verhaftung abgegeben. Natürlich ging die Befragung jetzt erst richtig los.

Es dauerte eine Weile, bis sich herausstellte, dass Andrea eine Mieterin mit Drogenproblem ins Haus geholt hatte. Der ganze Polizeiaufwand galt ihr und nicht mir. Aber wieder standen die Nachbarn mit der Nase an der Fensterscheibe und schauten interessiert zu, was bei Schlagowskys passiert. Man hatte es sich ja schon immer gedacht ...

Für den Polizisten, der mich vernahm, war es offensichtlich nicht so leicht, mich einfach laufen zu lassen, hatte er doch einen potenziellen Straftäter direkt am Einsatzort gefunden.

»Sie müssen heute noch raus!«

Ich hatte viel mehr Ausgang als üblich, aber ich musste ja auch meine steuerliche Vergangenheit aufarbeiten. Dazu bekam ich einen Steuerfachangestellten an die Seite, der mich unterstützte. Er konnte der Gefängnisleitung jeweils bestätigen, dass wir zwei im Büro in Nochern gesessen und an den Jahresabschlüssen gearbeitet hatten. Während dieser Wochen machte das Finanzamt regelmäßig Druck: Sie wollten Zahlen – und zwar gestern. Ich versuchte, die Ruhe zu bewahren. »Hier darf alles passieren, nur nichts Krummes«, war meine Devise. Trotzdem sind während dieser Zeit Fehler entstanden, an denen ich heute noch zu knabbern habe.

Während der gesamten Zeit hatte ich regelmäßig Kontakt zu meinem Anwalt und zu der Anwältin meiner Frau. Diese kam schließlich auf die Idee, nicht länger zu warten: »Die Jahresabschlüsse liegen bald auf dem Tisch. Fluchtgefahr besteht keine. Die Wiederholungsgefahr ist sehr gering. Wir stellen einen Antrag auf Halbstrafe.« Das hatte ich gar nicht mehr zu hoffen gewagt, und ich wollte nicht mit zu großen Erwartungen in die Verhandlung gehen. Am 18. November war dieser Haftprüfungstermin. Der Richter fragte viel, was ich im Gefängnis alles getan hätte und was meine Zukunftspläne für die Zeit danach wären. Dann wurde ich ohne Ergebnis wieder in den Knast geschickt. Ich konnte die Verhandlung nicht einschätzen. Es war nicht ganz schlecht gelaufen, aber hatte es gereicht?

Eine Woche später saß ich in Nochern über den Büchern. Mehrmals war in den vergangenen Wochen ein Polizist ins Haus gekommen und wollte mich kurz sprechen. Im Klartext: Er wollte sehen, ob ich wie angekündigt am Schreibtisch saß oder irgendwo unterwegs war. Ich zeigte jeweils meine Sonderausgangsgenehmigung vor und ließ mich besichtigen. Sowohl dieser Polizist als auch meine Psychologin hatten fürs Gericht bescheinigt, wie positiv meine Entwicklung wäre und dass ich mich stets an Absprachen halten würde.

Plötzlich klingelte das Telefon. Es war die Nummer vom Knast. »Alles klar«, dachte ich, »sie kontrollieren mal wieder.« Ich nahm den Hörer ab. Es war der Chef des Freigängerhauses.

»Schlagowsky«, meinte er. »Kommen Sie sofort zurück ins Freigängerhaus.«

»Was ist denn los?«

»Etwas ganz Schlimmes ist passiert.«

Meine Gesichtszüge entgleisten.

»Sie müssen das Haus heute noch verlassen. Ich habe Ihre Entlassungspapiere hier vor mir liegen – und das muss jetzt laufen. Setzen Sie sich ins Auto und kommen Sie, ich hab nur noch vier Stunden Zeit.«

So eilig hatte ich es noch nie gehabt, wieder zurück in den Knast zu kommen! Tatsächlich waren dem Chef in einem Brief vierundzwanzig Stunden eingeräumt worden, um mich zu entlassen, aber davon waren schon zwanzig vergangen.

Jetzt ging es Schlag auf Schlag. Ich musste das Zimmer räumen und raus. Dann ging ich noch einmal in den geschlossenen Knast, um meine Bürgerrechte anzuhören, meinen Ausweis abzuholen und natürlich die Entlassungspapiere. Auch das restliche Geld, das ich noch auf meinem Eigengeldkonto hatte, wurde mir ausgezahlt. Und plötzlich stand ich auf der Straße.

Es war der 26. November 2013. Ich war draußen. Doch das sollte nicht lange so bleiben.

NÄCHSTENLIEBE, DIE ZU WEIT GEHT

Die Wäsche, die ich zu Hause in die Waschmaschine gesteckt hatte, um den Knastgeruch herauszubekommen, war noch nicht trocken, da hatte ich schon bei der Verwaltung einen Antrag auf Besuchsrecht im Knast eingereicht. Während ich im Freigängerhaus war, durfte ich natürlich nicht in den geschlossenen Knast. Aber jetzt war ich ja frei. Innerhalb von einer Woche hatte ich die Besuchserlaubnis für zwei Gefangene in der Tasche. Das war damals schon sehr ungewöhnlich, heute ist es unmöglich.

Schon wieder im Knast

In den ersten Tagen musste ich mich einmal neu sortieren. Ich hatte ja eine vierjährige Bewährungszeit, meldete mich also bei meinem Bewährungshelfer. Ich musste jede Menge Papierkram erledigen. Und kurz darauf lief ich das erste Mal wieder in den Knast ein. Die Beamten, denen ich begegnete, kannten mich alle noch. Und ihre Augen drückten das aus, was einige mich dann direkt fragten: »Sie sind doch gerade erst draußen, Schlagowsky. Warum um Himmels willen sind Sie denn schon wieder hier? Sie haben doch ein Rad ab!«

Viele der Beamten hatten mitbekommen, dass ich Christ war, aber nun meinten sie: »Da geht Nächstenliebe zu weit. Das haben wir in unseren ganzen Jahren im Knast noch nicht erlebt, dass jemand eine Woche nach der Entlassung wieder auftaucht, um seine ehemaligen Mithäftlinge im geschlossenen Knast zu besuchen.«

Ich grinste nur: »Einmal ist immer das erste Mal«, und ließ mich in den Besucherraum bringen. Dort verbrachte ich eine Stunde mit Claas, dem alten Holländer. Ihn und Joey besuchte ich so lange, bis sie entlassen wurden.

Trotz flotter Sprüche kostete mich der Besuch im Knast viel Kraft. Ich spürte es jedes Mal bis ins Innerste, wenn eine der schweren Metalltüren hinter mir zuschlug.

In gewisser Weise waren die nächsten Wochen ein Neustart. Vieles ging jetzt wieder. Ich war tatsächlich draußen. Gleichzeitig wurde mir immer wieder bewusst, dass ich Grenzen und Einschränkungen mitnehme, zum Teil durch die Bewährungszeit, aber auch darüber hinaus. Als vorbestrafter Betrüger werde ich nie wieder ein eigenes Auto zulassen. Ich brauche es gar nicht zu versuchen, einmal nach Kanada oder in die USA zu fliegen. Bei der Bank brauche ich ein sogenanntes P-Konto, das Pfändungsschutzkonto. Der Spruch »einmal vorbestraft – immer vorbestraft« stimmt.

In gewisser Weise bin ich ein Bürger oder Mensch zweiter Klasse, und ich werde es bleiben. Ich bin trotzdem nicht unglücklich, aber wer denkt, dass eine Strafe mit der Haft »abgesessen« ist, der täuscht sich. Das soll sich gar nicht negativ anhören, es ist einfach so. Es holt mich immer wieder auf den Boden der Tatsachen zurück. Und gleichzeitig staune ich darüber, dass Gott lächelnd danebensteht und sagt: »Mit dem da habe ich noch etwas vor.«

Auf die Kanzel

Ich lese keine Zeitung, denn das meiste darin interessiert mich nicht. Aber Café und Kneipe liefen wieder, und als ich am Tresen stand, blätterte ich nebenbei in unserer Lokalzeitung. Da sprang mir eine Überschrift ins Auge: »Mal selbst auf die Kanzel?« In dem anschließenden Bericht stand, dass das Dekanat Lahnstein eine Prädikantenausbildung anbieten würde und sich Interessenten im Dekanatsbüro melden sollten. Unter dem Text stand das Kürzel irgendeines Journalisten, aber für mich war es, als hätte Gott gesagt: »Ich meine dich.«

»Das wäre doch etwas«, dachte ich. »So kann ich auch in Zukunft anderen Menschen helfen und mit ihnen im Gespräch über Gott bleiben.«

Ich rechnete mir allerdings keine großen Chancen aus, denn ich war ein Ex-Knacki und bestimmt nicht der glattgebügelte Typ, der sich besonders fromm ausdrücken konnte. Trotzdem rief ich im Dekanatsbüro an, wo man mir sagte: »Kommen Sie einfach zu diesem Termin vorbei. Da gibt es ein erstes Kennenlerntreffen. Dabei müssen wir schauen, ob überhaupt genug Interessenten zusammenkommen, sonst findet der Kurs nicht statt.«

Bei dem Treffen saßen ein gutes Dutzend Leute im Gemeindehaus zusammen. Die eine Hälfte war in meinem Alter, die andere schon deutlich übers Rentenalter hinaus. Ein Pfarrer wie aus dem Bilderbuch begrüßte uns, freundlich, weißhaarig, würdevoll: »Friedrich Kappesser ist mein Name. Ich freue mich, dass Sie hier sind.«

Die anderen stellten sich vor; es waren Beamte, kirchliche Angestellte, eine Krankenschwester, ein Informatiker und mehrere Rentner. Alle waren schon in der Kirche aktiv, ob angestellt oder im Kirchenvorstand. Am Schluss war ich dran und stellte mich als selbstständigen Schreiner vor. »Aber ich bringe Altlasten mit. Ich habe die letzten beiden Jahre im Knast verbracht und bin gerade entlassen worden.«

Nun herrschte absolute Stille. Wir sollten auch kurz erzählen, was unsere Motivation für die Ausbildung war, denn sie bedeutete einigen Aufwand, ohne dass dafür Bezahlung in Sicht war. Ich erzählte weiter: »Ich habe im Gefängnis eine Begegnung mit Gottes Liebe gehabt und möchte gern etwas von dieser Erfahrung zurückgeben. Ich habe so viel Gutes erlebt, das will ich anderen Menschen weitersagen.«

Wieder war Stille im Raum. Erst einmal sagte keiner etwas. Ich dachte schon, sie würden überlegen, wie sie mir beibringen könnten, dass ich hier verkehrt war, aber Kappesser sah mich die ganze Zeit über freundlich an. Er bedankte sich und startete die nächste Runde: »Haben Sie einen Bibelvers, der Sie besonders begleitet?« Meiner war klar: »Ein Mensch sieht, was vor Augen ist; der Herr aber sieht das Herz an« (1. Samuel 16,7). Als mein Nachbar danach umständlich erklärte, wieso ihm bei Geschlechtsregistern im Alten Testament immer das Herz aufginge, dachte ich: »Okay, ich bin hier wirklich verkehrt.«

An diesem Abend trennten wir uns, ohne dass irgendeine Aussage dazu gemacht wurde, wer an der Prädikantenausbildung teilnehmen durfte und wer nicht. Mir war klar: Da passe ich nicht hinein. Trotzdem war ich nach wie vor davon überzeugt, dass Gott selbst mich auf diesen Kurs hatte stoßen lassen.

Die Ausbildung

Ein paar Tage danach kam Post vom Dekanat: »Wir freuen uns, Ihnen mitteilen zu können, dass der Kurs zur Prädikantenausbildung zustande kommt, und laden Sie herzlich dazu ein ...« Ich konnte es kaum fassen.

Später bekam ich mit, dass Kappesser ein Stück weit eigenmächtig gehandelt hatte – nicht in Bezug auf meine Einladung, sondern in Bezug auf den gesamten Kurs. Während seine Kirchenleitung noch auf Gottvertrauen setzte, rechnete er sich aus, dass die Kirche gerade auf dem Weg in die größte Pensionierungswelle ihrer Geschichte war und dringend Nachwuchs auf der Kanzel brauchte. Der Bedarf und die vielen Interessenten gaben ihm recht.

Wir trafen uns zwei Jahre lang jeden Mittwochabend für vier Stunden. Es gab Hausaufgaben und jede Menge zu tun, aber ich fehlte nie, auch wenn ich manchmal kämpfen musste. Kappesser lernte ich in dieser Zeit sehr schätzen. Er war zwar ziemlich bestimmend, doch ein erfahrener Praktiker und Pfarrer von altem Schrot und Korn. Sein Bibelwissen war immens, und ich habe viel von ihm gelernt.

Ähnliches gilt für Martin Schneider. Ganz am Anfang des Kurses stellte sich heraus, dass er nur ein paar Dörfer weiter wohnte, daher fuhren wir oft zusammen in einem Auto. Martin war Programmierer, hochintelligent und ein genialer Musiker. Er konnte zwar keine Noten lesen, spielte aber fast jedes Instrument. Die Gespräche mit ihm im Auto halfen mir, den Prädikantenkurs zu »erden«.

Eine Bedingung für die Kursteilnahme war, dass jeder einen Mentor hatte, doch woher sollte ich den nehmen? Die Pfarrstelle in Nochern war vakant, einige Pfarrer in der Umgebung waren kurz vor dem Aufhören und den neuen Pfarrer in Nastätten kannte ich nicht. Ich fragte ihn trotzdem an und er sagte Ja.

Zu meinem Glück nahm Pfarrer Körver die Aufgabe nicht leicht. Er traf sich jede Woche mit mir und sprach die aktuellen Inhalte des Kurses mit mir durch. Er diskutierte mit mir und hinterfragte mich: »Ist das deine Meinung? Oder sagst du das, weil andere das sagen?« Durch ihn bekam ich Einblick in den Gemeindealltag, und nebenbei drillte er mich noch in Rechtschreibung und half mir, mich klarer auszudrücken. »Also, solche Füllwörter sind eigentlich schon ziemlich genau das, was man auch wahrscheinlich wirklich manchmal weglassen könnte« – so schlimm war es nicht, aber er half mir, auf den Punkt zu kommen. Ich merkte außerdem, dass ich Glaubensinhalte selbst besser verstand, wenn ich sie kurz in Worte fassen konnte. Seine große Stärke war es, dass er nicht seinen eigenen Stil sehen wollte, sondern mir half, ich selbst zu sein.

Gehört ein Wirt in die Kneipe?

Alle möglichen kleineren und größeren Aufgaben hatte ich bereits übernommen, aber irgendwann wurde es ernst: Die erste Predigt stand an. Ich hatte als Predigttext die Geschichte von den vier Männern, die ihren Freund durchs Dach zu Jesus herabließen, damit er ihn heilen konnte. Ich hatte lange an dem Text gearbeitet, ihn aufgeschrieben und vorgelesen, ihn korrigiert und neu geschrieben. Körver half mir dabei, mich nicht zu schnell mit dem Ergebnis zufriedenzugeben. Schließlich war ich fertig und der entsprechende Sonntag kam. Ich war extrem aufgeregt. Hundertmal hatte ich nachgeschaut, dass ich auch ja nichts vergessen hatte. Ich war überrechtzeitig in der Kirche und freute mich, als die Leute einer nach dem anderen eintrudelten. Da kamen die Kirchgänger der Gemeinde, die sowieso jeden Sonntag dort waren, aber genauso »meine Leute« aus der Kneipe. Am Tresen spricht man sowieso über Gott und die Welt – und in letzter Zeit eben etwas mehr über Gott. Etliche meiner Gäste kamen vorbei, obwohl sie sonst nie eine Kirche von innen sahen.

Um später die Hände frei zu haben, trug ich am Anfang schnell meine Bibel samt Predigtnotizen nach vorne zur Kanzel. Da passierte etwas, das ich wohl nie vergessen werde. Ein älterer Mann realisierte in diesem Moment, dass ich predigen würde. Wütend sprang er auf und ging aus der Kirche. Dabei schrie er mit hochrotem Kopf: »Ein Wirt gehört in die Kneipe und nicht auf die Kanzel. Die Kirche kann mich mal am Arsch lecken!« Draußen brüllte er die Nachzügler an, die in den Gottesdienst kommen wollten, und dann war er weg. Seine Frau war in der Bank sitzen geblieben. Sie schämte sich sichtlich für ihren Mann und kämpfte mit den Tränen.

Im ersten Moment dachte ich: »Jetzt kann ich doch nicht predigen …« Doch ich entschied mich anders: »Jetzt gerade!« Besonders als ich in die Gesichter meiner Freunde aus der Kneipe sah. Mit so etwas hatten sie in der Kirche nicht gerechnet.

Krisenstimmung

Je länger die Ausbildung zum Prädikanten dauerte, desto mehr wurde mir bewusst, dass ich hier goldrichtig war. Ich war immer noch kein Oberstudiendirektor mit leiser Stimme und gewählter Ausdrucksweise, aber ich lernte viel für mich selbst – und ich gab es gern an andere weiter.

Trotzdem gab es natürlich auch Krisen, zum Beispiel, wenn wir ab und zu ins Schloss Herborn fuhren, um dort für ein Wochenende konzentriert an einem größeren Thema zu arbeiten. Der Schuppen gehört der evangelischen Kirche und ist sehr edel. Nicht umsonst steht auf der Webseite nur etwas von »Übernachten & Speisen« und nicht von Schlafen und Essen. Ein bisschen fühlte ich mich wie Judas, als ich mich dort umsah und permanent denken musste: »Wozu diese Vergeudung? Es hätte teuer verkauft und das Geld den Armen gegeben werden können.« Ich musste an die Knackis und viele Leute denken, die fast nichts haben – und ich schämte mich zum ersten Mal für meine Kirche.

Auch meine erste Predigt hatte ein Nachspiel für meinen Mentor und mich. Sein Kirchenvorstand zitierte ihn und untersagte mir, in der Gemeinde noch irgendwelche verantwortlichen Aufgaben zu übernehmen. Ein Wirt und Ex-Knacki auf der Kanzel war für sie untragbar. Meine Predigt war gar nicht so schlecht gewesen, aber darum ging es nicht. »Der will mit seinem frommen Getue doch nur ein gutes Bild während seiner Bewährungsstrafe abgeben«, behaupteten sie. Dieses Argument habe ich nicht nur einmal gehört. Inzwischen werden diese Stimmen leiser – keiner ist so lange und ausdauernd für Gott unterwegs, wenn er nur ein bisschen an seinem Image feilen möchte.

Körver stand auf meiner Seite, aber ihm waren die Hände gebunden. Doch ich brauchte Predigtpraxis, sonst wäre ich nicht zur Prädikantenprüfung zugelassen worden. In dieser Situation machten sich zwei Leute für mich stark: eine Pfarrerin aus der Gemeinde von Martin, mit dem ich immer zu den Kursen fuhr, und Friedrich Kappesser selbst. Er bot mir an: »Meine Kanzel steht Ihnen jederzeit zur Verfügung. Sie können da machen, was Sie wollen, solange Sie sich an das halten, was Sie bei mir gelernt haben.« Diese Solidarität und das Vertrauen der beiden in mich taten mir gut. Auf ihren Kanzeln konnte ich sogar mehr als die vorgeschriebenen Predigten halten und hatte Freude dabei.

Trotzdem hatte meine Begeisterung für die Kirche einen deutlichen Dämpfer bekommen. Kappesser half mir ein Stück weit darüber hinweg, als er mir erklärte: »Wissen Sie was? Als Sie beim ersten Treffen Ihre Geschichte erzählt haben und unbedingt die Prädikantenausbildung machen wollten, gab ich Ihnen zwei bis drei Wochen. Ich dachte: Länger hält der nicht durch, dann ist er weg. Ich habe mich getäuscht, und ich bin stolz auf Sie, dass Sie immer noch dabei sind.«

Mit zwölf Teilnehmern hatten wir den Kurs angefangen, am Schluss absolvierten vier die Prüfung. Es war frustrierend, als wir immer weniger wurden, doch wir vier sind als Prädikanten immer noch im Dienst.

Geprüft

Am 10. Juli 2016 hatte ich meinen Prüfungsgottesdienst in Lahnstein. Ein Dekan, mein Mentor, jemand vom Kirchenvorstand und natürlich Kappesser als Kursleiter mussten dabei sein. Ich hatte inzwischen einige Male gepredigt, aber hier war ich doch aufgeregt. Es sollte eben alles stimmen: vom Fürbittgebet bis zur ansprechenden Predigt, denn es wurde alles unter die Lupe genommen. Deshalb hatte mein Mentor mich im Vorfeld gequält, sprich: Er half mir, bis alles wie am Schnürchen lief.

Am Sonntag holte ich ihn in Nastätten ab und wir fuhren zusammen nach Lahnstein.

»Hast du dich gut vorbereitet?«, fragte er.

»Ja, das habe ich. Der Gottesdienst sollte laufen.«

In Lahnstein angekommen, schaute ich auf die Uhr. Wir hatten noch viel Zeit. Körver stieg aus, ich stieg aus. Ich griff hinter den Fahrersitz, um meine Tasche zu holen – doch da war nichts. Ich hatte die Tasche mit meiner Predigt, der Mappe und dem gesamten Gottesdienstablauf in Nochern stehen gelassen! Ich schaute ihn an und sagte: »Ich habe ein Problem.«

»Was denn?«

»Ich hab den gesamten Gottesdienst samt Ablauf in Nochern vergessen.«

»Ach, du Scheiße.«

Jetzt schaute auch er auf die Uhr.

»Schaffst du es noch, die Unterlagen zu holen?«

»Ich bin auf dem Hinweg nicht langsam gefahren und habe fast eine halbe Stunde gebraucht. Wenn ich rase wie ein Henker, schaffe ich es vielleicht in zwanzig Minuten.«

»Das wären zusammen vierzig Minuten – so lange können wir das Orgelvorspiel unmöglich ausdehnen.«

Plötzlich war ich völlig ruhig. Ich stand ja nicht hier, weil ich etwas beweisen musste, sondern weil Gott etwas mit mir vorhatte.

»Das machen wir ganz anders«, sagte ich. »Gib mir bitte deine Bibel, ich hole mir drinnen noch ein Gesangbuch, und dann halten wir den Gottesdienst.«

In dem Moment kam Kappesser dazu, der gemerkt hatte, dass irgendetwas nicht stimmte. »Was ist denn los?«, fragte er.

Wir erklärten es ihm. Seinen Kommentar dazu werde ich nie vergessen: »Das ist ja sportlich.«

Als seine Frau zu uns stieß – sie spielte Orgel –, erklärte er ihr: »Unser Pflegefall, der Schlagowsky, hat seine gesamten Unterlagen zu Hause vergessen. Er wird den Gottesdienst frei halten. Wenn du merkst, dass er in der Liturgie hängt, musst du ihn an der Orgel unterstützen.«

Kappesser überlegte kurz: »Irgendjemand sollte es der Gemeinde sagen … das mach am besten ich. Wenn etwas schiefgeht, fällt es sowieso auf mich zurück.«

Wir gingen in die volle Kirche, setzten uns nach vorne und nach dem Orgelvorspiel erhob sich Kappesser: »Heute ist ja der Prüfungsgottesdienst für Herrn Schlagowsky und dann geschieht das, was eigentlich nicht passieren dürfte: Die Tasche mit dem Gottesdienst steht bei ihm zu Hause. Wir haben ihm angeboten, den Gottesdienst zu verschieben, aber Herr Schlagowsky meint, er bekommt das freihändig hin. Dann wünschen wir ihm dazu mal Gottes Segen.«

Er lächelte in meine Richtung – und es war ein echtes und aufmunterndes Lächeln. Ich stand auf und begann. Und ich bekam alles hin, inklusive Predigt. Mein Mentor hatte mich so mit ihr gequält, dass ich sie sowieso fast auswendig konnte. Das Einzige, was ich zu Beginn vergessen hatte, war das Glaubensbekenntnis – das holte ich schnell vor der Predigt nach. Was sonst nicht ganz stimmte, bog Frau Kappesser an der Orgel zurecht.

Nach dem Gottesdienst lobten zwei Mitglieder des Kirchenvorstands freundlich: »Der Gottesdienst war so gut, er wäre mit Ihren Unterlagen bestimmt nicht besser gewesen. Gut, dass Sie sie vergessen haben.«

Beim Predigtnachgespräch saß Körver immer noch mit hochrotem Kopf da – er hatte die ganze Zeit mitgelitten. Kappesser kam lächelnd auf mich zu: »Sehr gut. Ich glaube, du hast etwas gelernt.« Von diesem Moment an waren wir per Du.

Ich hatte also bestanden. Diese Freude wollte ich zuerst mit meinem Vater teilen, der zu dieser Zeit auf der Palliativstation des Krankenhauses lag. Er war auf seiner letzten Wegstrecke angekommen. Als ich anfing, von dem Gottesdienst zu erzählen, wollte er gar nicht mehr hören, ob ich bestanden hatte, er sagte nur: »Ich hab dir doch immer gesagt: Halte deine Sachen zusammen.« Er blieb der korrekte Preuße – bis zum Schluss. Fünf Tage später starb er. Aber ich kannte ihn gut genug, um zu wissen, dass das seine Art war, seine Freude auszudrücken.

Der Startschuss ist gefallen

Was jetzt noch fehlte, war unsere Ernennung zu Prädikanten in einem Festgottesdienst. Vorher setzte sich der Probst mit uns vieren zusammen. Oliver Albrecht war so groß, dass sein Kopf auf den typischen Gruppenfotos oft abgeschnitten wurde; das passierte natürlich auch nach unserem Festgottesdienst. Aber offensichtlich stand er da drüber – im wahrsten Sinn des Wortes. Nach einem netten Gespräch meinte er nur lächelnd: »Ich sage schon ein paar Worte im Gottesdienst, aber Sie glauben doch nicht, dass ich ihn halte. Das ist Ihre Aufgabe.« Die anderen waren schnell dabei, sich ihre Bereiche auszusuchen: Musik, Liturgie, Gebet – für mich blieb die Predigt übrig.

Der Festgottesdienst fand wieder in Lahnstein statt. Die Kirche war noch deutlich voller als letztes Mal. Diesmal hatte ich alles dabei – er lief trotzdem gut. Besonders schön fand ich es, dass wieder etliche aus der Kneipe gekommen waren, die sonst keine Kirche betreten. Sie hatten die ganze Zeit über regen Anteil an meiner Ausbildung genommen, mit mir diskutiert und mich korrigiert. Und jetzt freuten sie sich einfach mit – und waren deswegen extra früh aufgestanden.

Von nun an war ich praktisch jedes Wochenende unterwegs, um irgendwo in der Region zu predigen. Es ging bereits eine Woche nach dem Festgottesdienst los; da hatte ich noch nicht einmal meine Urkunde. Aber der Pastorenmangel war immens, und irgendwie wurde ich per Mundpropaganda von einer Gemeinde zur anderen weiterempfohlen.

So hatte ich nach dreieinhalb Jahren bereits zweihundertfünfundsechzig Predigten gehalten. Nebenberuflich. Und so langsam fragte ich mich, ob ich aus meinem Hobby nicht einen Beruf machen sollte.

SEELSORGE IST DRAN

In der nächsten Zeit nahm ich alles an Fortbildungen der Kirche mit, was ich bekommen konnte. Das hat mich sehr bereichert – und mich sehr viel Geld gekostet, denn ich konnte die Kosten nirgendwo als Spesen einreichen. Es festigte aber meine Idee, in Zukunft ganz in der Kirche zu arbeiten und Schreinerei, Café und Kneipe hinter mir zu lassen. Nur wie sollte das funktionieren? Theologie würde ich bestimmt nicht mehr studieren.

Wieder eine Ausbildung

Auf irgendeiner Fortbildung stolperte ich über die Einladung zu einem zweijährigen Seelsorgekurs der Evangelischen Kirche in Hessen und Nassau. Ich dachte an die vielen Gespräche, die mich selbst vorangebracht hatten. Und ich dachte an die zahlreichen Leute, die sich mir immer wieder anvertrauen wollten. Sollte das eine Möglichkeit für mich sein?

Ich rief dort an und fuhr zur Informationsveranstaltung nach Frankfurt – das war übrigens der Nachteil dieser Fortbildung: Sie wurde nur in Frankfurt angeboten und ich würde regelmäßig über hundert Kilometer dorthin fahren müssen. Anders als bei der Prädikantenausbildung saßen wir dort zu dritt. Wieder war die Frage, ob das Ganze überhaupt stattfinden würde. Und wenn ja – konnte ich und konnten wir das als Familie überhaupt leisten? Ich würde mehrmals im Monat nach Frankfurt an die Universität fahren und zu etlichen Wochenendseminaren gehen. Ich musste wieder einen Mentor suchen und schließlich einen Praktikumsplatz finden, an dem ich das Gelernte umsetzen konnte. Andrea unterstützte mich und deshalb wollte ich es versuchen. Doch tatsächlich fanden sich schließlich ein Dutzend Teilnehmer und der Kurs fand statt.

Relativ bald kam ich in Kontakt zu Matthias Metzmacher, einem Integrationsbeauftragten der Kirche, und zu Markus Fehlhaber, der als Gemeindepfarrer in Scheuern und in der dortigen Stiftung Scheuern, einer Einrichtung der Behindertenhilfe, arbeitet. Beide wollten mich als Mentoren unterstützen. Metzmacher ist promovierter Theologe und ein unwahrscheinlich heller Kopf. Wenn ich ihn mit einem der Evangelisten im Neuen Testament vergleichen müsste, wäre er wahrscheinlich Johannes: abgeklärt, liebevoll und sprachlich gewandt. Fehlhaber erinnert mich eher an Markus: mittendrin, einfach, macht nicht viele Worte und kommt schnell zum Punkt. Das soll keine Wertung sein. Beide waren auf ihre Art sehr hilfreich für mich. Am meisten profitiert habe ich aber definitiv von der Arbeit in Scheuern.

Schon Kappesser hatte uns als Prädikanten erklärt: »Wenn ihr meint, ihr könnt gut Gottesdienste halten, dann geht einmal nach Scheuern. Dort könnt ihr erleben, was Gottesdienst wirklich ist. Ich hoffe und wünsche mir für jeden von euch, dass ihr einmal in Scheuern landet.« Ich rief dort also an und erklärte: »Wenn ihr mal eine Vertretung für den Gottesdienst braucht, würde ich das gerne machen.«

Vor dem dritten Advent kam ein Anruf: »Möchten Sie noch nach Scheuern? Zwischen den Jahren brauchen wir jemanden, der den Gottesdienst hält.«

Mit einem guten Bekannten, der Orgel spielen konnte, kam ich am nächsten Sonntag in den Gottesdienst, um mir das Ganze vorher einmal anzuschauen. So etwas hatte ich noch nicht erlebt. Es war Chaos pur und unwahrscheinlich laut. Schreiende Menschen liefen hin und her. Ich sagte nur: »Was ist das? Das ist doch kein Gottesdienst, das ist eine Katastrophe.« Und mittendrin stand Pastor Fehlhaber mit seinen über zwei Metern Größe und feierte in einer Seelenruhe diesen Adventsgottesdienst. Anschließend kam er auf mich zu und fragte mit seiner bedächtigen Art: »Jetzt haben Sie ja mal einen von unseren Gottesdiensten erlebt. Meinen Sie, Sie wären dieser Sache hier gewachsen? Es gibt nicht viele, die das schaffen.«

Das konnte ich verstehen, aber ich war fasziniert. Wie konnte ein Pfarrer freiwillig dorthin gehen? Das hatte mit normaler Gemeindearbeit nichts mehr zu tun. Ich überlegte kurz: »Ich finde die Situation geil. Populär kann ich hier nicht werden. Aber ich begegne Menschen, die Gott ganz besonders liebt. Ich bin dabei!«

Abseits? Nein, mittendrin!

Eine Weile später fragte mich mein ehemaliger Mentor Körver, ob ich Lust hätte, auf dem Kirchentag mitzuhelfen. Er fügte hinzu: »Wenn du irgendwann bei der Kirche arbeiten willst, ist so ein Kirchentag die optimale Möglichkeit, die entsprechenden Leute kennenzulernen.« Ich überlegte kurz und sagte ab, denn ich hatte bereits einen Termin beim Gottesdienst in Scheuern.

Inzwischen weiß ich, dass mein erster Eindruck von Scheuern falsch war. Natürlich sind es Gottesdienste, die dort gehalten werden! Und natürlich ist es eine Gemeinde! Die Behinderten hatten mich ins Herz geschlossen und ich sie. Ich habe bisher nirgendwo eine Gemeinde erlebt, die so sensibel ist wie die in Scheuern. Ich habe Leute kennengelernt, die ihren Gottesdienst dort verkürzen mussten und gegangen sind. Ich habe Pastoren kennengelernt, die mir klipp und klar gesagt haben, dass sie nie, nie, nie nach Scheuern gehen würden. Eine Organistin erklärte mir, dass sie nicht damit zurechtkam, mit fünfzig bis sechzig Menschen mit Behinderung in einem Raum zu sein. Unterm Strich sind es zurzeit nur zwei Pastoren und zwei Prädikanten, die dort Gottesdienste halten.

Deshalb bin ich sehr dankbar, dass ich jemanden gefunden habe, der mit mir in dieses fröhliche Chaos hineingeht: Dr. Krug hatte früher einmal Klavierunterricht und spielt bei meinen Gottesdiensten im Altenheim und in Scheuern die Orgel. Der Chemiker im Ruhestand hat mit Kirche eigentlich gar nichts am Hut, aber er setzt sich liebend gern für Menschen ein, die am Rand stehen. Bei Bedarf aktiviert er seine halbe Familie zum Mitarbeiten, zum Beispiel wenn an Weihnachten Akteure fürs Krippenspiel gesucht werden.

Die Menschen, die in Scheuern leben, haben eine geistige Behinderung oder eine psychische Erkrankung. Und sie merken es sofort, wenn du sie verarschst. Natürlich rede ich mit ihnen nicht über die Dreieinigkeit. Ich werde dort auch nie eine Predigt vom Stapel lassen, wie ich sie in der Kirche halte, aber ich hole sie mir ins Zwiegespräch: »Sagt mal, was ist gestern bei euch an Scheiße passiert? Und heute? Ist euch schon mal jemand auf den Sack gegangen?« Das verstehen sie absolut. Und dann erzähle ich ihnen, dass es Jesus ganz ähnlich ging.

Das ist natürlich ein anderer Level als bei normalen Gottesdiensten. Aber ich kann konkret davon sprechen, was es heißt, seinen persönlichen Müll abzugeben. Nach dem Segen singen wir noch gemeinsam »Die Affen rasen durch den Wald«. Dazu habe ich eine Polizistenmütze, eine Palme, einen Schnuller, eine Kokosnuss, das Affenkind und ein Kopftuch für die Mama dabei. Genau damit hole ich sie ab. Und im Gottesdienst in Scheuern herrscht längst eine entspannte Atmosphäre.

Kirchentag

Ein Höhepunkt für mich war es, als wir schließlich gemeinsam mit drei Bussen auf den Kirchentag nach Dortmund fuhren. Mit dabei waren Dr. Krug und ein Gast aus meiner Kneipe, der gerade arbeitslos war und Zeit hatte. Wir starteten am Mittwoch und waren Sonntag wieder zurück – dazwischen hatten wir alle Hände voll zu tun.

In der größten Stadt des Ruhrgebiets fuhren wir als Gruppe mit der S-Bahn. Das allein wäre schon spannend genug gewesen, aber plötzlich kamen ein paar Glatzköpfe rein, die unsere Behinderten anpöbelten. Ich ging auf sie zu und versuchte zu vermitteln: »Jungs, lasst es sein. Die sind euch nicht gewachsen.«

Aber ich drang nicht zu ihnen durch. »Wenn du dich für die da starkmachst, dann kriegst du gleich eins aufs Maul«, wurde ich gewarnt.

Das bekam Manfred mit. Er gehörte zu unserer Truppe und war sicher nicht der Hellste, aber er war groß und kräftig. Und er hatte deutlich gehört, dass der Neonazi mich verprügeln wollte. Ganz langsam ging er auf den Wortführer zu, nahm ihn in den Schwitzkasten und sagte: »Warum willst du den Titus denn hauen? Das machst du nicht!«

Ich ging dazwischen: »Manfred, lass ihn bitte los.«

»Nein, der hat gesagt, er will dich hauen.«

»Er bekommt schon schwer Luft.«

»Er wollte dir aber wehtun.«

»Manfred, der hat das bestimmt nicht so gemeint.«

»Doch, das war ernst …«

Ich bestand darauf, dass Manfred den Angreifer losließ.

»Gut, dann drück ich noch einmal kurz zu und lass dann los«, meinte der Riese. Danach war Ruhe.

Eine Frau begann plötzlich zu applaudieren. An der nächsten Haltestelle stiegen die Neonazis aus.

Der Kirchentag war ein Erlebnis für uns alle. Und das Programm war nachmittags ja noch nicht vorbei. Einmal gingen wir mit einem Teil unserer Gruppe zu einem Konzert. Auf einer der zahlreichen kleinen Bühnen in der Stadt trat die integrative Band »The Mix« auf. Sie spielten Rock 'n' Roll und klangen ziemlich gut, aber vor der Bühne war nichts los. Also fragte ich einen unserer Leute: »Tanzen wir eine Runde?« »Au ja.« Wir legten los. Die anderen stiegen ein. Einer rief mit dem Handy die anderen an: »Wir tanzen hier. Es ist total toll. Kommt doch auch vorbei.« Innerhalb kürzester Zeit war der Platz vor der Bühne voll mit begeisterten Tänzern. Mal bewegte sich jeder für sich, mal tanzten wir im großen Kreis, und die Rollstuhlfahrer drehten sich in der Mitte.

Eigentlich hatte jede der Bands, die dort auftraten, ein genaues Zeitfenster, in dem sie spielen durften, doch der ganze Platz tanzte und tobte. »The Mix« ging in die Verlängerung. Nach dem Konzert kam ich mit den Musikern ins Gespräch und erfuhr, dass sie sogar schon einmal in den USA auf Tournee gewesen waren. Einige stammten aus einer Behinderteneinrichtung und sie zeigten mir wieder einmal, wieso ich mit Gottes besonders geliebten Menschen so gut klarkam: Sie waren liebevoll, ehrlich, vertraut und lebten ein Miteinander, von dem sich die meisten »gesunden« Menschen eine Scheibe abschneiden können. Zum Abschied lud ich sie ein, einmal für einen Gottesdienst nach Scheuern zu kommen.

Zuhören ist gefragt

Mein Seelsorgekurs wurde vom ÖAKS angeboten, dem Ökumenischen Arbeitskreis Seelsorge. Ich schätze die Weite, die das Ganze dadurch bekommen hat. Wir hörten Vorträge von Fachleuten zu den verschiedensten Themen rund um Seelsorge. Wir arbeiteten an uns selbst – das war definitiv der schwerste Teil der Ausbildung. Und wir konnten in viele Arbeitsfelder der Seelsorge hineinschauen.

Mein Praktikumsplatz war zwar die Stiftung Scheuern, doch ich war auch in Krankenhäusern unterwegs. Ich fand es herausfordernd, in ein Krankenzimmer zu gehen, in kürzester Zeit einen Draht zu der Patientin oder dem Patienten zu bekommen, einzuschätzen, was mein Gegenüber brauchen könnte, und vor allem zuzuhören. Reden ist mir schon immer leichter gefallen als Zuhören, aber hier merkte ich, wie wichtig ein offenes Ohr ist.

Über diese Begegnungen musste ich regelmäßig Gedächtnisprotokolle schreiben: Was hatte ich gesagt? Wie hatte mein Gegenüber reagiert? Wie war der Ablauf? Was würde ich im Nachhinein anders machen? Darüber sprachen wir auch als Gruppe – natürlich ohne Namen zu nennen. Ich fand es auffällig, wie viele der Gespräche im Krankenhaus bei mir und den anderen ähnlich schlossen: »Frau Meier, vielen Dank, dass Sie mir das alles erzählt haben. Darf ich zum Schluss noch mit Ihnen beten? Ich würde Sie gern unter Gottes Segen stellen.« Fast immer stimmten die Leute zu. Dabei spielte es kaum eine Rolle, ob sie fromm geprägt waren oder nicht. Sie waren alle an einer Stelle im Leben angekommen, die ihnen bewusst machte, dass sie den Segen Gottes gut gebrauchen konnten.

Natürlich kam ich dabei immer wieder an meine persönlichen Grenzen. Wenn ich einer Mutter die Hand halten sollte, deren Mann ihr Kind in der Garage totgefahren hatte, dann fehlten mir die Worte. Dann verbat sich jedes »Das wird schon wieder …« von selbst und mir liefen beim anschließenden Erzählen die Tränen übers Gesicht. Aber ich realisierte dadurch, dass ich nicht der Held sein musste, um zu helfen. Es kam nicht auf mich an, sondern auf den, den Paulus »Vater der Barmherzigkeit und Gott allen Trostes« nennt (2. Korinther 1,3). Ich lernte, meine eigenen Probleme, die ja immer noch da waren, zurückzustellen und mich mehr um andere zu kümmern.

Ähnliches erlebte ich auch in der Kneipe. Der Unterschied zum Krankenhaus war, dass ich viele der Menschen kannte, die dort bei mir am Tresen saßen, aber die Gespräche verliefen oft ziemlich ähnlich. Schon immer hatte es bei uns in der Kneipe gute und tiefe Unterhaltungen gegeben, nicht nur den üblichen Small Talk zwischen Fußballergebnissen und Stammtischgerede. Das lag sicher genauso an unseren Stammgästen wie an mir, doch in der Seelsorgeausbildung wurde mir neu bewusst, wie besonders das eigentlich war: eine Offenheit für Fragen und Probleme, großer Respekt vor der Meinung der anderen und immer wieder die Bereitschaft, zuzuhören.

Natürlich gab es Leute, die gar nicht damit zurechtkamen, dass ich im Knast gesessen hatte. Und so wie es in der Kirche Leute gab, die mich wieder in die Kneipe zurückschicken wollten, gab es auch in der Kneipe Leute, die mich ganz in die Kirche schicken wollten. Doch das war die Minderheit. Die meisten nahmen mich so, wie ich bin. Viele sagten: »Ich sitze gerade echt in der Scheiße, aber ich weiß genau: Das kennst du auch. Und du denkst nicht, dass du besser bist als ich. Das tut mir gut. Was meinst du eigentlich zu meinem Problem?« Und dann waren wir im Gespräch.

Klosterzeiten

Zur Seelsorgeausbildung gehören drei Wochenenden im Kloster Bad Soden-Salmünster. Dort lernten wir uns als Gruppe besser kennen. Ich gehörte auch hier mit über vierzig Jahren zu den Jüngsten. Außerdem war ich einer von insgesamt nur drei Männern. Scheinbar ist Seelsorge Frauensache ... Aber wir konnten mit- und aneinander gut lernen.

Wir malten unsere eigene Lebensreise – unabhängig davon, wie gut wir malen konnten. Wir hielten zusammen Gottesdienste, indem wir innerhalb von einer halben Stunde spontan das zusammentrugen, was wir konnten und mitbrachten – und es war inspirierend und gut. Nichts hat gefehlt. Ich denke, wir haben dabei alle gespürt, dass der Heilige Geist aktiv war und uns gebrauchte.

Manchmal nervte ich die anderen durch meine direkte Art. Als wir zum Beispiel zu Mittag aßen und sie einfach so loslegen wollten, meinte ich: »Ich denke, wir sind Gott alle dankbar für dieses Essen. Deshalb bete ich noch mit uns.« Einige verdrehten die Augen: »Dieser Lutheraner wieder ...«, aber sie lächelten dabei.

Während der Seelsorgeausbildung habe ich fast nie gefehlt. Ich wollte ja etwas lernen. Außerdem war mir die Gemeinschaft mit den anderen extrem wichtig. Wir wussten inzwischen sehr viel voneinander, nicht nur die oberflächlichen Dinge, sondern auch viele Details aus unserem Leben und darüber, wie wir tatsächlich dachten und fühlten.

Ich kann sagen, dass ein viel bemühtes Klischee nicht stimmt: Zu solch einer Ausbildung treffen sich nicht diejenigen, die selbst mit ihrem Leben nicht zurechtkommen. Da saß bei uns im Kurs ein Unternehmensberater und Coach neben der Frau des Geschäftsführers einer Kette von Lebensmittelläden. Die mussten die Ausbildung nicht machen, sie wollten es.

Der Stuhl im Flur

Während dieser Zeit merkte ich: Seelsorge findet nicht nur im geschützten Raum statt. Es ist eine gute Möglichkeit, Kranke und Sterbende im Krankenhaus zu besuchen, aber das normale Leben war für mich jeden Abend in der Kneipe. Da setzte sich irgendjemand, den ich meistens schon kannte, auf einen Hocker am Tresen und fing an zu erzählen.

Manchmal war das Ganze schnell und mit ein paar Worten erledigt. Manchmal aber auch nicht. Aber ich konnte doch nicht die großen persönlichen Fragen meiner Gäste am Tresen diskutieren! Daher stellte ich einen Stuhl in den Flur Richtung Toilette und bot meinen Gesprächspartnern immer wieder an: »Willst du kurz mit mir rausgehen?«

An manchen Abenden wurde der Stuhl kaum kalt, da ergaben sich nach irgendeiner Frage gute Gespräche: »Wie läuft es denn mit deiner Frau?« – »Kommst du an deinem Arbeitsplatz zurecht?« – »Wer bist du, wenn keiner hinsieht?« – »Glaubst du an diesen Gott?«

Unsere Kneipe ist keine Seelsorgewerkstatt. Man kann einfach kommen und ein Bier trinken. Aber wer mehr als das möchte, ist ebenfalls willkommen.

DIAKONIE HEISST DIENEN

Schon während meiner Ausbildung als Seelsorger bekam ich immer wieder als Rückmeldung: »Dafür solltest du schon Diakon sein.« Für die meisten Kirchen und Gemeinden ist das der Ausbildungsstand, ab dem sie jemanden einstellen. Daher schaute ich mich um, wo diese Ausbildung möglich war. Auf dem schon erwähnten Kirchentag in Dortmund lief ich mit einer ganzen Gruppe unserer Leute aus Scheuern unter anderem am Stand der »Malche« vorbei. Das theologisch-pädagogische Seminar bot genau diese Ausbildung an – und der Stand war herrlich chaotisch. Da sprangen ein paar junge Leute herum, die begeistert von ihrer Sache waren, aber nicht in Anzug und Krawatte ein bestimmtes Image weitergeben wollten. Das war mir sofort sympathisch.

Ausbildung zur »Nonne«

Während ich einen Blick auf den Stand warf, meinte einer aus meiner Gruppe: »Mein Fuß tut so weh.« Ich schaute nach und stellte fest, dass sein Thrombosestrumpf verrutscht war und er sich eine Blase gelaufen hatte. »Kein Problem, das bekommen wir schnell wieder hin.« In dieser Beziehung war der Kirchentag super organisiert. In jeder Ecke war eine Krankenstation. Ich brachte ihn dorthin, und er wurde sofort behandelt. Die Sanis boten ihm eine Liege zum Erholen an. »In einer Stunde kannst du ihn wieder abholen«, hieß es, also hatte ich viel Zeit, mich bei den benachbarten Ständen noch einmal umzuschauen.

Ich landete wieder bei der Malche. Der Name war mir ein Begriff. Ich kannte ihn noch aus Ostzeiten, da hatte die Malche ein Ausbildungszentrum für Schwestern in Bad Freienwalde gehabt, meine Tante hatte dort gelernt. Ich selbst war zwar nie dort gewesen, aber ich hatte mitbekommen, dass der Laden sehr, sehr strukturiert war. Das passte für mich so gar nicht zu den lockeren jungen Leuten, die hier am Stand unterwegs waren. Nach Kloster sahen sie nicht aus – weder evangelisch noch katholisch.

Eine junge Frau drückte mir einen Flyer in die Hand, auf dem mir sofort ins Auge fiel: »Ausbildung zum Gemeindediakon« und »keine pädagogischen Vorkenntnisse«. Passt, dachte ich. Das ist meine Situation.

»Nehmt ihr eigentlich auch Alte?«, fragte ich sie.

»Auf der Malche nehmen wir alle«, antwortete sie. »Hauptsache, du bist mit Jesus Christus unterwegs.«

Das war für mich der Hammer. Ich schlich eine ganze Weile um den Stand herum und mich überzeugte diese fröhliche und direkte Art des Glaubens wesentlich mehr als die ausgelegten Hochglanzprospekte.

Als ich wieder zu Hause war, rief ich bei der Malche an. Die freundliche Sekretärin erklärte: »Die Bewerbungsfrist ist eigentlich schon abgelaufen«, um direkt zu ergänzen: »Aber Sie können uns Ihre Bewerbungsunterlagen ruhig trotzdem zuschicken.« Das tat ich und erhielt kurz darauf die Einladung zu einem Gespräch mit Dr. Schaefer, einem der Leiter.

Daher machten Andrea und ich uns auf den Weg nach Porta Westfalica. Dort übernachteten wir in der Pension »Zum Angestellten« und fragten uns schon, ob der Name ein Zeichen fürs Gespräch am nächsten Vormittag sein sollte. Aber noch wollte ich ja gar nicht arbeiten, die Ausbildung genügte mir vorerst. Abends aßen wir bei typisch lippischem Regenwetter etwas und schauten uns das Kaiser-Wilhelm-Denkmal an, das extra ein großes Dach hat. Wahrscheinlich sollte der Kaiser nicht nass werden.

Am nächsten Morgen fuhren wir zur Malche. Als das Navi uns erzählte: »Sie haben Ihr Ziel erreicht«, sahen wir nur eine Jugendstilvilla, die ihre beste Zeit schon lange hinter sich hatte, und fuhren deshalb weiter. »Bitte bei der nächsten Möglichkeit wenden«, tönte das Navi und lotste uns zurück. Wir waren hier also doch richtig.

Im Haus gingen wir durch fünf Meter hohe Säle und die Freitreppe in einen hellen Besprechungsraum. Dort trafen wir Dr. Schaefer, dem man seine Herkunft aus Sachsen noch deutlich anhörte. Meine Bewerbung schien für ihn längst geklärt, er wollte mich nur etwas besser kennenlernen und fragte zwischendurch meine Frau, ob sie nicht auch auf der Malche anfangen wolle.

»Nein, dafür habe ich jetzt den Kopf nicht frei«, meinte sie.

»Vielleicht hinterher, wenn Ihr Mann fertig ist?« So schnell gab er nicht auf.

Danach bekamen wir eine Führung durch die rustikalen Räume, in denen in verschiedenen Ausbildungsgängen um die siebzig junge Leute studierten. Ich sah Zimmer, die dringend renoviert werden sollten, einen Garten, der ziemlich vertrocknet war, und fragte mich: »Was ist das hier? Entweder bin ich völlig verkehrt – oder ich bin absolut richtig.« Heute weiß ich, dass die Malche gern unterschätzt wird. Während der Präsenzzeiten lernte ich dort familiäre Ausbildung auf hohem Niveau kennen.

Wie zu Hause

Ich fühlte mich vom ersten Tag an wohl auf der Malche. Das begann damit, dass der Tag mit Gebet startete und nicht mit organisatorischen Fragen. Vor den Mahlzeiten wurde gebetet, jeden Vormittag gab es eine Andacht, die von den Azubis oder den Studierenden vorbereitet wurde. Immer donnerstags fand ein Gottesdienst statt. Die Teilnahme war freiwillig, aber jeder war dabei. Da sitzen Lehrer, Doktoren und Professoren neben Schülern und Studenten. Das mag für viele selbstverständlich klingen – für mich ist es das nicht. Ich genieße diese Zeiten, wo ich inhaltlich etwas lerne, geistlich vorankomme und gleichzeitig das Wehen des Geistes spüre.

Momentan lerne ich es, Gott von Tag zu Tag zu vertrauen. Ich weiß, dass die meisten Absolventen der Malche nicht arbeitslos werden, sondern relativ schnell einen Platz als Erzieherin oder Gemeindediakon finden. Bei mir hat das noch etwas Zeit, doch bis dahin habe ich daheim genug eigene Baustellen.

Seit 2017 habe ich versucht, mein Haus in Nochern mit der Lagerhalle daneben zu verkaufen. Nichts passierte, es gab keine Interessenten. Jetzt kommt da gerade Bewegung hinein, und demnächst können wir das Kapitel abschließen.

Der erste Lockdown der Corona-Krise, in dem alles stillstand, hatte für uns auch Vorteile. Natürlich mussten wir wie jede Gastronomie schließen und unsere Mitarbeiter nach Hause schicken. Aber wir konnten während dieser Pause aus Nochern nach Nastätten umziehen – das wäre sonst extrem schwierig geworden.

Immer wieder geht mir durch den Kopf, was der biblische König Salomo im Buch Prediger geschrieben hat: »Ein jegliches hat seine Zeit, und alles Vorhaben unter dem Himmel hat seine Stunde« (Prediger 3,1). Wenn alles so läuft, wie man sich das vorgestellt hat, ist das eine entspannte Aussage. Wenn fast nichts so läuft, dann ist sie herausfordernd. Diese Herausforderung erlebe ich gerade, denn ich schiebe mehr Fragezeichen vor mir her, als mir lieb ist. Trotzdem merke ich von Tag zu Tag: Gott ist da, und er kommt zu seinem Ziel.

Schritte nach vorn

Ich habe einen frommen Hintergrund, doch das hatte jahrelang keine Auswirkungen auf mein Leben. Inzwischen bin ich längst wieder aktiv mit Jesus Christus unterwegs. Um das im Alltag nicht aus den Augen zu verlieren, lese ich ein paar Bücher, die mir dabei helfen, meinen Glauben zu leben. Die folgende Liste ist meine persönliche, sie ist nicht zum Kopieren gedacht. Stattdessen ist sie eine Anregung, denn Bücher wie diese verändern Menschen, sie verändern mich.

In der Regel lese ich täglich »Die Losungen« der Herrnhuter Brüdergemeine mit ihren biblischen Leitworten für jeden Tag, »Sonne und Schild«, den evangelischen Jahreskalender, und »Näher zu dir« mit Andachten für jeden Tag. Ich betrachte den Losungskalender »Licht und Kraft« mit Erläuterungen zu den täglichen Losungsversen, »Leben ist mehr« als evangelistisches Lesebuch mit prägnanten Gedanken für jedermann und »Die gute Saat«. Für viele ist dies Normalprogramm, für andere Hardcore. Vor allem, wenn man sich das jeden Tag antut. Mich persönlich hat es immens vorangebracht.

Gerade während meiner Prädikantenausbildung war es für mich und die anderen im Kurs eine permanente Herausforderung, eine Andacht oder Predigt zu schreiben. Was sollte ich nur sagen? Inzwischen ist es genau andersherum. Ich fange an und muss mich irgendwann bremsen und zum Schluss kommen. Ich frage mich: Was von dem, was mich gerade beschäftigt, ist auch für andere dran? Was könnte damit gemeint sein? Es geht nicht objektiv darum, was damit gemeint ist, denn das sieht jeder anders.

Für mich ist dieses »Menscheln« in der Bibel entscheidend. Ich kann und will gar nicht jede fragliche Bibelstelle erklären, trotzdem erwarte ich, dass Gott in mein Leben und in das anderer Menschen hineinspricht. Typisch ist, dass ich manchmal einen Bibelvers lese und denke: »Der ist genau für mich und meine Situation geschrieben worden.«

Zwischen Neonazis und Polizei

Immer wieder erwarten Menschen oder Umstände von mir, mich für eine Seite zu entscheiden: Politisch. Religiös. Persönlich. Das finde ich schwierig. In Marienfels – das ist hier um die Ecke – trafen sich jedes Jahr am Volkstrauertag Angehörige eines Panzerregiments der SS an einer Gedenkstelle. Bei Nacht und Nebel wurde dieses Denkmal vor etlichen Jahren zerstört. Das wiederum rief die Neonazis auf den Plan, und sie kündigten eine Demonstration an.

Der Gewerbeverein Nastätten schrieb daraufhin alle Unternehmen an, bitte am entsprechenden Samstag die Geschäfte geschlossen zu halten. Ich hatte keine Information bekommen. Was sollte ich tun? Allein auf Verdacht wollte ich weder Café noch Kneipe schließen. Als die Information schließlich bei mir ankam, waren meine Bäcker schon beim Backen – also ließ ich den Laden offen.

Morgens um sieben klingelte mein Telefon. »Kripo Koblenz, guten Morgen. Wir wollten uns nur erkundigen, ob Sie mit Ihrem Café heute geöffnet haben.«

»Ja, das habe ich.«

»So ein Glück«, meinte mein Gesprächspartner, »dann müssen wir für unsere Polizisten keinen Toilettenwagen ordern.«

Eine halbe Stunde später klingelte mein Telefon schon wieder. Der Neonazi, der die Demonstration organisierte, fragte an: »Hat die Lokalität geöffnet? Sonst müssten wir nämlich dafür sorgen, dass ein Toilettenwagen bereitsteht.«

Ich sagte: »Ich habe auf, aber ich sag euch eins: Ich will hier drinnen keinen Stress.«

Den ganzen Samstag war tatsächlich jedes Geschäft geschlossen, nur unsere »Schöne Aussicht« hatte geöffnet. Die Demonstration fand statt und verlief am Adolfsplatz vorbei – der übrigens wegen eines nassauischen Herzogs so heißt und nicht wegen Hitler. Es war kalt und regnerisch, und mein Laden war voll. Draußen und drinnen bei uns waren Glatzköpfe in Springerstiefeln und Freunde und Helfer in Grün-Weiß. Mein Personal hatte Angst.

Als erst eine kleine Polizistin und dann zwei breite Neonazis in Richtung Toilette verschwanden, ging ich sicherheitshalber hinterher, doch sie ging nach rechts, die schweren Jungs nach links und es gab keine Probleme.

In einem anderen Moment stand ein Glatzkopf mit tätowiertem Hakenkreuz an der Theke und schrie laut: »Hey!«

Die Bedienung antwortete zittrig: »Ja?«

»Habt ihr auch Milch?«, fragte der starke Mann. Er mochte nämlich gar keinen Alkohol.

So ähnlich verlief der Rest des Tages – es blieb friedlich. Für einige im Ort war ich daraufhin ein Neonazi, für andere ein Polizistenfreund. Das war nicht einfach. Manche kamen nicht mehr ins Café oder in die Kneipe. Das ist schon eine ganze Weile her, danach kam die Geschichte mit dem Knast. Und ich hörte: »Jetzt war er nicht nur im Knast, sondern er macht auch noch einen auf fromm.«

Manche sprachen mich darauf an: »Was willst du denn damit deckeln?«

»Gar nichts. Ich meine es ernst. Als ich im Knast war, war ich so weit, dass ich mich umbringen wollte. Und wenn Gott mich nicht davon abgehalten hätte, dann hättet ihr euch einen neuen Wirt suchen müssen.«

Schließlich stand sogar in der Zeitung, dass ich den nächsten Gottesdienst in der Kirche halten würde.

Vertrauen zum Kneipenpastor

Im Laufe der Zeit wurde mir bewusst, dass allein meine Existenz manche Leute ärgerte, besonders Christen. Sie bemühten sich immer wieder, Wege zu anderen Menschen zu finden, und ich hatte diese Wege bereits dadurch, dass ich hinter dem Tresen stand. Nach dem dritten Bier erzählte manch einer das, was er sonst niemandem anvertraute, schon gar keinem Frommen. Heute kommt da noch etwas dazu. Einige sagen direkt am Anfang mit einem Augenzwinkern: »Ich weiß ja, du unterliegst der Schweigepflicht.« Aber eigentlich meinen sie es gar nicht im Scherz – es ist ihnen wichtig.

Sehr konkret wurde das bei einer ehemaligen Mitarbeiterin und einem Gast der Kneipe. Beide sitzen inzwischen in Haft, und ich besuche sie regelmäßig. Sie werden beschuldigt, den Schwager der Frau erschossen zu haben. Das geschah zwar, als ich selbst im Knast saß, aber ich kannte ja beide bereits vorher und hielt den Kontakt zu ihnen. Als meine Frau für diesen Prozess als Zeugin geladen wurde, begleitete ich sie natürlich. Noch im Gerichtssaal ließ der Richter auch mich als Zeugen laden – keine Ahnung, ob er darauf spekuliert hatte, dass ich mitkam.

Der Staatsanwalt fragte mich: »Wir haben Ihnen ja genehmigt, den Angeklagten in der Haftanstalt zu besuchen. Fand dieser Besuch als Freund oder als Seelsorger statt?«

Das ließ sich für mich nicht voneinander trennen und ich antwortete: »Dazu möchte ich erst einmal nichts sagen.«

Dann wurde das Ganze sehr unangenehm, als der Staatsanwalt sagte: »Wir wissen, dass Sie eine Ausbildung als Seelsorger machen. Wir sehen deshalb keine Schweigepflicht bei Ihnen und fordern Sie auf, uns alles zu sagen, was Ihnen der Angeklagte anvertraut hat. Sollten Sie sich weigern, müssten wir über Beugehaft nachdenken.«

»Wegen der Entbindung von der Schweigepflicht würde ich gern zuerst mit meiner Kirche Rücksprache halten. Und was die Beugehaft angeht, wissen Sie, dass ich bereits im Knast gesessen habe. Ich sage Ihnen nur: Drohen Sie mir nicht.«

»Das ist Missachtung des Gerichts.«

»Nein, das glaube ich kaum …«

Natürlich möchte ich nicht noch einmal ins Gefängnis, aber ich habe keine Angst davor. Ich weiß, was da auf mich zukommen würde, und ich erkenne eine leere Drohung. Wieder musste ich an Horst Dany, den Diakon aus dem Knast, denken: »Ich verurteile die Tat, aber nicht den Menschen.«

Hier war ein Mensch erschossen worden, und das ist schrecklich. Wahrscheinlich hatte entweder unsere ehemalige Mitarbeiterin oder unser Gast den Mord begangen, aber zur Klärung konnte ich nichts beitragen.

Ich verließ den Gerichtssaal übrigens als freier Mann – gelitten hat dabei nur mein Vertrauen in die weltliche Gerichtsbarkeit. Ich sehe immer deutlicher, dass dieses Recht wenig oder sogar nichts mit Gerechtigkeit zu tun hat.

Eine positive Auswirkung des Vertrauens in mich sah ich einmal samstags. Am nächsten Tag hatte ich eine Predigt zu halten, und die Zeit zur Vorbereitung war etwas knapp gewesen. Also lächelte ich in die nette Runde am Tresen und meinte: »Ich muss noch einmal kurz in den Keller und meine Predigt für morgen einmal üben.«

Das machte ich immer so: schreiben, vorlesen, neu schreiben und noch einmal laut halten.

Holger saß mir direkt gegenüber und meinte: »Kannste doch auch hier machen …«

»Natürlich. Hier. Mitten in der Kneipe. Ich glaub nicht, dass die anderen das hören wollen.«

»Wetten, dass?« Holger klingelte mit zwei Gläsern, bis auch die Letzten im Raum still geworden waren. Dann rief er: »Leute, Titus muss seine Predigt für morgen noch mal üben. Ich hab ihm gesagt, dass er das auch hier machen kann. Dann haben wir sogar Live-Programm. Okay?«

Alle waren einverstanden. Ich warf noch einen Blick auf Holger, der in seiner Motorradjacke dastand: »Dann machst du die Bibellesung.«

»Klar, Mann.«

Ich weiß nicht, wie lange er gebraucht hätte, um das Lukasevangelium zu finden, aber darum ging es nicht. Ich reichte ihm eine Bibel, er ließ sich den Text zeigen, und dann las Holger den Predigttext vor. In der Kneipe herrschte absolute Stille. Als er fertig war, sagte er zögernd: »Amen.« Und ein Dutzend Gäste antwortete: »Amen.«

Ich zog mein Konzept aus der Tasche und hielt die Predigt. Währenddessen ging die Kneipentür auf, ein Stammgast kam herein und rief: »Ei guude!« Da drehten sich alle anderen um, legten den Finger vor den Mund und machten: »Psst«. Etwas irritiert setzte er sich in die Ecke, aber sein Nachbar erklärte ihm schnell und leise: »Titus predigt gerade. Kleinen Moment noch.«

Ich unterbrach kurz, begrüßte ihn und fragte: »Willst du ein Bier?«

»Ja.«

Das bekam er, dann redete ich weiter. Ich beendete meine Predigt, sprach allen den Segen zu und dann ging der normale Kneipenabend weiter.

Testhörer und Mitarbeiter

Inzwischen predige ich regelmäßig in der Kneipe. Falls ich es vergessen sollte, gibt es immer jemanden, der mich daran erinnert. Als es zu Beginn der Corona-Krise schwierig wurde, nach Scheuern oder überhaupt irgendwo hinzufahren, kam ein Elektrotechniker aus der Nachbarschaft auf mich zu und sagte: »Titus, ich hab eine Idee. Wir halten einfach Online-Gottesdienste.« Das amüsierte mich, denn er hat keinerlei Bezug zur Kirche, ist im Gegenteil Atheist.

Aber er meinte es ernst: »Ich bringe immer am Samstagvormittag meine Kamera in die Kneipe, und du hältst den Gottesdienst. Ich schneide den Film zurecht und dann stelle ich das Ganze bei YouTube ein.«

Genau das haben wir getan. Woche für Woche brachte er Stunden damit zu, den Gottesdienst zu filmen und zu bearbeiten. Und ich bin mir ganz sicher: Jesus lässt sich das nicht schenken. Er begegnet ihm dadurch. Als Gottesdienste wieder stattfinden durften, war er übrigens derjenige, der fragte: »Wieso willst du denn damit aufhören? Deine Probelesung hältst du doch sowieso, dann können wir die auch in Zukunft aufzeichnen.«

Ich schreibe regelmäßig Andachten und Artikel für Zeitschriften. Meistens lege ich sie in den Zeitschriftenständer und sehe immer wieder: Sie werden gelesen. Aber manchmal sitze ich an einem Text und bin mir nicht sicher, ob ich mich verständlich ausgedrückt habe. Dann bringe ich zwei Versionen mit in die Kneipe und gebe sie durch die Reihen. Als ich das zum ersten Mal machte, zückte einer seinen Kugelschreiber und erklärte: »Hier gehört ein Komma hin, und das Wort schreibt man groß.«

»Du sollst nicht korrigieren, sondern mir sagen, welcher Text besser ist.«

»Das machen die anderen – ich bin fürs Korrigieren zuständig.«

Der Rest der Kneipe hatte sich die Texte zu Gemüte geführt, dann kam die Abstimmung. Meistens waren sie sich einig – und immer war die Entscheidung gut. Erstaunlicherweise hatten sie dabei null Berührungsängste mit hochchristlichen Texten. Im Gegenteil, nur leeres Gerede stieß sie immer ab.

Was würde ich inzwischen ohne meine Freunde in der Kneipe machen?

Wenn am nächsten Tag eine Taufe war, dann druckte ich die Lieder zum Singen auf Liedblätter, die natürlich gefaltet werden mussten. »Reich mal rüber«, hieß es dann vom Stammtisch, und während ich Bier zapfte, war die Arbeit bereits erledigt.

Einmal lief weder im Radio noch im Fernsehen etwas Gescheites, also holte ich ein paar Blätter aus meiner Seelsorgeausbildung hervor. »Leute, ich hab hier einen Test für euch.«

»Wir sind doch nicht in der Schule«, erwiderte einer, doch irgendwo hatte schon jemand gerufen: »Her damit!« Das überzeugte. Sie beantworteten ein paar Fragen und als Auswertung konnten sie sehen, wie stark intro- oder extrovertiert sie waren.

»Das ist aber ganz schön persönlich«, meinte ein Gast.

»Kein Problem, niemand will deinen Zettel sehen«, antwortete ich.

Ein Rockertyp, der sich schon mit manchen im Dorf geschlagen hatte, fragte hinterher laut: »Was heißt denn das? Hier steht, ich bin in … intro … introvertiert?«

»Das heißt, dass du zwar eine große Schnauze hast, aber eigentlich ein ganz feiner Kerl bist«, erklärte ich.

»Sag ich doch immer«, erwiderte er und lächelte.

Den Rest des Abends fragten die Gäste ihre Nachbarn, ob sie sie auch so einschätzen würden wie der Test.

Wenn ich mittwochs vom Seelsorgekurs zurückkam, wurde ich oft gefragt: »Was hast du denn heute gemacht?«

»Ich war im Krankenhaus auf der Kinderpalliativstation.«

Dann redeten wir übers Sterben. An diesem Abend war ein Gast aus Berlin in der Kneipe. Bevor er ging, sagte er: »Titus, du weißt schon, dass das hier ein ganz besonderer Tresen ist, oder? In allen Kneipen, die ich kenne, reden die Leute entweder gar nicht oder nur mit ihren Nachbarn. Ihr hier redet alle miteinander und sprecht gemeinsam über ein Thema. So etwas hab ich noch nie erlebt.« Dann schob er nach: »Nächsten Monat bin ich wieder geschäftlich in der Gegend. Bis dann!«

Eine Kirche – keine Kirche

Wenn ich irgendeinen von meinen Gästen fragen würde: »Ist das für dich so etwas wie Kirche?«, dann würden fast alle abwinken. Ich hör sie schon sagen: »Nein!« – »Bist du verrückt?« – »Sonst geht's dir aber noch gut, oder?!«

Und natürlich ist es keine Kirche oder Gemeindehaus. Die Leute kommen in die Kneipe, um sich zu entspannen, Freunde zu treffen und nach Feierabend zwei oder drei Bier zu trinken. Aber es passiert trotzdem mehr. Irgendwie macht Gott durch seine Gegenwart etwas Besonderes aus den Begegnungen hier, ob das bei der Predigt ist oder bei einem persönlichen Gespräch auf dem Seelsorgestuhl. Auf der einen Seite kommt regelmäßig eine ehemalige Prostituierte, die inzwischen den Absprung geschafft hat, und redet mit mir über die christlichen Andachten, die sie auf YouTube anschaut. Und auf der anderen Seite gibt es Leute wie Bankräuber Tom, der früher einmal die Sparkasse um die Ecke ausgeraubt hat. Dem brauche ich mit Kirche und Glauben nicht zu kommen, aber er duldet es. Tom sagt klipp und klar: »Ich finde das gut, aber ich will nicht mit dir darüber reden.«

Vor einer Weile kam Ilona, die zu unseren Stammgästen gehört: »Titus, ich werde demnächst fünfundvierzig ...«

»Herzliches Beileid, aber was kann ich dafür?«

»Du Blödmann, ich will meinen Geburtstag in deiner Kneipe feiern. Geht das? Es werden so fünfzig Leute kommen. Ach, übrigens, ich hätte gern, dass du an dem Abend eine kleine Andacht hältst und einen Segen sprichst.«

Ich kam mir seltsam dabei vor, aber ich machte es. Und als Feedback sagten mir viele der Gäste, dass das die schönste Geburtstagsfeier gewesen sei, auf der sie bisher waren. Das ist irgendwie typisch: Gehört der Segen in die Kneipe? Nein, aber irgendwie schon. Ist die Kneipe eine Kirche? Natürlich nicht, aber irgendwie doch.

Die Kneipe ist definitiv ein Ort, wo ich sein kann, wer ich bin – mit meiner ganzen Geschichte. Das merken die Leute, die dorthin kommen. Und sie glauben völlig zu Recht, dass dasselbe wohl auch für sie gilt.

NEIN, ES IST NICHT ALLES GUT

Mein Name ist Hauke Burgarth. Ich habe die Geschichte von Titus Schlagowsky aufgeschrieben, so wie er sie mir in vielen, vielen Stunden erzählt hat. Wir sind uns dabei nahegekommen. Nicht nur, weil wir zur gleichen Altersklasse gehören und beide einen Bart tragen …

Ich habe mit Titus gelacht, als der Fischteichbesitzer im Schlamm stecken geblieben ist. Ich habe mit ihm gefiebert, als er endlich in den Westen durfte. Ich habe mit ihm gelitten, als sein Leben aus den Fugen geriet und er schließlich in den Knast kam. Und ich habe mit ihm geweint, als seine Familie dabei Schaden nahm. Ich hätte mir nicht nur für das Buch, sondern vor allem für Titus selbst ein Schlusskapitel gewünscht, das etwas von einem Märchenende hat: »und sie lebten glücklich und zufrieden bis ans Ende ihrer Tage«. Doch leider hat seine Geschichte – noch – kein Happy End.

Alles richtig machen wollen ist nicht genug

Im Knast gibt es keine Schuldigen. Schuld sind andere, die Umstände, die Polizei, die Regeln. Diese Weisheit trifft auf Titus nicht zu. Er weiß, dass er gegen das Gesetz verstoßen hat. »Ich hab Scheiße gebaut – und ich habe dafür bezahlt«, ist einer der Sätze, die er immer wiederholt. Trotzdem ist die Feststellung seines Anwalts nach der Verurteilung symptomatisch: »Mit dir haben sie den kleinsten Fisch aus dem großen Teich geholt.«

Es war ein ganzes Paket an Gründen, das Titus letztlich ins Gefängnis brachte. Doch im Gegensatz zu seiner Steuerhinterziehung waren die Handlungen anderer strafrechtlich nicht relevant. Das Gericht konnte nur »Recht« sprechen, nicht »Gerechtigkeit«.

Inzwischen hat Titus seine Strafe abgesessen, und dem Gesetz ist Genüge getan. Scheinbar. Denn die Folgen sind für ihn und seine Familie jeden Tag spürbar: Das beginnt bei Andreas psychischen Beeinträchtigungen und hört noch lange nicht damit auf, dass Titus wohl zeitlebens kein Auto mehr kaufen kann. »Damit können und müssen wir leben«, meint er. Doch es gibt weitere Schwierigkeiten. Wie kann man in solch einer Situation wieder von vorn anfangen? Andrea möchte das Café verkaufen. Titus will die Ausbildung zum Diakon abschließen und in der Kirche arbeiten. Beide zusammen wollen umziehen in eine Region, in der sie keine »Vergangenheit« haben – Graal-Müritz ist ihr Ziel, doch es ist gar nicht so einfach, den Absprung zu schaffen.

Schon als er im offenen Vollzug war, hat Titus daran gearbeitet, seine Firmen sauber abzuwickeln. Er wollte einen Schlussstrich ziehen. Dazu bekam er einen Steuerfachangestellten als Helfer zur Seite. Der beriet ihn in den vielen komplizierten Fragen des Steuerrechts und half ihm, seine Jahresabschlüsse beim Finanzamt nachzureichen.

Meistens tat er das gut, doch in einem Fall irrten sich beide gewaltig. Titus hatte Geräte aus seiner Schreinerei ans Café weitergegeben. Das Ganze sollte auf keinen Fall unter der Hand laufen, sondern höchst legal. Der Fachmann war im Haus, also fragte Titus ihn. Niemand kann alles wissen, und die Sachlage war kompliziert. So beging der Steuerprofi einen Fehler bei der Übertragung der Vermögenswerte – und Titus unterschrieb ihn. Titus war vorbestraft. Er war immer noch unter Beobachtung der Steuerfahndung, und Frau Meyer war direkt zur Stelle. Für die Steuerfahndung war klar: Das hier war kein Fehler, sondern Vorsatz. Er wurde erneut angezeigt.

Wieder vor Gericht

Von dieser Anzeige bis zum Prozess vergingen sechs Jahre. Jahre, in denen Titus sich in den Gottesdiensten in der Stiftung Scheuern engagierte, in denen er seine Ausbildungen als Prädikant und Seelsorger abschloss und die Fortbildung als Diakon begann. Doch es waren auch Jahre der Unsicherheit, weil die ganze Zeit das Damoklesschwert eines weiteren Prozesses über ihm schwebte. Würde er freigesprochen? Musste er noch einmal ins Gefängnis? Titus sagt ruhig: »Ich weiß, dass das in den Händen meines Chefs liegt.« Zu schaffen macht es ihm – und vor allem seiner Frau – dennoch.

Ende Juli und Anfang August 2020 standen Titus und Andrea wieder vor Gericht, als bereits verurteilte Steuerhinterzieher. Natürlich kam hier die Altlast der eigentlich bereits abgegoltenen Schuld wieder zur Sprache. Darüber hinaus ging es darum, dass sie den Staat mit ihren steuerrechtlich falschen Angaben geschädigt hätten. Ich saß im Gerichtssaal, hörte der Anklage zu und dachte daran, wie oft ich bei meiner eigenen Steuererklärung schon geraten habe, was manche Formulierung wohl bedeutet. Ich habe nie betrogen. Aber habe ich alles richtig gemacht? Wahrscheinlich nicht.

Für mich war es wieder der Unterschied zwischen Recht und Gerechtigkeit, der diesen Prozess bestimmte. Und auch durchaus die Begegnung zweier Welten. Es war sicher freundlich gemeint, als die Richterin Titus darauf hinwies: »Lassen Sie Ihre gesamte Geschäftsabwicklung in Zukunft am besten durch einen Fachanwalt für Steuerrecht begutachten. Damit sind Sie auf jeden Fall auf der sicheren Seite.« Das würde die Haftung für alle Fragen an einen Profi delegieren, aber – und das ist die Wirklichkeit von Menschen, die nicht zu Beginn jedes Monats ein ansehnliches Gehalt auf dem Konto haben – es würde Unsummen kosten.

Die Menschen beim Prozess waren sehr interessant für mich, spiegelten sie doch von freundschaftlich verbunden über neutral bis hin zu feindlich eingestellt ein breites Spektrum wider. So nahm ich sie wahr. Würden sie mein Bild von Titus verändern? Das Gegenteil war der Fall. In all unseren Gesprächen hat Titus sich selbst und sein Verhalten nie geschönt – das wurde mir beim Prozess sehr deutlich. So erlebte ich als Zeugen einen desinteressiert-neutralen Finanzbeamten, einen weiteren Zeugen, der geschäftlich viel mit Titus zu tun gehabt hatte und nicht nur sachliche Fragen bestätigte, sondern in erster Linie mein positives Bild von Titus als Mensch. Und ich erlebte die Steuerfahnderin, die die erneute Anzeige auf den Weg gebracht hatte. Für sie war Titus anscheinend ein unverbesserlicher Krimineller. Sie war als Zeugin geladen, doch sie kam nach ihrer Aussage noch einmal in die Gerichtsverhandlung, um die Urteilsverkündigung persönlich zu hören: Über ihre Motive kann ich nur mutmaßen – wahrscheinlich wollte sie wissen, wie »ihr« Prozess ausgegangen war.

Tatsächlich verhängte das Gericht erneut eine Bewährungsstrafe für Titus. Er wurde schuldig gesprochen. Das bedeutet, dass er für vier Jahre noch einmal unter der besonderen Beobachtung des Staates steht. Ein Umzug oder Neuanfang ist damit erst einmal nicht möglich.

Tante Corona und die Frage der Stola

»Wenigstens wissen wir jetzt, woran wir sind«, meinten Andrea und Titus nach dem Prozess. Sechs zermürbende Jahre Unsicherheit waren endlich vorbei. Dazu kam die besondere Situation durch die Pandemie: Titus' Ausbildung auf der Malche fand lange ohne Präsenzunterricht statt, Café und Kneipe waren mal geöffnet, mal zwangsgeschlossen, und die Arbeit in der Kirche lief nur mit halber Kraft.

Doch »Tante Corona« hatte ja auch ihr Gutes: Längst stand das Team, das sich immer wieder darum kümmerte, Gottesdienste in der Kneipe anzubieten und aufzuzeichnen. Und diese fanden immer mehr Zuspruch. Eigentlich sollte diese kleine Erfolgsgeschichte doch alle freuen. Aber auch in der Kirche sind Menschen …

Als Titus samstags allein in seiner Kneipe stand, der Elektrotechniker aus der Nachbarschaft das Ganze aufzeichnete und zwölf Menschen die Predigt danach bei YouTube anschauten, war das okay. Sie freuten sich einfach, dass sich die Kirche (beziehungsweise Titus) weiter für sie interessierte. Doch inzwischen sind es Hunderte, die sich die Predigten online angucken, und dann stand irgendwann der Vorschlag im Raum: Wir können doch einen Präsenzgottesdienst draußen auf dem Dorfplatz vor der Kneipe anbieten. »Gute Idee.«

Der Gottesdienst fand statt – mit über sechzig begeisterten Leuten, während sonntags in der Kirche keine zehn zusammenkamen. Am nächsten Tag gab es eine deutliche Ermahnung. »Wegen Verletzung des Kanzelrechts« und außerdem »dem nicht genehmigten Tragen einer Stola« sollten alle Videos auf YouTube unverzüglich gelöscht werden. Natürlich ist es kirchenrechtlich nicht verboten, einen Online-Gottesdienst anzubieten, aber wenn er wesentlich mehr Akzeptanz findet als der normale, dann kann das schon zu Schwierigkeiten führen. Trotz vorherigem Gespräch mit dem Pfarrer war das scheinbar zu viel Konkurrenz.

Kein Happy End, aber ein großer Gott

An Tagen wie diesen würde Titus manchmal gern alles hinwerfen, doch dann denkt er zurück an Horst Dany im Knast und seine bedingungslose Begleitung. Er erinnert sich daran, wie Jesus ihm nachts, als der Strick schon am Fenster hing, seine Liebe gezeigt hat, und dann sieht er die Menschen um sich herum, die nach genau dieser Liebe suchen.

Natürlich ärgert er sich über solche Reaktionen von »Kirchens«. Natürlich hätte er auch privat gern einen »Märchenschluss« erlebt. Aber Titus träumt nicht von einer heilen Welt, er lebt mit einem großen Gott, der etwas von seinem Heil mitten in diese kaputte Welt bringt. Das tat er vor zweitausend Jahren – und das tut er auch heute noch.

Seine Helden sind Menschen wie Titus, bei dem schon so viel schiefgegangen ist und immer noch nicht alles rundläuft, der sich aber von ganzem Herzen wünscht, dass noch viele weitere diesen Gott erleben, dem nichts und niemand zu kaputt ist.

DANKE

Dieses Buch spiegelt einen Teil meines Lebens wider, und ich danke den folgenden Menschen, weil sie mir zu Seite stehen, mich tragen und ertragen:

Meiner Mutter – ihr Motto ist: »Du bist und bleibst doch immer mein Kind, egal, was passiert.«

Meiner Frau Andrea – die über mich sagt: »Er ist nun mal so. Und wenn er zu komisch wird, bin ich mal kurz weg!«

Meiner Schwester Amri – die mir zuspricht: »Ich habe dich trotzdem lieb und Jesus auch.«

Meinem Schwager Ralf und den Kindern – die fast alles ertragen können und ertragen haben.

Hauke Burgarth, dem Co-Autor – meinem Lebensüberblicker und geduldigen Zuhörer.

Jens Füssel, dem Allrounder – »Kaputt? Ich bringe das mal schnell wieder in Ordnung.«

Meike Lepke, dem ewigen Gesellen – »Du kannst doch nicht ohne mich, Titus.«

Klaus Ohnesorge, dem Rechtsanwalt – »Bitte, nicht schon wieder ein Verfahren …«

Erich Serwas, dem Banker – »Das muss doch irgendwie zu finanzieren sein.«

Ralf Völzke, dem Regisseur – »Komm mal schnell noch eine Andacht halten.«

Gabi Baum und Dr. Heiner Keltsch – der Kapelle, die bis zum Untergang spielt.

Steuerbüro Lübke – Nerven wie Stahlseile, und diese Seile halten, wenn es zählt.

Auto Scheller – sie haben noch jedes Schrottauto für mich wiederbelebt.

Dem SCM Verlag – für jede Menge Unterstützung.

Und zu danken habe ich noch vielen, vielen anderen. Ob sie nun Christen sind, »irgendwie gläubig« oder sich als Atheisten bezeichnen. Von einigen haben Sie in diesem Buch gelesen. Danke euch allen!

Neulich meinte ein Bekannter zu mir: »He, Kneipenpadre, wer will denn etwas von dir wissen? Ausgerechnet von dir …« Er hatte erfahren, dass ich gerade ein Mitglied eines berüchtigten Motorradklubs beerdigt hatte.

Und er hat ja recht! Manchmal weiß ich wirklich nicht, was ich überhaupt bin. Aber was ich genau weiß, ist: Gott wohnt da, wo Menschen sind. Ob in einer Kneipe, einem Café, auf dem Rücken eines Motorrads oder in der Kirche.

Titus Schlagowsky

WILHELM
BUNTZ
DER BIBEL
RAUCHER
Die knallharte Lebensgeschichte eines Ex-Knackis
SCM
Hänssler